日本原価計算制度形成史

建部宏明
Tatebe Hiroaki 著

History of Japanese cost accounting system

同文舘出版

はしがき

　本書は平成15年に上梓した『日本原価計算理論形成史研究』（同文舘出版）の姉妹編である。前作は構想から出版まで20年間を要したが，本書は期間的には前作から15年を数える。しかしながら，前作上梓後，燃え尽き症候群に襲われ，原価計算関係の教科書の執筆は続けたものの，本格的な学術論文は平成20年3月までほとんどない。この5年近くの充電期間を除くと，本書の研究は約10年間の成果である。当初，歴史研究から離れ，新しい分野の開拓を考えたが，七転八倒の末，またそこに戻った。きっかけは，それまで嚆矢的原価計算制度が海軍工廠や鉄道工場に存在すると主張してきたが，これらは明らかに通説と異なる系譜であると考え始めたところにある。さらに，試行錯誤しながら新しい研究分野を探しているうちに，戦時体制下における原価計算制度の展開に関心が向き，経済史や軍事史など社会経済的視点に基づいて原価計算制度を考察すると，これまで以上に原価計算の展開が深層から描けると感じた。したがって，ゼロから始めるより，これまでの研究をベースにしたほうがより高度な研究ができると思い至り，歴史研究に戻った。

　上述のように，私は通説で原価計算制度の起源とされている「原価計算基本準則」（昭和8年）や「製造原価計算準則」（昭和12年）と，「海軍工作庁工事費整理規則」（大正14年），「鉄道局工場経理規程」（大正12年）や「鉄道院工場経理規程」（明治43年），大蔵省印刷局『印刷諸規程』所収「簿記順序」（明治15年）とは，別系譜であると考えている。これらには，原価計算制度と目される仕組みが存在していたが，いずれも通説では取り上げられていなかった原価計算制度の展開であった。執筆時には未開拓分野ゆえに，通説では論じられてこなかったくらいの認識しかもっていなかった。しかし，研究を進めていくと，この古い原価計算制度はいずれも政府直営の作業場で形成されてきたものであり，明らかに通説が論じている展開とは異なる系譜であると考えるようになった。すなわち，先行研究のみではわが国原価計算制度の展開は説明できなかった。このような状況を鑑みると，わが国の原価計算制度の出発点は1つではな

く，当初2つの異なる思考から出発しており，これに伴い2つの系譜が形成され，それがある時点で統合され，その後「原価計算基準」(昭和37年)に至ったと考えられる。

わが国原価計算制度研究には多くの先行研究が存在し，いわば通説が形成されていた。しかしながら，本研究は通説を尊重しながらも，2つの系譜の存在を主張した。とりわけ，本研究におけるオリジナリティは，「財政会計制度を源流とする原価計算制度の系譜」に関する論述にある。本研究ではこの系譜と区別するために，「原価計算基本準則」，「製造原価計算準則」，「陸軍軍需品工場事業場原価計算要綱」(昭和14年)の流れを「ドイツ原価計算制度を源流とする原価計算制度の系譜」と命名した。この部分の論攷については，なぜ原価計算がドイツ化したかについて経済的視点と軍事的視点から新しい知見を提供した。結局，本研究はこれまでの自らの研究対象であった政府直営作業場における原価計算制度の展開と，これまで通説として論じられてきた原価計算制度の展開を組み合わせることによって，新しい枠組みで日本原価計算制度形成史として論じる試みであったとも言える。


平素は専修大学商学部の先生方には一方ならぬご厚情をいただき，この場を借りて感謝申し上げたい。とりわけ，日本会計史学会で安藤英義先生(専修大学大学院教授)が立ち上げられた日本会計史学会寄附スタディ・グループ『受託責任(会計責任)概念の歴史』(2015～2016)に，椛田龍三先生，石原裕也先生，菱山　淳先生とともに参加させていただいたことは，大きな財産となった。これまで，あまり戦後を手掛けることはなかったが，自身の研究分担「管理会計における会計責任」を通じて戦後研究へも踏み出し，それは本研究にも生かされている。日頃のご指導ご鞭撻に感謝申し上げる次第です。

中央職業能力開発協会の委員会では，明治大学名誉教授・元大原大学院大学学長　山田庫平先生には温かいご指導をいただき，同メンバーである産能大学　長屋信義先生，千葉経済大学　山浦裕幸先生には良き友人として常にお世話になっている。

さらに，大学院時代お世話になった元明治大学教授　故角谷光一先生，元同

大学教授　故嶌村剛雄先生からいただいたさまざまな教えも忘れることはできない。

また，近所に住む妻の実家仲里正志，芳子，薫，愛（敬称略）にも家族で大変お世話になっており，この場を借りて感謝申し上げたい。

最後に，本研究をまとめることができたのは，研究に没頭するわがままを許してくれた妻の忍と3人の子供たち宏太，宏斗，眞冬の協力が大である。心から感謝するとともに，3人の子供たちの健やかな成長を祈りたい。

くわえて，本書出版にあたりご尽力いただいた同文舘出版の中島治久社長，青柳裕之氏，有村知記氏に深く感謝申し上げたい。

なお，本書は，前作と同様に，大学院在学中に夭逝した父邦明（昭和56年11月6日），母美佐子（昭和58年9月23日）にささげ，在りし日の両親をしのびたい。

2019年1月

建部　宏明

〈付記〉

本書の脱稿後，日本大学医学部附属板橋病院に2週間入院しました。入院中は主治医：大日方大亮先生，担当医：堀　祐太郎先生，中原　健先生，鈴木秋吾先生，吉岡弘貴先生には親身に治療していただき，お蔭様で快復に至りました。また，病棟5Aの看護チームのみなさんには，ひとかたならぬお世話になりました。病院の理念である「人間愛に基づいて良質で高度な医療を実践します」を身をもって体験いたしました。ここに記して，先生方，看護師のみなさんに心よりお礼申し上げます。お世話になったみなさんのますますのご活躍をお祈り申し上げます。

## 凡　例

1．引用における旧漢字は，名前，地名などを除いて現代漢字に直した。例えば，價→価，學→学，綜→総，轉→転，豫→予などである。ただし，規定文の引用表示は条ではなく，條を用いている。
2．原文における誤字脱字などの誤りが存在していても原則として原文どおりとした。ただし，数値例における誤りはその箇所を明記し，訂正した。また，原文の多くは縦書きであったが，引用は横書きとした。
3．現在と語法が異なるものについては，引用においては当時のママ，論述においては現在のそれを用いた。例えば，賃銀→賃金，楷梯式→階梯式などである。
4．同文舘の表記については，戦前から昭和36年までの文献では同文館，昭和36年から平成13年までの文献では同文舘，平成13年からは同文舘出版を用いた。これは奥付のとおりとした。
5．稀覯の規程についてはその都度引用先を示すが，ネットで公開されており，入手容易な規程（例えば，「原価計算基本準則」，「製造原価計算準則」，「陸軍軍需品工場事業場原価計算要綱」，「海軍軍需品工場事業場原価計算準則」，「製造工業原価計算要綱」（企画院），「鉱業原価計算要綱」，「製造工業原価計算要綱」（物価庁），「原価計算基準」など）については，初出のみ引用先を示し，それ以降の引用については，本文中にかっこ書きで条数を示す。
6．注における引用文献の提示や略称の指示は，章ごとに独立している。

日本原価計算制度形成史●目次

# 第1章

## 原価計算制度史へのアプローチ

Ⅰ　はじめに ……………………………………………………………… 3
Ⅱ　研究対象の限定（本研究における制度の解釈） ………………… 4
Ⅲ　先行研究のレビューと本書の研究の方法
　　（新たな視点からの分析）………………………………………… 6
　1．わが国原価計算制度のルーツの探求　6
　2．本研究の枠組みと方法　9
Ⅳ　本書の構成 ………………………………………………………… 11
Ⅴ　おわりに …………………………………………………………… 13

# 第2章

## 大蔵省による出納規程の整備
### ―財政会計制度を源流とする原価計算制度の初期的胎動1

Ⅰ　はじめに ………………………………………………………… 17

Ⅱ 官用（官庁）簿記の導入と進展 ································ 17
Ⅲ 出納規程の初期的展開の概要 ···································· 19
　1．出納の取扱手続きの明文化と会計表の作成
　　　―「出納司規則書」と「歳入出見込会計表」　19
　2．経費概算および経費の帳簿記録に関する規程の整備
　　　―「金穀出納順序」　21
　3．支出報告期限の厳格化
　　　―「各支庁経費渡方并勘定帳差出方規則」　24
　4．経費科目の細分化，経費の概算と支出記録の精緻化
　　　―「経費概計表及内訳明細簿ヲ製スル順序」　25
　5．予算編成と執行規則の集大成―「大蔵省出納條例」　29
Ⅳ おわりに ···························································· 34

# 第3章

## 政府作業場への作業費に関する3規程の導入
― 財政会計制度を源流とする原価計算制度の初期的胎動2

Ⅰ はじめに ···························································· 39
Ⅱ 作業費概念の形成の背景 ········································· 40
Ⅲ 作業費に関する3規程 ············································ 41
　1．各庁作業費区分及受払例則　41
　2．作業費出納條例　46
　3．（改正）作業費出納條例　54
Ⅳ おわりに ···························································· 59

# 第4章

## 「簿記順序」に見る原価計算制度の初期的展開の一齣
―財政会計制度を源流とする原価計算制度の誕生

Ⅰ　はじめに …………………………………………………………… 67
Ⅱ　『印刷局諸規程』の概要 ………………………………………… 68
Ⅲ　「第三　簿記順序」の概要 ……………………………………… 69
　1．「簿記順序」の構成　69
　2．簿記順序緒言　70
　3．「簿記順序」本文　72
　　（1）第一章　総則　72
　　（2）第六章　現費整理ノ簿記　83
　　（3）「簿記順序」の原価計算機構とその評価　86
Ⅳ　おわりに …………………………………………………………… 89


# 第5章

## 海軍工廠における原価計算制度の進展
―財政会計制度を源流とする原価計算制度の成長
　（海軍工廠のケース）

Ⅰ　はじめに …………………………………………………………… 95
Ⅱ　政府作業場における作業会計 …………………………………… 95
Ⅲ　海軍工廠における工事費整理規定（規程） …………………… 98

1．横須賀海軍工廠製造品価額計算法における工事費整理規定　98
   2．造船工務規程，海軍工廠工務規程，海軍工務規則における
      工事費整理規定　100
   3．馬公要港部修理工場工務規則施行細則における
      工事費整理規定　105
   4．横須賀海軍工廠工事施行及工事費整理手続における
      工事費整理規定　106
 Ⅳ　海軍工作庁工事費整理規則 ……………………………………… 109
 Ⅴ　海軍工作庁工事費整理規則への道 ……………………………… 116
 Ⅵ　おわりに …………………………………………………………… 118

# 第6章

# 鉄道工場における原価計算制度の進展
―財政会計制度を源流とする原価計算制度の成長
　（鉄道工場のケース）

 Ⅰ　はじめに …………………………………………………………… 123
 Ⅱ　鉄道会計の変遷 …………………………………………………… 124
 Ⅲ　鉄道工場における「工場経理規程」について ……………… 127
   1．鉄道院工場経理規程　127
   2．鉄道局工場経理規程　130
   3．「明治43年規程」と「大正12年規程」の比較　140
   4．「鉄道規程」と「海軍規則」の比較　141
 Ⅳ　おわりに …………………………………………………………… 142

# 第7章

## 海軍側からの国家総動員体制における原価計算制度の構築
―財政会計制度を源流とする原価計算制度の成熟

Ⅰ　はじめに ………………………………………………………… 147
Ⅱ　「規則」の改正 ………………………………………………… 148
Ⅲ　「海軍準則」に関する諸法令 ………………………………… 151
Ⅳ　「海軍準則」の特徴 …………………………………………… 153
Ⅴ　「規則」との比較の観点からの「海軍準則」の特徴 ……… 163
Ⅵ　おわりに ………………………………………………………… 167

# 第8章

## 産業合理化運動とドイツ原価計算制度の移植
―ドイツ原価計算制度を源流とする原価計算制度の
　誕生・成長と成長

Ⅰ　はじめに ………………………………………………………… 171
Ⅱ　わが国原価計算のドイツ化への道 …………………………… 172
Ⅲ　統制経済への転換からもたらされたドイツ化 ……………… 172
Ⅳ　統制経済への転換がもたらした「基本準則」および
　　「製造準則」の概要 …………………………………………… 174
　　1．産業合理化のための原価計算規程　　174

2．価格設定を目的とした「基本準則」　175
　3．能率向上を目的とした「製造準則」　181
Ⅴ　『原価計算基礎案』からの影響 ………………………………… 190
Ⅵ　おわりに ………………………………………………………… 194

# 第9章

## 陸軍側からの国家総動員体制における原価計算制度の構築
——ドイツ原価計算制度を源流とする原価計算制度の成熟

Ⅰ　はじめに ………………………………………………………… 199
Ⅱ　戦時経済の構想からもたらされたドイツ化 ………………… 200
Ⅲ　戦時経済の構想がもたらした「陸軍要綱」の概要 ………… 202
Ⅳ　「基本準則」や「製造準則」と「陸軍要綱」の相似性 …… 217
Ⅴ　おわりに ………………………………………………………… 222

# 第10章

## 概念フレームワークとしての「製造工業原価計算要綱」
——わが国統一原価計算制度の形成

Ⅰ　はじめに ………………………………………………………… 225

Ⅱ 統一原価計算制度への道 …………………………………………… 226
　1．「ドイツ原価計算制度を源流とする系譜」からのアプローチ　226
　2．「財政会計制度を源流とする系譜」からのアプローチ　227
　3．「陸軍要綱」と「海軍準則」の一本化へ　228
Ⅲ 統一原価計算制度の形成 ……………………………………………… 231
　1．「陸軍要綱」と「海軍準則」から「企画院要綱」へ　231
　2．「企画院要綱」へ　232
　3．「企画院要綱」から「業種別原価計算準則」へ　245
Ⅳ おわりに ………………………………………………………………… 249

# 第11章

## 「原価計算基準」の制定と新たなる原価計算制度の形成

Ⅰ はじめに ………………………………………………………………… 255
Ⅱ 終戦直後における原価計算規程の展開
　（極秘「統制価格形成方針」より）……………………………………… 256
Ⅲ 原価計算基準誕生 ……………………………………………………… 264
Ⅳ おわりに ………………………………………………………………… 275

# 第12章

## 結論：わが国原価計算制度の形成過程

Ⅰ　はじめに ………………………………………………………… 281
Ⅱ　歴史的研究の成果 ……………………………………………… 282
　1．「財政会計制度を源流とする系譜」と「ドイツ原価計算制度を源流とする系譜」の形成　282
　　（1）「財政会計制度を源流とする原価計算制度」と「ドイツ原価計算制度を源流とする原価計算制度」における内容要件の形成過程　282
　　（2）財政会計制度を源流とする原価計算制度の系譜の形成　283
　　（3）ドイツ原価計算制度を源流とする原価計算制度の系譜の形成　288
　2．統一原価計算制度の形成　290
　3．新たなる原価計算制度の形成　291
Ⅲ　制度形成史の構築 ……………………………………………… 291
　1．社会経済的背景の考察　291
　2．原価計算制度の形成要因　293
　3．日本原価計算制度形成史モデルの提示　295
Ⅳ　今後に向けて …………………………………………………… 299


参考文献　303
索　　引　315

# 日本原価計算制度形成史

# 第1章

# 原価計算制度史へのアプローチ

## I はじめに

　わが国において原価計算が理論的にいかに発展してきたかについては，拙著『日本原価計算理論形成史研究』（同文舘出版，平成15年）で，私自身の結論を提示した。拙著では，研究期間を明治中期から昭和20年までに限定し，この期間内に出版された文献を理論形成の主体と考え，これらの文献の分析によってわが国における原価計算理論の発展をモデル化し，原価計算理論が形成されていくメカニズムを明らかにした。

　総じて日本原価計算史研究はいくつかの秀逸な先行研究が存在するが，依然として未開拓な分野であり，現在の研究蓄積だけですべての疑問が解決できるわけではない。拙著でも，研究対象を理論にしかも出版書物のみに限定し，それらがいかにわが国の原価計算理論を形成したかを中心課題に据えたために，理論形成の側面には考察が及んだが，それ以外の側面を十分に論じ尽くせなかった。したがって，拙著に対する追加的な研究が行われなければならない。

　一般的な会計史と同様に，原価計算史もまた理論史，制度史，実務史，思想史に区分できる。拙著は理論史であったので，次には，制度史か，実務史が行われるべきである（思想史は理論史，制度史，実務史を包括したものであると考えている）。

　拙著の上梓前，それまでの論文で海軍工廠や鉄道工場には嚆矢的原価計算制度が存在すると主張したが[1]，次第に，これらは明らかに通説と異なる系譜で

あり，この存在は通説では説明できないと考えるようになった。さらに，戦時体制下における原価計算制度の展開に関心が向き，一連の論文では経済史や軍事史の影響を受けてアウタルキー（独Autarkie，英autarky，自給自足経済），資本主義経済の破たんと修正，統制経済，戦時経済，ファシズム（全体主義），総動員（総力戦）などの視点，すなわち社会経済的視点を前面に出した論述を展開した[2]。これらの視点から分析すると，戦時体制下における原価計算制度の展開がこれまで以上に深層から描けると感じた。戦時体制下において，政府は価格統制や物価統制のために積極的に軍需工場や一般工場への原価計算の導入を推進し，多くの原価計算制度を公表したのであり，このとき制定された原価計算制度は明らかに国策，すなわち社会経済的要請に沿ったものであった。原価計算史研究において，「原価計算と社会経済的背景との関連」の解明は必須であり，一連の論文で明らかにしたように，これは制度史研究によってもたらされるものであろう。拙著でもこの点に言及したが，不十分であったと考えている[3]。したがって，拙著のような理論史の後に行われるべき研究は，制度史が妥当であるように思える。くわえて，社会経済的背景を意識することによって，原価計算が「どのように発展してきたか」を明らかにすると同時に「なぜ発展してきたか」の考察を可能にするものである。

　本書では『日本原価計算理論形成史研究』の姉妹編として，制度の視点からわが国の原価計算の形成過程を考察する。わが国の原価計算制度史についてはこれまできわめて多くの先行研究があり，わが国において原価計算制度が「どのように発展してきたか」に関する通説はすでに形成されているが，これに私自身の研究成果をもとにした新たなる知見を加え，通説とは異なるわが国原価計算制度の形成史を通じて，おもに「なぜ発展してきたか」の側面から考察していきたい。

## II　研究対象の限定（本研究における制度の解釈）

　本書では，わが国の原価計算制度の形成過程を考察していくので，「制度」

をいかに解するかが最初の大きな問題となる。おおよそ原価計算制度は，次のような意味に用いられている[4]。

① 慣習的な原価計算手続き（慣習）
② 常時継続的に繰り返される原価計算手続き体系（慣例）
③ 法的規制の下に実施された規範的な原価計算手続き（それ自体法律の条文）体系（社会規範）

上記のように，まず制度は組織内で慣習的に行われる原価計算の計算手続きを指す場合，また制度は組織内で常時継続的に繰り返される慣例的な原価計算手続き体系を指す場合，さらに制度は法的根拠のもとに組織内で実施される社会規範的な原価計算手続き体系を指す場合がそれぞれある。

本書の研究目的を鑑みると，上掲③を原価計算制度の定義として捉えることが，至当であるように思える。③の観点からは，わが国では昭和37年に制定された大蔵省会計審議会中間報告「原価計算基準」がもっとも周知であり，今もなおその機能を果たしている（もちろん異論もある）。「原価計算基準」の前文には原価計算制度の意味について，「実践規範として，わが国現在の企業における原価計算の慣行のうちから，一般に公正妥当と認められるところを要約して設定されたものである」と論述されている[5]。「原価計算基準」は企業会計制度の一分枝であり，法的な規制を受ける原価計算分野である。ここでは，原価計算制度は企業会計原則に基づく常時継続的な原価計算体系であり，財務会計機構との有機的結合体であるとされている[6]。基本的に，原価計算規程は法的根拠に裏付けられた強制力をもって公的な原則や基準，すなわち制度になる。そこで，本研究の目的が達成できるように，原価計算制度を次のように定義する。

「原価計算制度とは，政府を含む公的機関・組織が制定した明文化された原価計算手続き規程である。」

以後，本研究では，原価計算制度を上記のように解し，この定義の範囲内に研究対象を限定する。

## Ⅲ 先行研究のレビューと本書の研究の方法
（新たな視点からの分析）

### 1．わが国原価計算制度のルーツの探求

　本書では，わが国原価計算制度形成史研究をそのルーツの探求から始めたい。上述のとおり，わが国で原価計算制度と言えば，「原価計算基準」を想起する。この「原価計算基準」は，いかなる過程を経て制定されたのであろうか。これについては，多くの先行研究が存在する。それらは「原価計算基準」に至った過程を，次のように説明している[7]。

　まず，不況期に産業合理化運動のもとで，原価計算制度の啓蒙のために，臨時産業合理局財務管理委員会によって「原価計算基本準則」（昭和8年）や「製造原価計算準則」（昭和12年）が制定された。次に，準戦時下で軍需工場への調弁価格の決定，適正原価の設定および生産力の向上のために，陸海軍によって「陸軍軍需品工場事業場原価計算要綱」（昭和14年）や「海軍軍需品工場事業場原価計算準則」（昭和15年）が制定された。その後，戦時下で低物価政策および生産力拡充のために，企画院によって「原価計算規則および別冊製造工業原価計算要綱」（昭和17年），これに準拠して各業種別に実施すべき原価計算を規定した各種の業種別原価計算準則（昭和17年から19年）や「鉱業原価計算要綱」（昭和18年）が制定された。そして，戦後，公定価格算定のために，物価庁によって戦中の規程であった「原価計算規則および別記製造工業原価計算要綱」（昭和23年）が再び採用され，最終的に大蔵省企業会計審議会によって公表された「原価計算基準」（昭和37年）に至った。

　このように，わが国の原価計算制度は準則，要綱，規則，基準などの名称で制定された。これまでの多くの論者が「原価計算基本準則」や「製造原価計算準則」をわが国原価計算制度のルーツとしている（**図表1-1**）。

**図表1-1　通説における原価計算制度の展開**

| 昭和8年 | 「原価計算基本準則（未決定稿）」 |
|---|---|
| 昭和12年 | 「製造原価計算準則」 |
| 昭和14年 | 「陸軍軍需品工場事業場原価計算要綱」 |
| 昭和15年 | 「海軍軍需品工場事業場原価計算準則」 |
| 昭和17年　（企画院） | 「原価計算規則，別冊製造工業原価計算要綱」 |
| 昭和17年から19年まで | 各種業種別原価計算準則 |
| 昭和18年 | 「鉱業原価計算要綱」 |
| 昭和23年　（物価庁） | 「原価計算規則，別記製造工業原価計算要綱」 |
| 昭和37年 | 「原価計算基準」 |

　ここで，通説に依拠すると1つの疑問が生じる。すなわち，こうした直線的な進化を前提とした場合，「陸軍（「陸軍軍需品工場事業場原価計算要綱」）と海軍（「海軍軍需品工場事業場原価計算準則」）では，原価計算手続きがそれぞれ異なり，両方に物資を納入していた軍需品工場は煩雑を極め，それが大きな誘因の1つとなって両者を統合した「原価計算規則および別冊製造工業原価計算要綱」が制定されるに至った」という史実をどのように説明するのであろうか[8]。なぜ，陸軍と海軍では，原価計算手続きが異なっていたのであろうか。

　さらに，私はかつて，通説で原価計算制度の起源とされている「原価計算基本準則」や「製造原価計算準則」の制定以前に，敷田の論述をヒントとして「海軍工作庁工事費整理規則」（大正14年）[9]，大阪府立産業能率研究所のアンケートをヒントとして「鉄道局工場経理規程」（大正12年）や「鉄道院工場経理規程」（明治43年）[10]，君塚の論述をヒントとして大蔵省印刷局『印刷諸規程』所収「簿記順序」（明治15年）[11]のような原価計算制度の嚆矢形態が存在することに言及した。これらには，原価計算制度と目される仕組みが存在していたが，いずれも通説では取り上げられていなかった原価計算制度の展開であり，先行研究のみではわが国原価計算制度の展開は説明できない[12]。

　このような状況を鑑みると，わが国の原価計算制度の出発点は1つではなく，当初2つの異なる思考から出発しており，これに伴い2つの系譜が形成され，

第1章　原価計算制度史へのアプローチ　7

それがある時点で統合され,その後「原価計算基準」に至ったと考えられる[13]。

すなわち,一方は「簿記順序」,「鉄道院工場経理規程」,「鉄道局工場経理規程」,「海軍工作庁工事費整理規則」,「海軍軍需品工場事業場原価計算準則」のような政府作業場で形成された系譜であり,これを「財政会計制度を源流とする原価計算制度の系譜」(以後,「財政会計制度を源流とする系譜」と略称する)と呼称する。他方は,「原価計算基本準則」,「製造原価計算準則」,「陸軍軍需品工場事業場原価計算要綱」のようなドイツの原価計算制度をモデルとして形成された系譜であり,これを「ドイツ原価計算制度を源流とする原価計算制度の系譜」(以後,「ドイツ原価計算制度を源流とする系譜」と略称する)と呼称する。この2つの系譜が戦時中に「原価計算規則および別冊製造原価計算要綱」として統合されて,これが「原価計算基準」へと至った(**図表1-2**)。

**図表1-2 本研究が提示するわが国における原価計算制度の展開**

| 財政会計制度を源流とする原価計算制度の系譜 | ドイツ原価計算制度を源流とする原価計算制度の系譜 |
|---|---|
| 明治15年「簿記順序」 | |
| 明治43年「鉄道院工場経理規程」 | |
| 大正12年「鉄道局工場経理規程」 | |
| 大正14年「海軍工作庁工事費整理規則」 | |
| | 昭和8年「原価計算基本準則(未決定稿)」 |
| | 昭和12年「製造原価計算準則」 |
| 昭和15年「海軍軍需品工場事業場原価計算準則」 | 昭和14年「陸軍軍需品工場事業場原価計算要綱」 |

↓

昭和17年「原価計算規則、別冊製造工業原価計算要綱」
昭和17年から19年まで　各種業種別原価計算準則
昭和18年「鉱業原価計算要綱」
昭和21年「原価計算規則を定める件」
昭和23年「原価計算規則、別記製造工業原価計算要綱」
昭和37年「原価計算基準」

「財政会計制度を源流とする系譜」と「ドイツ原価計算制度を源流とする系譜」は，あたかもわが国の簿記史が官庁における収支の記録の側面からの研究である久野の「官庁簿記史」と営利企業における財産および損益記録の側面からの研究である西川の「簿記史」の2つの異なる潮流に区分できることとオーバーラップする[14]。

したがって，先に提示した疑問は本アプローチによれば，「国家総動員法」（昭和13年）に基づく「軍需品工場事業場検査令」（昭和14年）に呼応して，「財政会計制度を源流とする系譜」からは「海軍軍需品工場事業場原価計算準則」，「ドイツ原価計算制度を源流とする系譜」からは「陸軍軍需品工場事業場原価計算要綱」がそれぞれ作成されたので，それゆえ両者の原価計算手続きが異なり，国家政策をより円滑に遂行するために，両者の統合が必要とされたと解せる。

このように，2つの系譜が存在するという前提に立つと，陸軍によって作成された原価計算制度と海軍によって作成されたそれの相違の原因が，矛盾なく説明できる。くわえて，これまで通説で取り上げられてこなかった「簿記順序」，「鉄道局工場経理規程」や「鉄道院工場経理規程」，「海軍工作庁工事費整理規則」のような原価計算制度の嚆矢形態も原価計算制度史のなかに位置付けることができる。

そこで，本研究は，以下の仮説を設定する。

「わが国の原価計算制度には，「財政会計制度を源流とする原価計算制度の系譜」と「ドイツ原価計算制度を源流とする原価計算制度の系譜」があり，これに伴い2つの系譜に属するコンセプトの異なる原価計算制度が形成され，それがある時点で統合され，その後「原価計算基準」に至った。」

本研究では，以後この仮説を検証していく。

## 2．本研究の枠組みと方法

本研究では上記仮説を検証していく過程において，制定された各原価計算制度の完成度合いを以下のように評価していく。

先に述べたように，原価計算制度を「政府を含む公的機関・組織が制定した明文化された原価計算手続き規程」と解する。このとき，原価計算制度である

ためには，形式的には規定が明文化されていること，内容的には原価計算であることの2要件を満たす必要がある。まず，制度として，形式的には文章化が必要な条件であり，条文化（章形式も含む）が十分な条件である。次に，内容的には原価計算であるべき要件を満たす必要がある。これについては，若干の説明を必要とする。

　原価計算の要素は費目別計算思考，製品別計算思考，製造間接費計算思考，部門別計算思考に分解できる。これらの思考が「萌芽」，「生成」，「確立」して原価計算を作り上げてきた。ここで，「萌芽」はある考え方が出現する，「生成」は次第にある考え方が組み立てられ始める，「確立」はある考え方の完成型が存在する，である。

　費目別計算思考の萌芽は何らかの目的で支出した費用を支出項目別に期間集計する思考，費目別計算思考の生成は製造目的で支出した費用を材料費，労務費，経費の費目別に期間集計する思考，費目別計算思考の確立は製造目的で支出した費用を材料費，労務費，経費の費目別に期間集計し，かつそれらを直接費と間接費とに分けて集計する思考の存在が，それぞれのメルクマールである。

　製品別計算思考の萌芽は製造品の原価を期間的に集計する思考，製品別計算思考の生成は個別原価を集計する思考（個別原価計算），製品別計算思考の確立は個別原価を集計する思考，および総合原価を集計し単位原価を計算する思考（総合原価計算）の存在が，それぞれのメルクマールである。

　製造間接費計算思考の萌芽は目に見えない価値消費を製造間接費として認識し，何らかの方法で原価に加算する思考，製造間接費計算思考の生成は目に見えない価値消費を製造間接費として認識し，製品へ合理的な基準で配賦率（予定であるケースも含む）を用いて配賦する思考，製造間接費計算思考の確立は製品へ合理的な基準で部門を通して，実際配賦ないしは予定配賦する思考の存在が，それぞれのメルクマールである。

　部門別計算思考の萌芽は原価発生場所（部門）を認識しており，そこに原価を集計する思考，部門別計算思考の生成は間接費を製造部門，補助部門で集計する思考（第1次集計，第2次集計の明確な区分はない），部門別計算思考の確立は部門費そのものを認識し，それをすべての部門（製造部門および補助部

門）で集計し，補助部門費を製造部門に配賦する思考の存在が，それぞれのメルクマールである。

かつて，『日本原価計算理論形成史研究』において，私は原価計算を「財貨を生産し用役を提供するにあたり消費された経済財の価値犠牲を測定するための技術，概念の総称」と定義し[15]，原価計算の基本問題は「原価をいかに把握し，計算するかにある」ことや原価計算は「製品原価を構成するいくつかの重要な要素が個別に集計されるような形態を有する」ことを論述の基礎とした[16]。これによれば，原価計算であると見なすための最低要件は，費目別計算思考の確立，製品別計算思考の生成，製造間接費計算思考の萌芽の各形態の存在である。

本研究では，原価計算制度は文章化，条文化を前提として，費目別計算思考の萌芽や生成，製品別計算思考の萌芽のような「誕生」に至る前の諸要件の出現をもって「先行要件の形成」，費目別計算思考の確立，製品別計算思考の生成，製造間接費計算思考の萌芽をもって「誕生」，費目別計算思考の確立，製品別計算思考の確立，製造間接費計算思考の確立，部門別計算思考の確立をもって「成熟」，「誕生」から「成熟」までに生じる各形態の出現を「成長」とする。

ここで，「先行要件の形成」は制度が誕生する前に生じた諸要件の初期的胎動であり，「誕生」は制度の原型が出現し，「成長」は未完成ながらある制度が機能し始め，「成熟」は制度が完成形として機能を果たす，である。

このように，原価計算たる要素は計算思考の存在によって「萌芽」，「生成」，「確立」で評価し，原価計算制度の歴史的形成はこれらの各要素の具備をメルクマールとして「先行要件の形成」，「誕生」，「成長」，「成熟」の各段階で評価し，最後にこれを日本原価計算制度形成史として構築する。

## Ⅳ　本書の構成

本章（第1章）では，制度史へのアプローチを論じた。とりわけ，通説とは異なる原価計算制度の発展系譜を提示した。これに基づき，以下，次のような

構成で，本研究は進行する。本研究のオリジナリティは「財政会計制度を源流とする系譜」にあるので，この系譜を強調したい。したがって，章立てのバランスもこれに沿う。

第2章から第7章までは，「財政会計制度を源流とする系譜」に言及する。ここで，当該系譜における原価計算制度の先行要件の形成，誕生，成長，成熟を論じる。

第2章では，「大蔵省による出納規程の整備―財政会計制度を源流とする原価計算制度の初期的胎動1」と題して，政府作業場に適用された大蔵省が制定した一連の出納規程を論じる。

第3章では，「政府作業場への作業費に関する3規程の導入―財政会計制度を源流とする原価計算制度の初期的胎動2」と題して，作業会計を基礎に生まれた作業費に関する3つの規程を論じる。

第4章では，「「簿記順序」に見る原価計算制度の初期的展開の一齣―財政会計制度を源流とする原価計算制度の誕生」と題して，「簿記順序」を論じる。

第5章では，「海軍工廠における原価計算制度の進展―財政会計制度を源流とする原価計算制度の成長（海軍工廠のケース）」と題して，「海軍工作庁工事費整理規則」に至るまでの過程を論じる。

第6章では，「鉄道工場における原価計算制度の進展―財政会計制度を源流とする原価計算制度の成長（鉄道工場のケース）」と題して，「鉄道院工場経理規程」，「鉄道局工場経理規程」を論じる。

第7章では，「海軍側からの国家総動員体制における原価計算制度の構築―財政会計制度を源流とする原価計算制度の成熟」と題して，「海軍軍需品工場事業場原価計算準則」を論じる。

第8章および第9章では，「ドイツ原価計算制度を源流とする系譜」に言及する。ここで，当該系譜における原価計算制度の誕生，成長，成熟を論じる。

第8章では，「産業合理化運動とドイツ原価計算制度の移植―ドイツ原価計算制度を源流とする原価計算制度の誕生・成長と成長」と題して，「原価計算基本準則」，「製造原価計算準則」を論じる。

第9章では，「陸軍側からの国家総動員体制における原価計算制度の構築―

ドイツ原価計算制度を源流とする原価計算制度の成熟」と題して,「陸軍軍需品工場事業場原価計算要綱」を論じる。

　第10章および第11章では,「財政会計制度を源流とする系譜」と「ドイツ原価計算制度を源流とする系譜」から発展した原価計算制度に言及する。ここでは,両系譜から派生した発展形態としての原価計算制度を論じる。

　第10章では,「概念フレームワークとしての「製造工業原価計算要綱」―わが国統一原価計算制度の形成」と題して,統制経済の遂行への役割,価格・物価統制を背景として戦時期に制定された原価計算制度の展開を論じる。すなわち,一般工場への強制規程である「原価計算規則および別冊製造工業原価計算要綱」,「鉱業原価計算要綱」および各業種別原価計算準則を論じる。

　第11章では,「「原価計算基準」の制定と新たなる原価計算制度の形成」と題して,戦後の混乱期において戦後復興に果たした原価計算制度の役割を論じ,さらに「原価計算基準」の制定を通して,戦後復興から高度経済成長を背景とした原価計算制度の展開を論じる。

　第12章では,「結論：わが国原価計算制度の形成過程」と題して,第２章から第11章まで展開してきた論述に従い,本研究の結論を導出する（日本原価計算制度形成史を構築する）。

## V　おわりに

　冒頭に述べたように,本研究は通説とは違うわが国の原価計算制度の発展過程を論じていく。これによって,原価計算が制度として果たす役割を通じて,社会経済的な背景が原価計算にいかなる影響を与えたかを考察し,原価計算が有する社会的機能の一端を明らかにする。このためには,原価計算が社会的に認知されていく過程,その時々に原価計算を必要とした人々が原価計算のもっている能力の有効性を最大限に利用した過程の追尾が重要である。『日本原価計算理論形成史研究』では,これを理論的側面から論じたので,本研究ではこれを制度的側面から試みたい。

本書の各章は「はじめに」でその章の目的を明示し，その後各節で証拠となる規定（規程）を提示し，「おわりに」でこれを評価する。

　本研究は制度を取り扱うがゆえに，出版書物のみならず，政府公文書，実務文書，学術論文，新聞記事などによって，社会経済的背景のなかで原価計算制度を捉えていく[17]。これら史料に日本原価計算制度史をいかに語らせるかは，本研究の最大の見せ場である。

### 注

1）拙稿「海軍工廠の原価計算」『経理知識』第68号，平成元年6月，73-88頁。
　　拙稿「大正12年「鉄道局工場経理規定」について」『経理知識』第78号，平成11年9月，47-63頁。

2）戦時下の原価計算制度を論じるうえで，下記の3文献に大きな影響を受けた。
　　荒川憲一『戦時経済体制の構想と展開—日本陸海軍の経済史的分析』岩波書店，平成23年。
　　柳澤　治『戦前・戦時日本の経済思想とナチズム』岩波書店，平成20年。
　　纐纈　厚『総力戦体制研究』三一書房，昭和56年。
　　これらの文献の影響下で，下記の考察を行った。
　　拙稿「研究ノート：わが国原価計算制度のドイツ化に関する一考察—国家総動員態勢下での原価計算制度の進展」『専修商学論集』第95号，平成24年7月，105-121頁。
　　拙稿「わが国における原価計算制度の進展—生産力拡充，低物価抑制の側面からの考察」『経営論集』第61巻第1号，平成26年2月，347-368頁。
　　拙稿「わが国原価計算のドイツ化に関する一考察」『会計史学会年報』第33号，平成27年9月，79-91頁。

3）拙著の第1章，Ⅲ，3のテーマは「原価計算文献史における社会経済的背景の重視」であった。
　　拙著『日本原価計算理論形成史研究』同文館出版，平成15年，23-25頁。
　　拙著の第8章のテーマは「統制経済下における原価計算の制度的確立—統一原価計算制度論と原価計算の実践」であり，制度を論じたが，あくまでも理論形成の視点からであった。
　　拙著『上掲書』267-317頁。

4）制度の解し方については，下記の文献から大いなる示唆を受けた。
　　木島淑孝「第1章　制度と原価計算」1-26頁，木島淑孝編著『原価計算制度の回顧と展望』所収，中央大学出版部，平成26年。
　　長谷川哲嘉ほか訳（ハリー・I.ウォークほか著）『アメリカ会計学：理論，制度，実証』同友館，平成25年。

5）大蔵省企業会計審議会中間報告「原価計算基準」昭和37年11月8日，前文「原価計算基準の設定について」。

6）上掲「基準」二　原価計算制度。

7）下記は本研究分野における先行研究の一部である。

名西儀一「我国の統一原価計算制度」135-161頁，彦根高等商業学校研究会編『戦争経済と東亜経済』所収，彦根高等商業学校研究会，昭和18年11月。
　床井睦子「日本原価計算制度小史」『研究論集』第9号，昭和56年3月，1-34頁。
　黒澤　清『日本会計学発展史序説』雄松堂書店，昭和57年。
　黒澤　清『日本会計制度発達史』財経詳報社，平成2年。
　前田俊郎「わが国の原価計算規制化の発展過程にみられる史的意義」『国士舘大学政経論叢』第25号，平成18年11月，151-175頁。
　諸井勝之助「わが国原価計算制度の変遷（前編）・（中編）・（後編）」『LEC会計大学院紀要』前編：第3号，平成19年10月，1-15頁，中編：第5号，平成21年3月，1-13頁，後編：第6号，平成21年12月，1-20頁。

8）本内容については，日本会計史学会第29回大会（平成22年10月，於：拓殖大学）において「わが国原価計算制度の初期的展開」と題して学会報告を行い，下記の論文にまとめた。
　拙稿「財政会計制度を源流とする原価計算制度の系譜に関する一考察」『會計』第180巻第5号，平成23年11月，17-29頁。

9）拙稿「海軍工廠の原価計算」73-88頁。

10）拙稿「大正12年「鉄道局工場経理規程」について」47-63頁。

11）拙稿「原価計算制度における費目別計算思考の確立―大蔵省印刷局『印刷局諸規程』「第三簿記順序」に見る原価計算制度の初期的展開の一齣」『経営経理研究』第86号，平成21年10月，1-49頁。

12）先行研究では，本研究の「財政会計制度を源流とする原価計算制度の系譜」に相当する原価計算制度については，制度史として言及されていない。

13）拙稿「財政会計制度を源流とする原価計算制度の系譜に関する一考察」17-19頁。
　拙稿「ドイツ原価計算制度を源流とする原価計算制度の系譜に関する一考察」『會計』第188巻第1号，平成27年7月，29-41頁。
　拙稿「わが国統一原価計算制度の形成に関する一考察」『會計』第190巻第3号，平成28年9月，26-38頁。

14）拙稿「原価計算制度における費目別計算思考の萌芽―原価計算制度の初期的胎動1」『経営経理研究』第82号，平成20年3月，29-61頁。
　西川孝治郎『日本簿記史談』同文舘，昭和46年。
　久野秀男『官庁簿記制度論』税務経理協会，昭和33年。

15）櫻井通晴『経営原価計算論』中央経済社，昭和54年，1頁。
　拙著『前掲書』18頁。

16）拙著『上掲書』17-20頁。

17）千葉は「1960年代まで各国で地道に展開されてきた会計史研究は，1970年代に至るや，それまでの会計学関係の文献中心の研究から原史料の研究を駆使した研究への本格的な転換を遂げ，単なる史実発見から史料に関する社会経済的な分析に基づく史的研究へシフトした」と指摘した。本研究は，千葉が指摘した傾向を反映している。
　千葉準一『日本近代会計制度』中央経済社，平成10年，1-3頁。

# 第2章

# 大蔵省による出納規程の整備
――財政会計制度を源流とする原価計算制度の初期的胎動1

## I はじめに

　明治維新後,新政府は富国強兵,殖産興業政策を進めるなかで財政難に直面し,国庫金の濫費を防ぐ目的で明治2年「出納司規則書」,明治6年「金穀出納順序」,明治7年「各支庁経費渡方并勘定帳差出方規則」,明治8年「経費概計表及内訳明細簿ヲ製スル順序」,明治9年「大蔵省出納條例」などの出納規程（以後,これらを必要に応じて「大蔵省が制定した一連の出納規程」と略称する）を制定した。これらの規程によって,財政逼迫に伴う支出の統制強化が進められた。

　本章では,「財政会計制度を源流とする原価計算制度の初期的胎動」という視点から,「大蔵省が制定した一連の出納規程」を考察していきたい。すなわち,明治維新後の財政会計制度の展開を基礎として,財政会計制度を源流とする原価計算制度の誕生に必要な先行要件がいかに整えられていったかを論じる。

## II 官用（官庁）簿記の導入と進展

　明治維新後,西洋簿記として商業簿記,銀行簿記,工業簿記などの導入が行われた。この発展は西川孝治郎（『日本簿記史談』同文舘,昭和46年）によって明らかにされたが,もう1つの簿記の発展の道筋として官用簿記ないしは官

庁簿記がある。これは久野秀男（『官庁簿記制度論』税務経理協会，昭和33年）によって明らかにされた。官庁簿記とは，「国家や地方公共団体が行う経済行為を対象として，その記録・計算を通じて管理をなす会計手段としての簿記」[1]と定義されている（この際，簿記は必ずしも複式記入を意味するものではない）。すなわち，国庫出納に関する会計制度を簿記的視点から見たものであり，公会計として法令によって計算構造や経理方式が規定されている。久野は『官庁簿記制度論』の冒頭において，わが国の官庁簿記の展開を次のように述べている[2]。

> 「明治八年頃から明治二十二年に至る間は、西欧の文物制度とともにわが国に移入された複式簿記法を、大蔵省当局者がいち早く消化吸収し、その強力な指導によって、各省庁及び府県郡区の経理に積極的にとり入れていった時代であって、ひろく日本の簿記会計制度発展史の中軸につながるものとして、重要な意味をもっていると考えられる。」

久野は『官庁簿記制度論』における自らの研究を明治8年から明治22年，明治22年以降の2期間に分け，とくに前者における期間に国庫出納制度と予算制度の整備が行われ，これが日本の簿記会計制度発展に大きな貢献をなしたと主張している。

当時，国庫金の出納において出の削減は大きな課題であった。このためには，支出の徹底管理が必要とされ，その施策として支出の概算化と支出の報告が行われた。支出の報告は費目の区分，記帳，集計，報告などの諸過程から成り，これは支出項目を費目別に計算していく原価計算の原初的形態に他ならない。さらに，あらかじめ支出が予期される項目，新規事業に必要な項目を費目別に挙げ，それを概算し，これに基づいて支出することで，その統制が行われた。これは原価計算の有している管理思考の嚆矢的形態である。

各規程に内包された原価計算の原初的形態や原価計算の有する管理思考の嚆矢的形態は，原価計算制度の誕生に必要な先行要件として考察し得るものである。

## Ⅲ 出納規程の初期的展開の概要

### 1．出納の取扱手続きの明文化と会計表の作成
### ―「出納司規則書」と「歳入出見込会計表」

　明治維新後，新政府は政治，経済の混乱を一刻も早く鎮め，これらの安定を図らなければならなかった。新政府の財政基盤は脆弱であり，財政的な困窮を極めた。それは節約を求めた勅問（明治2年5月24日）と諭告（同2年12月27日）から窺い知ることができる。勅問は「理財ノ道ハ経国ノ要務ニシテ人心ノ離合風俗ノ厚薄ニ関係シ至重ノ事ニ候嚮キニ幕府ノ衰フル理財其ノ道ヲ失ヒ用度不節新貨縷々製シテ府庫愈々空シク外ハ各国ノ債ヲ負ヒ内ハ私鋳ノ弊ヲ生シ殆ント矯救スヘカラサルニ至ル」と現状を嘆き，「会計ノ基礎不相立候テハ皇国御維持ノ儀如何之レアルヘク哉」と会計（財政）の重要性を説き，「全国ノ力ヲ合ハセ従来ノ弊害ヲ矯救シ富国強兵ノ本ヲ被為開度」としている[3]。また，諭告は官省府県に対し「諸官省并府藩県ニ於テモ猶更節倹ヲ主トシ可成丈ケ冗費ヲ省キ御用途萬分之一ヲモ補益候様篤ト相心得可申事」と節約をよびかけている[4]。他に，「諸官省并府県ニ節約ヲ主トシテ務テ冗費ヲ省カシム」（明治2年12月10日）も通達されている[5]。このように，初期の明治政府は財政難に見舞われ，国家会計システム（担当部署，会計法規，監視機関，予算編成）の整備に迫られた。

　国家会計に関する業務を取り扱う部署としては，幕府においては慶応3年に金穀出納所，新政府においては徳川時代の官職はすべて廃止され，慶応4年に会計事務科（会計事務総督および会計事務掛を統括）が創設され，明治元年2月会計事務局，同年4月会計官を経て，明治2年に大蔵省が設置された。以後，大蔵省は諸外国から近代的な会計制度の導入に大きな役割を果たすことになる。

　他方，国家会計に関する法規としては，財政の健全化の一環として，金穀の収支を監督し国庫金の濫費を防ぐ目的で「出納司規則書」（明治2年1月）が制定された。この前文には「出納司ノ儀ハ米金御収縮専一ニ相心得左（一つ書きの条文が続く－筆者）ノ通取扱様可仕奉存候」[6]とされており，「出納司規

則書」は米金渡方，月給渡方などのわが国最初の金穀出納の手順を明文化した規程であった。『大蔵省史』では「出納司規則書」の貢献として，各官庁への経費の定額の支払方法は出納司が月額を概計して支払の証書を交付し，これに基づいて各官庁が月次に精算して帳簿を出納司に提出するようになったことを挙げている[7]。

　国家会計の監視機関としては，明治2年5月に大隈重信の建議に従って会計官のなかに監督司が設置された。監督司は「創設に当って「諸般ノ請求ヲ拒否スル権ヲ付与」され，また冗費を省き濫費を防ぐ任を与えられたほか，収支勘定帳の検査など決算検査を担当することに定められた」[8]という。設置後，度重なる官制改革により，監督司の所属は会計官（明治2年5月8日〜7月7日），大蔵省（同2年7月8日〜8月10日），民部省（同2年8月11日〜3年7月9日），大蔵省（同3年7月10日〜4年7月27日廃止）と頻繁に変更され，やがて，監督司は検査寮，検査局，会計検査院と変遷する。だが，会計監督（財政監督）を行う部署としての性格はかわらなかったし，制度の監視人として財政制度の整備と財政監督制度の強化に一定の役割を果たした[9]。

　予算編成としては，「歳入出見込会計表」が明治6年に提示された。井上馨と渋澤栄一によって明治6年に提出された建議「政府の財政は破綻している」は，物議をかもした。政府はその建議への反論として，大隈重信に「歳入出見込会計表」（明治6年）を作成させ，建議が事実でないことを示そうとした[10]。「歳入出見込会計表」はわが国の予算編成の始まりであり，国家収支がいかなる雛形でいかなる費目で表示するべきかを明らかにしたとされる。しかしながら，『明治政府財政基盤の確立』において，深谷は「歳入出見込会計表」を歳入と歳出の見積額を項目別に明らかにしたものであったが，歳出額もその支出額を拘束するものではなかったし，決算についても触れていなかったと評している[11]。この評価によれば，「歳入出見込会計表」は予算の性格を有するとは言えないが，国庫収支・概計（概算）に関する統一的な出納手続きである「金穀出納順序」への大きなステップとなったと考えられる[12]。

　ここまでの過程において，維新後生じた財政難を打開する方策である支出削減を背景として，国家会計部署の創設，出納規程の公布（出納手続きの文章化），

監査機関の設立（監視機関の創設），歳入出見込会計表の作成（概計表の作成）が行われ，国家支出抑制への挑戦が始まる。以後，これらのうち，出納規程，概計方式の進展を追尾していく。

## 2．経費概算および経費の帳簿記録に関する規程の整備─「金穀出納順序」

「出納司規則書」は渡し方の規程であったが，「金穀出納順序」はわが国初の国庫収支・予算に関する法規であり，明治6年に「府県金穀出納順序」（12月27日太政官達第427号）および「院省金穀出納順序」（12月27日太政官達第428号）がそれぞれ公布された[13]。前者は二府（京都，大阪）諸県，後者は院省に対する「金穀出納順序」であり，これによって金穀出納の手続き，帳簿の種類，記帳法が制式化された。それまで，各府県や各院省には金銭出納に関する明確な規程はなかった。

「金穀出納順序」の冒頭には「各庁金穀（下線部の記述は「府県金穀出納順序」のみ）出納ノ順序等一定ノ方法無之ニ付今般右取扱ノ順序并書式勘定帳雛形共別冊頒布候」と太政大臣三條實美の前書きがあり，条文前文では「凡ソ金穀ヲ出納スルノ順序ハ須ク先ツ簿書ノ体裁ヲ精覈ニシ日々ノ入出ヲ遺漏錯雑ナキ様詳記スヘシ」と記され，諸帳簿とその記入による出納管理を指示している[14]。以下，「院省金穀出納順序」の各規定を瞥見することによって，出納規程，概計方式の概要を明らかにしたい。

「院省金穀出納順序」は8条から構成され，条文は10頁程度であるが，それに比して帳簿の雛形には100頁が割かれている。

第1条では院省が年額の12分の1を毎月の初めに受け取ることが規定され，次いで第2条では提出すべき各種帳簿の説明が行われている。第2条に提示されているおもな帳簿は，日計簿，金銀預ケ帳，金銀受取帳，金穀受払帳，追算簿，差継帳，金穀有高表であり，これら帳簿によって金穀出納が管理された。

まず，最初に注目したいのは，以下の費用概計に関する第3条の規定である[15]。

「支庁ハ一ヶ所毎ニ豫メ定額ヲ立定シ毎月本庁常額金ノ内ヲ以テ支派シ日計簿

ヨリ之ヲ追算簿ニ移載シ漸次決算スヘシ其出納簿記ノ体裁ハ本庁ノ順序ニ倣ヒ勘定帳式ノ如ク整理シテ毎月本庁ニ送致シ之ヲ本庁ノ勘定帳エ合算スヘシ」

　第3条では本庁に倣って支庁は支出する費用を毎月概計し，それに基づいた支出を行うことが規定されている。この際，仮払いが考慮され「日計簿から追算簿に移載し決算する」という出納簿記が行われ，この結果は毎月本庁に送致され，本庁の勘定帳に合算される。

　次に，第4条では経費内訳明細表について，次のように規定されている[16]。

「額内外トモ経費内訳調査ノ為メ明細表雛形ノ如ク一種類毎ニ之ヲ製シ勘定帳一同大蔵省エ送致スヘシ」

　すなわち，第4条では支庁において発生した諸経費については内訳明細表を作成し，勘定帳ともに大蔵省に送付することが規定されている。諸経費明細表は支出した費用の明細記録であり，費目別計算の基本思考を形成する。

　また，第5条では本庁支庁における不要物品やその他の物品の売却代金，受取手数料などの一切の収入金は大蔵省に上納することが指示されていた[17]。

　さらに，第6条では出納手続きについて，次のように規定されていた[18]。

「凡ソ金穀ヲ出入スル細大トナク主務ノ者必ス考按ヲ具シ逐一其受払フヘキ員数ト事款トヲ掲ケテ廻議ニ付シ長官ノ検印ヲ経ルノ後タルヘシ假令ヒ急遽ノ際些少ノ員数ト云フトモ長官ノ検印ナクシテ出納スルヲ許サス而メ其検印アル原書ハ宜ク分類編集シ以テ異日ノ照会ニ供スヘシ」

　第6条では受け払いする科目と金額を逐一挙げ，それを長官の検印後に執行することを指示している。これは金穀出納に関するチェックを機能させる規定である。

　そして，第7条ではすべての支出には必ず領収書をとること，日用品や什器の購入には切符を交付のうえ，後に精算することなどが規定されていた。

　最後に，第8条では経費概計表の作成について，次のとおりに規定されていた[19]。

「毎年十一月ニ至リ翌全年其庁所管ノ費用一切ノ目的ヲ立常費臨時費ヲ区分シ詳明ニ列載セル概算帳ヲ作リ之ヲ大蔵省ニ送付ス於同省ハ院省使府県ノ概算ヲ集

計シテ一表ヲ製シ前年十二月限正院ニ上申スヘシ」

　すなわち，第8条では翌年の経費概計をなし，常費と臨時費を区分した一覧表である経費概算表の作成を規定している。第4条の諸経費明細表では生じた支出を記載するが，第8条の経費概算表は生じ得る支出に対するものである。なお，本規定では大蔵省への提出期限が定められていなかったが，「金穀出納順序第八條更正」（明治7年3月太政官達第27号）ではそれが明確化された。

　『大蔵省史』によれば，「金穀出納順序」には，次のような特徴点があるという[20]。

① 毎年諸官庁に常費と臨時費を区別した概算を提出させ，大蔵省はこれによって予算を編成して太政官へ提出する
② 大蔵省は常費中の定額金を各省へ12等分して毎月、府県へは年2回に分けて交付する
③ 予備費の残金は翌年度の経費に繰入れさせ，その他の残金はすべて大蔵省に納付させる

　さらに，久野は「金穀出納順序」を次のように評価している[21]。

　「爾後，出納勘定帳簿の附属内訳明細表の様式の改正，あるいは，「諸収入金予算内訳簿」・「収入概計表」・「経費予算内訳明細簿」・「経費概計表」等の制式を行っただけではなく，計算帳簿の様式も漸次旧習にならった従来の方法を改めようとする機運が盛んになった。」

　また，深谷も「金穀出納順序」を次のように評価している[22]。

　「これは、月計、歳計を明瞭にかつ誤謬なく報告できるよう、収入と支出の区分を明確にする計算簿の様式、出納の順序を定め、かつ今後各官庁より明年一切の費用を概算して、毎年十一月十五日を期し、これを大蔵省に送付させ、大蔵省はこれによってその当否を点検査定し、明年一切の経費を予算し、これを太政官に具申することにした。…中略…これによって、府県、各院省が歳費を概算し、大蔵省はこれを累計して一年間の経費を予算することが制定化されることになった。」

　「金穀出納順序」に対する久野や深谷の評価は，ほぼ同じである。このように，「金穀出納順序」ではそれまで明確でなかった予算の編成法，使用帳簿の枠組み，

概計に基づく支出の実行，諸経費明細表の作成，収入金の大蔵省への上納，出納に関するチェック，支出証拠の保持，次年度の概算表の作成が明確化されている。要するに，「金穀出納順序」は会計帳簿の統一化による経費明細表の作成を可能にし，経費概算表による予算編成の前提条件を形成した。これは収入と支出を帳簿体系のなかで管理し，それに基づいて収支額を概計し，支出を統制していくという思考を作り上げ，大蔵省の財政統制強化に貢献した。

## 3．支出報告期限の厳格化―「各支庁経費渡方并勘定帳差出方規則」

「金穀出納順序」では，各種帳表の大蔵省への提出と期限が定められた。そこで，さらなる速やかな経費渡方と勘定帳の提出を促すために，明治7年に4項目から構成される「各支庁経費渡方并勘定帳差出方規則」（11月24日太政官達第156号）が制定された。

まず，4項目の規定の前に，次のような前文がある[23]。

「各支庁経費ノ儀ハ本庁常額金ノ内ヨリ分送シ其月ノ勘定帳ハ翌月廿日マテニ差出到着次第本庁ノ勘定帳ヘ組入来候処自今本庁ヨリ五十里以外ニアル支庁ハ本庁常額金ノ内ヨリ繰上ケ渡及ヒ勘定帳差出期限別紙ノ通相定候條繰上ケ金額ノ儀ハ雛形ノ通リ取調大蔵省ヘ照会可致此旨相達候事大蔵

但本庁常額金ノ儀是迄其月初旬ニ相渡来候処自今前月二十二日ヨリ二十五日マテニ可相渡尤勘定帳定規ノ通大蔵省ヘ差出サヽル時ハ延日中ハ常額金不相渡候事」

前文では当該規則の概要が示されている。当然，経費の引渡しとその精算書である勘定帳の提出は，本庁からの距離により難易がある。そこで，第1項および第2項では本庁からの距離によって，勘定帳の差出し期限が**図表2-1**のように規定されている。

例えば，支庁が「二百里外五百里マテノ地」にある場合，3月分の経費は1月10日までに受け取り，その勘定帳は4月20日までに本庁へ送付し，本庁の5月分勘定帳へ組込まれることになる。さらに，「右ノ通リ相定ムト雖モ廻送ノ便ナル場所ハ期限ヲ待タス速ニ差出スヘシ」とされ，定められた報告をしない場合には，「期限ヲ過キ未タ差出サヽルハ延期中其後回送スヘキ金額不相渡候事」と強硬な対応が通達されている[24]。こうした勘定帳提出期限の設定とその履行

**図表2-1 本庁からの距離の違いによる支庁の勘定帳差出し期限**

| 距　離 | 差出期限 |
|---|---|
| 五十里外二百里マテノ地ニアル支庁 | 其月ノ経費ハ前月十日マテニ相渡スヘシ依テ右勘定帳ハ翌月廿日マテニ該地差立本庁翌月分ヘ組入差出スヘシ |
| 二百里外五百里マテノ地ニアル支庁 | 其月ノ経費ハ前々月十日マテニ相渡スヘシ依テ右勘定帳ハ翌月廿日マテニ差立本庁翌々月ノ勘定帳ヘ組込差出スヘシ |

出典：「各支庁経費渡方并勘定帳差出方規則」JA（国立公文書館），Ref.2A00700·太00511100，明治7年11月24日，MF006000-0600より作成

の強制は，資金の使用に伴う報告制度のさらなる強化であると評価できる。くわえて，提出期限だけではなく，報告内容の充実を期するために詳細な規程が公布される。それが明治8年「経費概計表及内訳明細簿ヲ製スル順序」である。

## 4．経費科目の細分化，経費の概算と支出記録の精緻化
### ―「経費概計表及内訳明細簿ヲ製スル順序」

「金穀出納順序」（明治6年12月27日）では，収入および経費概算表の提出を定めていたが，これをより厳密化するために，「府県一周年ノ収入経費総額予算雛形ヲ定メ大蔵省ニ差出サシム」（明治8年3月14日太政官達第36号），「院省庁収入及経費等一周年ノ総額ヲ予算雛形ヲ定メ毎歳大蔵省ヘ送致セシム」（明治8年5月14日太政官達）をもって各府県や院省に対し「収入金穀概計表ヲ製スルノ順序」および「経費概計表及内訳明細簿ヲ製スル順序」を定め，収入および経費など1年間の総額を概算した収入経費総額予算書を翌年2月2日期限で大蔵省へ提出させることにした[25]。これは前文，収入金穀概計表ヲ製スルノ順序，諸収入物品科目名簿，経費概計表及内訳明細簿ヲ製スル順序，各府県経費概目から構成される。この冒頭には，次のように規定されていた[26]。

　「金穀出納期限釐正ノ儀明治七年十月十三日相達候ニ付テハ百般ノ収入及ヒ経費等一周年ノ総額ヲ予算シ本年ヨリ毎歳会計年度ヲ云フ別冊雛形ノ通リ計表其外帳簿共期限ヲ違ヘス大蔵省ヘ可差出此旨相達候事」

但し書きとして，科目簿の提出不要や「金穀出納順序」第8条に挙げる経費

概算帳の廃止など旧方式の破棄が添えられていた。くわえて，本年（明治8年）は第一葉計表に付添する内訳明細簿などの送達期限が迫っているので，雛形のとおり作成できない場合は明治8年に提出の経費予算内訳明細簿に限り，大科目および小科目の金穀を区分概算するだけでよく，小科目中の細目を区分しなくてもよい旨が添えられている。むろん，「来ル明治九年分ヨリハ総テ雛形ノ通取調可差出事」とされていた。

　まず，「各府県経費概目」を瞥見したい[27]。ここでは経費区分が示され，一般の経費が定額常費，額外常費，臨時費に大別されている。これは経費を概計し，それを支出していく際に欠かすことができない区分である。定額常費とは「毎歳費額ヲ定メ毎月或ハ毎半ヶ年各庁ニ交付スルモノ」，額外常費とは「毎歳費程ヲ予算シ費額ヲ確定セス毎件其事由ヲ詳悉シ時々成規ニ従ヒ之ヲ大蔵省ニ請求スル平常ノ費用」である。臨時費については「凡概目ニ掲ル如シト雖モ他ニ非常ノ費途」であるとされ，臨時費目（各科目および小科目など）は「概子（ルビは筆者）定額常費及ヒ額外常費中ノ科目ニ照準シテ之ヲ部分スヘシ」と規定されている。

　予算編成は各費中各科目別（大科目すなわち給与，庁中費など，および小科目，すなわち給与中官員月給，諸雇給など，庁中費中需用費，運送費など）に費途を分類して行う。この際，各科目，小科目に至るまで金額とも流用したり，あるいは給与中官員月給，旅費等の金額を流用したり，または庁中費中需用費，運送費などの金額を流用したりすることをすべて認めていない。もっとも小科目中細目については流用を容認している。ただし，流用の際は「其旨ヲ詳悉シ大蔵省ニ申請スヘシ」と定めている[28]。流用の禁止は資金の流れの透明性を保つ意味で重要な規定であるが，一部容認している。

　これらの規定の後に，常費，額外常費，臨時費などの運用にかかわる細則を定めている[29]。これら項目は，いずれも費途を定額常費，額外常費，臨時費に分類したときに生じる問題の処理にかかわり，予算の編成と予算の執行を円滑に進めるための規定である。これらは経費概算や経費内訳表を作成していくうえでの前提を作り上げた。

　次に，「経費概計表及内訳明細簿ヲ製スル順序」を瞥見していきたい。この

順序は全7款から構成され、主たる内容は第1款から第5款までに規定されている。すなわち、第1款はこの規程の大枠、第2款は経費概計表の提出期限、第3款は経費概計表の区分、第4款は第5葉の経費概計表、第5款は第1葉の経費概計表をそれぞれ説明している。

第1款の規定は、以下のとおりである[30]。

「経費概計表モ収入概計表ノ如ク一歳中会計年度ヲ云フ已下做之支出スヘキ金額ヲ統理概算シテ之ヲ登上シ猶三ヶ月毎ニ大蔵省ヨリ請取タル員数ト実際支出スル員数ト其経費ノ増減トヲ掲ケテ其比ヲ見積ノ該額ニ取リ一ヶ年五葉ニシテ比較ノ全キヲ見ルヘシ」

すなわち、第1款では収入概計表とともに経費概計表を作成し、これによって支出金額を概算し、定期的に概算額と実際支出額を比較し、3ヶ月ごとの増減、年間のその一覧の提出を規定している。

第2款では「一葉ヨリ五葉ニ至ルノ計表差出期限及表面ノ書式体裁数位等ノ件ハ収入概計表ニ異ナルナシ」と一連の経費概計表の提出期限と雛形は、収入概計表と同様であることが規定されている[31]。第1葉は1年間の支出総額を示し、各葉は次の期間をカバーする。第2葉は7月から9月まで、第3葉は10月から12月まで、第4葉は1月から3月まで、第5葉は4月から6月までである。ただし、第1葉には翌年度の支出概計、第2葉から第5葉までには実際支出額が記載される。

第3款では、提出する経費概計表の雛形が、**図表2-2**のとおりに説明されている[32]。

経費概計表は10区分から構成される。第1区は「費額ノ科目」であり、2区以降は予算、実績、差異などが示される。

まず、当初予算を示す第2区には「各其費額」を記載する。次に、追加予算を示す第3区は「費額ノ増加スルモノニシテ七月以降許可ヲ経テ新ニ事業ヲ興スニ因リ増額スルノ員数ト事業ノ興ラセルモ最初即第一葉ニ掲記スル見積高ヨリ増加スルニ因リ許可ヲ経テ領受スヘキノ員数」、修正予算を示す第4区では「総テ第三区ニ反シテ減額スルノ員数」をそれぞれ掲げ、補正予算額を示す第5区

**図表2-2　経費概計表の雛形**

| 第1区 | 第2区 | 第3区 | 第4区 | 第5区 | 第6区 |
|---|---|---|---|---|---|
| 費額ノ科目（段別） | 経費見積 | 増費 | 減費 | 差引高 | 大蔵省ヨリ請取高 |
| | | | | | |

| 第7区 | 第8区 | | 第9区 | 第10区 |
|---|---|---|---|---|
| 実費高 | 差引残 | | 仮払未決高 | 残金大蔵省納 |
| | 請取ト見積 | 実費ト見積 | | |

出典：「経費概計表」『法令全書（明治八年）』国立国会図書館デジタルコレクション，553頁，第3款より作成

は「増減ヲ差引シタル高」を記載する。さらに，交付金を示す第6区は「見積ノ内大蔵省ヨリ請取タル員数」，実際の支払額を示す第7区は「実際仕払タル員数」を記載し，交付額と支払額の差額を示す第8区は「甲乙ノ二区」に分け，甲は「大蔵省ヨリ請取タル員数ト見積トヲ差引」，乙は「実費ト見積ヲ差引タル高」を提示する。そして，第9区は「一旦払出タル金額中仕切精算ニ至リカタク仮払ニ属スルノ員数」を掲げる。最後に，第10区は「仕払残金ノ大蔵省へ納付シタル員数」を記載する。主要な部分は第1区と第2区であり，「計表ハ二区ニ止リテ三区已下ハ省クヘシ」とされている。

第4款では，「第五葉ノ計表」について説明している[33]。それは年度末に諸経費勘定の締切りを行い，勘定帳とともに差出す。もし受取高のうち残金があるときは大蔵省へ返納して決算が完結することになる。しかし，その年度中に仕切精算できない仮払金があるような場合には，許可を経て翌年に編入できる。この場合，「第五葉ノ副表ヲ製シ其高ノ決算ニ至ル迄ヲ限リトシ翌年第二葉以下ノ計表ト共ニ差出スヘシ」と定められている。

第5款では，「第一葉ノ計表」について説明している[34]。それは1年間の経費額を予定し，一般歳入出の基礎にするために内訳明細簿を作成し，計表に添えて提出する。内訳明細簿においては「前十八ヶ月平均或ハ前一ヶ年ノ費額ヲ比照」を行わなければならなく，第1葉の提出後，第2葉以下で「内訳簿冊」の添付を規定している。

第6款では,「概計表ニ添付スル内訳明細簿ハ本庁支庁ヲ区分シ掲記スヘシ」[35]とされ,「其金員ヲ概計表ニ登上スル」場合,「本庁ノ内ニ庁中費アリ支庁ノ内ニ又庁中費アル等ノ類ハ此費額ヲ合計シテ登録スヘシ」[36]とされている。

第7款では,経費見積もりを金額算定したが,実際には金銭以外,例えば,米などで支払いをした場合には,見積もり金額(墨字)と実際に支払った米などの量(朱字)を2段に記入することが定められている[37]。

「経費概計表及内訳明細簿ヲ製スル順序」では,第1款から第7款までに見るように提出すべき書類の雛形,支出すべき経費の概算法および科目明細が示され,これにより支出経費の計画,統制を行う機構が形成されている。また,予算実績差異分析が行われており,費目別集計,報告とそれに基づく次年度予算の編成が明示されている。

このように,「府県一周年ノ収入経費総額予算雛形ヲ定メ大蔵省ニ差出サシム」の公布により,予算概計の方法も漸く整備されることになったが,収入支出の出納方法については部分的な改正に終わっていたので,出納に関する規定を体系的に整備する必要が生じ,明治9年に「大蔵省出納條例」が制定された[38]。

なお,出納規程としては「金穀出納順序」の後,明治9年には「院省庁現金納払規則」(2月23日太政官達第18号)が制定された。これは各省庁の定額(月給,旅費など)に対する現金の取り扱いは大蔵省出納寮が行うこととされ,これにより国庫統一への歩みは一歩進められたと評価されている[39]。また,「金穀出納順序」によって,各年度経費概計が行われるようになると,設定された定額(予算)の執行を通じて,各省庁および府県の経費支出規制が強められるようになる[40]。これに伴い,概計の公開が慣行化され,前述した「歳入出見込会計表」(明治6年)に代えて,明治8年にはより内容が充実した「歳入出予算表」が公布された[41]。

## 5. 予算編成と執行規則の集大成―「大蔵省出納條例」

「大蔵省出納條例」(明治9年10月3日太政官定)では,これまで検討してきた諸規程と比較して,予算編成と執行がきわめて詳細に規定されている。「大蔵省出納條例」は綱領36条と個別条例20款274条から構成されている予算会計

法規であり，明治9年に公布された。「大蔵省出納條例」綱領の前文には，次のように記されている[42]。

> 「政府歳入出ノ出納ハ当省ノ本務ニ於テ最緊要ノ事項ニ付其方法規則ニ於テハ置省以来専ラ心力ヲ盡シ逐次変更釐正ニ及ヒ数年間沿革一ナラス候処昨年来（明治8年－筆者）ヨリハ会計年度モ設定シ予算概計ノ法モ頗ル緒ニ就キ候様相成彼是経験ヲ重ネ漸次習熟ニ至リ候旁以其法則モ稍一定スヘキノ時ニ有之且又記簿法ノ儀ニ就テハ昨年十一月中御許可ノ通追々着手ニ及ヒ本年七月一日以後ヨリ当省計算帳簿ハ悉皆其分ニ改定可致筈ニ候然ルニ出納上ノ法則一定ノ明文無之テハ自然記簿上ニ差響計算整理難相成候條」

前文には大蔵省が置省以来，政府歳出入に関する規則設定（予算概計と記簿法）に取り組んできており，これらの整備が最近かなり進み，総括的な規程の設定への機が熟したことが説明されている。そこで，これまで瞥見してきたような諸規程が制定された。これらの集大成が「大蔵省出納條例」であると言える。

「大蔵省出納條例」は包括的な会計法規であるが，とくに出納，予算編成にかかわる条文を瞥見していきたい。

第1条から第7条までは出納の大枠が示されている。まず，第1条において，「大蔵省ニ於テ出納ニ関スル要件ヲ大別シテ二種トス一ハ収入、二ハ支出是ナリ」と規定し，出納に関する2要件として収入と支出を明示している[43]。また，第2条では「収入支出ヲ区分シテ二部トス一ハ常用金ノ収入支出、一ハ準備金ノ収入支出是ナリ」と規定し，それぞれを常用金の収入，支出と準備金の収入，支出に分類している[44]。さらに，第3条では「常用金ハ一歳ノ入ヲ以テ一歳ノ費ニ充ツル者ニシテ其金額ハ法令ニ依テ之ヲ定ム」と同期間の入で出がまかなわれるべきであると規定され，会計年度の原則が示唆されている[45]。この他，第4条から第7条までにおいて，準備金の第一類，第二類，第三類への分類，常用金出納会計のために甲部と乙部の設置，準備金第二類の本部と後部への分割，常用歳出の租税と税外収入への分割，歳出の通常と臨時への分割などが規定されていた。したがって，「大蔵省出納條例」における出納の体系は，**図表2-3**のとおりである。こうした体系が明確に規定されなければ，予算編成は順調には進まない。

**図表2-3 「大蔵省出納條例」における出納概念の体系**

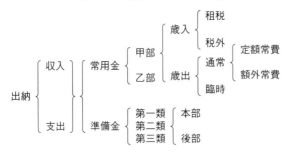

出典:亀井孝文『明治国づくりのなかの公会計』白桃書房,平成18年,78頁の図を横書きにして引用

第8条以降,予算にかかわる規定は以下のとおりである。

第8条では,科目設定について「常用準備共ニ其収入支出ハ厳ニ之カ科目ヲ立ツ最モ大綱ヲ枚挙スルモノヲ出納科目」とすること,これを「大科目小科目及ヒ細科目」の3項目に分類することを規定している。このとき,大科目は「主管ノ記帳上ニ用ユル」,小科目および細科目は「其詳細ヲ悉知スル為メニ之ヲ置ク」と規定している[46]。

また,第10条では,決算について次のように規定されている[47]。

「凡ソ収入支出ハ予算ヲ以テ之カ標準ヲ立テ決算ニ至テ之カ完結ヲ為ス者トス」

この規定ではすべての収入および支出に対して予算を立て,それの決済が述べられている。したがって,収入,支出ともに厳しい管理下に置かれることになる。とくに,歳出の予算化については第12条で,次のように規定されている[48]。

「歳出ノ予算ハ各庁見込ノ概計ヲ徴集シテ之レヲ定ム亦皆経費予算法ニ照ラシテ之ヲ処置ス」

上記のとおり,歳出予算は各庁から支出見込み(見込概算)を集計して編成する。さらに,第33条では恣意性の介入を排除するために「金銀計算ハ必ス其算法ヲ一定センヲ要ス決シテ私見ヲ以テ区々ノ算則ヲ立ルヲ得ス」と規定され[49],不正や誤謬をなくすために下記の第34条が規定する複式記入が採用された[50]。

> 「凡ソ計算ニ関スル帳簿并記載法は総テ「フツクキービンク」ニ従ヒ之カ規則ヲ立ツヘシ私ニ之ヲ改竄スルヲ得ス」

「大蔵省出納條例」のなかでも，久野が『官庁簿記制度論』において唯一引用しているのは，この第34条である[51]。すなわち，この規定は複式簿記の採用を意味しており，亀井も『明治国づくりのなかの公会計』において「いくつかの重要な点に勝るとも劣らぬ大きな特徴を持っている」[52]と述べ，この条項を評価している。

また，「大蔵省出納條例」の個別条例，第6款　歳入出予算條例には，第40条から第47条まで予算に関して規定されており，次の第40条がその最初の規定である[53]。

> 「一年度中ノ収入スル者ヲ以テ其年百般ノ経費ニ充用スルニ依テ其収入支出スヘキ目途ノ概計ヲ立ルヲ歳入出ノ予算合計トシ出納科目ニ随テ計表ヲ製スルコト丶ス」

『明治財政史　第三巻』では，「大蔵省出納條例」個別条例，第6款　歳入出予算條例における8つの規定について次のようにまとめているので，これを瞥見したい[54]。

> 「総予算調製方ヲ定メ大蔵卿ハ各官庁ヲシテ毎年二月二日限リ概計表及帳簿ヲ提出セシメ之ヲ検査頭ニ附シ検査頭ハ前五年或ハ三年又ハ一年ノ実計ニ対照シ且ツ当年出入ノ多寡ヲ比較シテ歳入出予算内訳明細簿ヲ作リ六月五日ヲ限リ大蔵卿ニ提出シ大蔵卿ハ之ヲ統計頭ニ附シ歳入出予算会計表ヲ作ラシメ且ツ理財ノ方案ヲ附シ六月二十日ヲ期シテ正院ニ上呈セシメ正院ハ六月三十日ヲ限リ之ヲ公布スルモノトセリ而シテ既ニ議定ヲ経タル予算ハ該年度中変更増減スルヲ得ス已ムヲ得サル場合ニハ正院ノ議決ヲ経テ其命令ニ従フヘキモノトシ其他租税及準備金ノ整理等ニ関スル規定ヲ設ケタリ」

予算概計表の作成について，綱領では簡単な枠組みのみの規定であったが，個別条例，第6款（第40条から第47条）では，上記のように提出された概計表を検査頭が検査したり，統計頭が歳入出予算会計表を作成したり，予算どおりに執行することなどが詳細に規定されていた。

「大蔵省出納條例」は『大蔵省史』によれば，次のような特徴をもっていた[55]。

① 収入と支出を常用金と準備金に分ける
② 常用金の歳入を租税、税外、款外に分け、税外収入は官工収入、官有物払下代などとし、款外収入は繰換借入、過誤納返納などとする。
③ 常用金の支出を通常と臨時に分け、通常歳出をさらに定額費と額外常費に分ける。
④ 定額費は毎年の歳入をみて大蔵省が定め、年度中の増減を許さず、額外常費は必需の経費ではあるが、収入の状態などによってその額を節減できるものとする。

さらに,「大蔵省出納條例」には『大蔵省史』によれば,下記のような不備があった[56]。

① 会計帳簿の不備に加え、年度の収支ごとに収入が数年間にわたって収納されている。
② 諸官庁が歳計余剰を留保しようとして、会計帳簿をなかなか提出しない。
③ 特別会計の制度が整備されず、事業会計、資金会計にあたるものまでが同一会計の中で収支されている。
④ 中央・地方間の租税の配分、送納の方法が確立していない。

以上,概観してきたように,大蔵省における出納の基本は「収入」と「支出」であるので,「大蔵省出納條例」ではこれらをいかに記帳し,そしていかに取り扱い,いかに統制するかが詳しく規定されており,出納における概念を整理したことに大きな特徴がある。また,「大蔵省出納條例」には歳入出予算條例が個別条例として内包されており,今までの諸規程と比べて詳細に予算自体を規定している点も注目に値する。

維新以来,進められてきた財政会計制度の一応の集大成が行われ,支出項目の細分化,支出項目の記録および集計のための帳簿の整備,収入の概計,報告のための様式の標準化など支出許容範囲の設定と予算編成などに関する規定が,今までの諸規程にも増して強化された。

## Ⅳ　おわりに

「大蔵省が制定した一連の出納規程」は，下記のように整理できる。
　① 出納司規則書－出納の取扱手続きの明文化
　② 金穀出納順序－経費概算および経費の帳簿記録に関する規定の整備
　③ 各支庁経費渡方并勘定帳差出方規則－支出報告期限の厳格化
　④ 経費概計表及内訳明細簿ヲ製スル順序－経費科目の細分化，経費の概算と支出記録の精緻化
　⑤ 大蔵省出納條例－予算編成と執行規則の集大成

「出納司規則書」ではわが国で初めて出納規程が制定され，出納の取扱手続きが明文化された。次いで，「金穀出納順序」では経費概算および経費の帳簿記録に関する規定が整備され，経費概算および経費の帳簿記録に関する規定が設けられた。さらに，「各支庁経費渡方并勘定帳差出方規則」では支出報告期限が厳格化され，報告義務の強化が図られた。また，「経費概計表及内訳明細簿ヲ製スル順序」では経費科目の細分化，経費の概算と支出記録が精緻化され，予算，実績比較が可能になった。最終的に「大蔵省出納條例」では予算編成と執行規則が集大成され，予算による支出の統制強化が図られた。

　本章で論じた「大蔵省が制定した一連の出納規程」は，原価計算制度である形式要件と内容要件からすると，形式要件としては必要な条件の文章化および十分な条件の条文化を満たしているものの，内容要件としては原価計算の誕生であると見なすための必要な条件の費目別計算思考の確立，製品別計算思考の生成，製造間接費計算思考の萌芽の存在を満たしていない。しかしながら，諸規程には何らかの目的で支出した費用を支出項目別に期間集計する思考が見られる。これは費目別計算思考の萌芽であり，明らかに以後，原価計算制度へ進展していく「芽」であると考えられる。それは「金穀出納順序」では第4条　諸経費明細表，第8条　諸経費概計表，「経費概計表及内訳明細表ヲ製スル順序」では1款から5款までの経費概計表，「大蔵省出納條例」綱領では第12条　見込ノ概計，「同條例」個別条例，第六款　歳入出予算條例では第40条　概計表

及帳簿，第42条　歳入出予算内訳明細簿，第43条　歳入出予算会計表において看取できる。当初は支出記録であったが，次第に支出概算，やがて予算編成，予算実績比較へと進化していく。

　諸規程に提示されている経費概計表は生じた経費の認識，記録，集計，報告からなる支出記録であり，支出対象は製品の製造ではないが，費目別計算である。ここには，原価計算の原初的形態を看取できる。また，諸規程における出納簿記の「出」の処理は，支出記録をもとにあらかじめ支出額が概算され，予算表が作成され，それに伴って実際の支出（予算の執行），実績差異分析が行われ，予算による支出の統制が行われている（統制思考の存在）。ここには，原価計算の有する管理思考の嚆矢的形態を看取できる。当初はこうした原初的形態や嚆矢的形態が「大蔵省が制定した一連の出納規程」のなかに内包され，水面下において徐々に醸成された。そこで，本章では，「大蔵省が制定した一連の出納規程」を「財政会計制度を源流とする原価計算制度の初期的胎動１」と捉えている。この社会経済的背景としては，明治新政府の財政逼迫の打開が挙げられる。

注

1 )　黒澤　清編集代表『会計学辞典』東洋経済新報社，昭和57年，195頁。
2 )　久野秀男『官庁簿記制度論』税務経理協会，昭和33年，3頁。
3 )　「外国交際及会計ノ両事ヲ各官ニ勅問ス」JA（国立公文書館），Ref.2A0600・太00021100，太政類典・第一編・慶応３年～明治４年・第二十一巻・官制・文官職制七，明治２年５月24日，MF000300-0502。
4 )　「諸道不実ニ付キ務テ節倹セシム」（明治２年12月27日太政官布達），『法令全書（明治二年）』内閣官報局，明治20年，国立国会図書館デジタルコレクション，520頁。
5 )　「諸官省并府県ニ節約ヲ主トシテ務テ冗費ヲ省カシム」JA，Ref.2A0600・太00182100，太政類典・第一編・慶応３年～明治４年・第百八十二巻・理財・国債及紙幣三，明治２年12月10日，MF002000-1270。
6 )　「出納司規則書」前文，明治財政史編纂会編纂『明治財政史　第一巻』明治財政史発行所，大正15年，593頁。
7 )　大蔵省財政金融研究所財政史室『大蔵省史―明治・大正・昭和―第１巻（第１期～第４期）』大蔵省財務協会，平成10年，78頁。
8 )　小峰保栄『財政監督の諸展開』大村書店，昭和49年，9頁。
9 )　『上掲書』9頁。

10) 亀井孝文『明治国づくりのなかの公会計』白桃書房，平成18年，22-48頁。
　　明治財政史編纂会編纂『明治財政史　第三巻』明治財政史発行所，大正15年，139頁。
11) 深谷徳次郎『明治政府財政基盤の確立』御茶の水書房，平成7年，118頁。
12) 亀井『前掲書』48頁。
13)「院省金穀出納順序並書式勘定帳雛形共頒布の件（1）」JACAR（アジア歴史資料センター），Ref.C04017545200，陸軍，陸軍省大日記類，太政官，明治6年「太政官布達5　12月」，明治6年12月27日（防衛庁防衛研究所）。
　　「院省金穀出納順序並書式勘定帳雛形共頒布の件（2）」JACAR，Ref.C04017545300，陸軍，陸軍省大日記類，太政官，明治6年「太政官布達5　12月」，明治6年12月27日（防衛庁防衛研究所）。
　　「府県金穀出納順序並書式勘定帳雛形等頒布並に第1第2常備其他唱改の件（1）」JACAR，Ref.C04017544800，陸軍，陸軍省大日記類，太政官，明治6年「太政官布達5　12月」，明治6年（防衛庁防衛研究所）。
14) JACAR，Ref.C04017545200，「院省金穀出納順序」前文。
　　JACAR，Ref.C04017544800，「府県金穀出納順序」前文。
15) JACAR，Ref.C04017545200，「院省金穀出納順序」第三條。
16)「上掲資料」第四條。
17)「上掲資料」第五條。
18)「上掲資料」第六條。
19)「上掲資料」第八條。
20) 大蔵省財政金融研究所財政史室『前掲書』71頁。
21) 久野『前掲書』17頁。
22) 深谷『前掲書』118-119頁。
23)「各支庁経費渡方并勘定帳差出方規則」前文，JA，Ref.2A00700・太00511100，太政類典・第二編・明治4年～10年・第二百八十八巻・理財八・勘定帳一，明治7年11月24日，MF006000-0600。
24)「上掲資料」第1-4項（一つ書きのため，右から順に番号を付した）。
25)「府県一周年ノ収入経費総額予算雛形ヲ定メ大蔵省ニ差出サシム」（明治8年3月14日太政官達第36号），『法令全書（明治八年）』内閣官報局，明治22年，国立国会図書館デジタルコレクション，546頁。
　　深谷『前掲書』120-121頁。
　　明治財政史編纂会編纂『前掲書　第三巻』139-140頁。
　　なお，同様の法令は院省庁に対しては「院省庁収入及経費等一周年ノ総額ヲ予算雛形ヲ定メ毎歳大蔵省へ送致セシム」（明治8年5月18日太政官達）によって定められた（『法令全書（明治八年）』857頁）。本来は当該規程を対象とすべきであるが，前文のみであったので，府県に対する「上掲資料」を用いた。
26)「府県一周年ノ収入経費総額予算雛形ヲ定メ大蔵省ニ差出サシム」前文，『前掲書』546頁。
27)「上掲資料」「各府県経費概目」第1-4項（一つ書きのため，右から順に番号を付した），『上

掲書』554-555頁。
28)「上掲資料」第5項,『上掲書』555頁。
29)「上掲資料」第6-9項,『上掲書』555-556頁。
30)「上掲資料」「経費概計表及内訳明細簿ヲ製スル順序」第一款,『上掲書』553頁。
31)「上掲資料」第二款,『上掲書』553頁。
32)「上掲資料」第三款,『上掲書』553頁。
33)「上掲資料」第四款,『上掲書』554頁。
34)「上掲資料」第五款,『上掲書』554頁。
35)「上掲資料」第六款,『上掲書』554頁。
36)「上掲資料」第六款,『上掲書』554頁。
37)「上掲資料」第七款,『上掲書』554頁。
38) 深谷『前掲書』120-121頁。
39) 遠藤湘吉「財政制度」16-17頁,鵜飼信成,福島正夫,川島武宜,辻　清明『講座日本近代法発達史4─資本主義と法の発展』所収,勁草書房,昭和33年。
40) 大蔵省財政金融研究所財政史室『前掲書』79頁。
41) 坂入長太郎『明治前期財政史』酒井書店,昭和64年,375頁。
　　政府は明治8年3月太政官達第36号によって,各府県に「百般ノ収入及経費等一周年ノ総額ヲ予算」として大蔵省に提出するよう求めている。これが始めて「予算」という用語を用いた制度の開始であるという(亀井『前掲書』86頁)。
42)「大蔵省出納條例」前文,JA,Ref.2A00700・太00510100,太政類典・第二編・明治4年～10年・第二百八十七巻,明治9年10月3日,MF006000-0259。
43)「上掲資料」第一條。
44)「上掲資料」第二條。
45)「上掲資料」第三條。
46)「上掲資料」第八條。
47)「上掲資料」第十條。
48)「上掲資料」第十二條。
49)「上掲資料」第卅三條。
50)「上掲資料」第卅四條。
51) 久野『前掲書』32頁。
52) 亀井『前掲書』81頁。
53)「大蔵省出納條例」個別条例,第六款第四十條,明治財政史編纂会編纂『前掲書　第一巻』669頁。
54) 明治財政史編纂会編纂『前掲書　第三巻』140頁。
55) 大蔵省財政金融研究所財政史室『前掲書』73頁。
56)『上掲書』74頁。

# 第3章

# 政府作業場への作業費に関する3規程の導入
―財政会計制度を源流とする原価計算制度の初期的胎動2

## I はじめに

　政府は殖産興業政策の具体化策として，各種政府作業場（官営工場）を建設した。当初は，こうした作業場にも前章で考察した「大蔵省が制定した一連の出納規程」が適用された。しかしながら，膨れ上がる資金需要に，何らかの歯止めをかける必要性が生じた。そこで，政府はより効率的な資金運用を実現するために，各作業場に独立採算を実現するように指導した。このとき，構想されたのが作業会計である。それは一般経費から作業場に要する経費を切り離し，作業場で生じた費用をそれによって生じる収益で支弁させる方策である。

　本章では，「財政会計制度を源流とする原価計算制度の初期的胎動」という視点から，明治9年「各庁作業費区分及受払例則」，明治10年「作業費出納條例」，明治12年「（改正）作業費出納條例」（以後，これらを必要に応じて「作業費に関する3規程」と略称する）を考察していきたい。すなわち，殖産興業政策で拡大していく政府作業場において形成された作業費概念を基礎として，財政会計制度を源流とする原価計算制度の誕生に必要な先行要件がいかに整えられていったかを考察していきたい。

## Ⅱ 作業費概念の形成の背景

　明治9年に「各庁作業費区分及受払例則」が公布されるまで，政府作業場に対する金銭出納は一般経費と同様な取り扱いがなされており，特別な規程があるわけではなかった[1]。

　当時，殖産興業の中心的な役割を果たしたのは官営模範作業場であり，政府経営の近代的な作業場の設立が相次いで行われた[2]。わが国初の作業費に関する規程が公布された明治9年当時，政府が経営する作業場は，大蔵省関係では造幣寮や紙幣寮，内務省関係では富岡製糸所，堺製糸場，新町屑糸紡績場など，海軍省関係では横須賀製作所，唐津兵庫出張所，鹿児島製造所など，工部省関係では鉱山寮（佐渡，生野，小阪，大葛，釜石，三池，秋田など），鉄道工場（新橋，神戸），その他では赤羽製作所，深川セメント製造所，兵庫製作所，長崎製作所，品川硝子製造所などがあった[3]。これらの事業，おもに作業場の経営は多額の資金を要するので，膨れ上がる支出に歯止めをかけて効率的に運営するためには，官営事業の独立採算を行う必要性が生じた。そのために，政府は作業場で生じた収益と費用を正確に把握し，各作業場の損益を明らかにしなければならなかった。そこで，一般経費から作業場に要する経費を分離し，これを作業費として処理する作業会計が工夫された。『明治大正財政史』では，作業会計へ至った経緯を次のように論じている[4]。

> 「各種の官営事業の漸次発達するに従ひ、之に関する諸般の収支を一般の会計中に混同して整理することは、事業の経営上障碍少からざるを認めしを以て、官業上の収支は一般会計と区分し、別途に会計を立て、別金櫃を設けて之を整理するの方法を設くることと為し、明治九年九月太政官達を以て作業費区分及受払例則を制定したり。之れ即ち別途会計設置の嚆矢にして、他日特別会計制度制定の淵源を為すものなり。」

　このように，明治9年9月に「各庁作業費区分及受払例則」が公布された。これは「大蔵省出納條例」が公表される数ヶ月前であった。『明治財政史』では「明治九年九月六日各庁作業費区分及受払例則ヲ定メ本年七月以後始メテ各

庁一般ノ経費中作業ニ属スルモノヲ区分シテ作業費トナシ通常ノ経費ト混同セサルコトヲ要スルモノトス」[5]と紹介されている。その後，明治10年7月に「作業費出納條例」が公布され，『明治大正財政史』では「十年度以降之ヲ施行セシム其規程タルヤ凡ソ作業ニ属スル支費ハ一切作業費ト称シ開業ニ際シ其資本金額ヲ定メ営業百般ノ事ヲ弁理シ而シテ其収入ヲ以テ資本ニ償還シ其剰余額ヲ益金トシ嚮ニ消費セシ所ノ金額ヲ漸次償却スルモノトス」[6]とその概要が説明されている。また，明治12年10月には「作業費出納條例」（以後，当該規程を明治10年「作業費出納條例」と区別するために，「(改正)作業費出納條例」と称する）が公布された。

## Ⅲ 作業費に関する3規程

### 1．各庁作業費区分及受払例則

　各庁の経費中作業に属する費途区分を改正するために，明治9年9月6日太政官達で「各庁作業費区分及受払例則」（以後，「例則」と略称する）が作業費に関する規程として公布され，同年7月に遡って施行された。

　「例則」は内務省，海軍省，工部省，そして大蔵省へ通達され，その通達文は次のとおりであった[7]。

> 「本年七月以降各庁一般ノ経費中作業ニ属スル費途ヲ区分シ別冊ノ通程規改正候條此旨相達候事（別冊ハ下ノ大蔵省ヘノ達ニ同シ）
> 但本文ノ通改正候ニ付テハ右ニ基キ本年予算内訳簿再調ノ上金員区分可相達筈ノ処季節既ニ経過候ニ付本年経費決定高ノ内ヲ以テ右費途区分ノ儀大蔵省ヘ協議可致尤営業費ハ数回運換候上ハ費額減省可致筈ニ付詳細取調大蔵省ヘ可申出事」

　この通達文における重要なポイントは「経費中作業ニ属スル費途ヲ区分」したうえで，作業費の集計，作業収入の運用であり，その「例則」構成は**図表3-1**のとおりである。なお，図表中の条ごとの見出し（カッコ書き）は内容が概観できるように筆者が付した。

**図表3-1 「各庁作業費区分及受払例則」の構成**

| | |
|---|---|
| 第一條　（概要） | 第七條　（営業収入金の残金の処理） |
| 第二條　（作業費の区分） | 第八條　（不用品の処分） |
| 第三條　（適用範囲） | 第九條　（営業需用の物品評価） |
| 第四條　（作業費と一般経費の区分） | 第十條　（物品の現金評価の対象） |
| 第五條　（収入の計上） | 第十一條　（作業費に関する報告書の作成） |
| 第六條　（作業費の受け払い） | 第十二條　（書式） |

出典：「各庁作業費区分及受払例則」明治財政史編纂会編纂『明治財政史　第一巻』明治財政史発行所，大正15年，918-923頁の条文から作成

　それでは「例則」の各規定を構成に従って考察していきたい。

　第1条では，「各庁経費中作業ニ属スル費途ヲ概別シ其受払ノ順序等ヲ確定シ次條以下ニ掲ク」と規定され，「例則」の目的が示されている[8]。

　第2条では，作業費の区分が提示されており，「造幣紙幣造船礦山鉄道電信其他諸製作等一般作業ニ属スルモノハ渾テ該費（作業費－筆者）ニ編入支弁シ通常ノ経費ト混同セサルヲ要ス」と定義され，それは興業費と営業費とに区分されている[9]。前者は「創始ニ付器械等ノ購入或ハ据付家屋建築等其他総テ創起ニ属スル費途ヲ類集ス」[10]とされ，開業に準備した建物，設備などへの初期投資にかかわる費目である。後者は「開業以後ノ費用ニシテ平常ノ事業ニ属スル諸費ヲ類集ス」[11]とされ，材料費，労務費などの運転資本にかかわる費目であり，くわえて営業費は開業後の事業拡大に伴う建設費，設備費などを含む。これが「例側」に示された興業費と営業費の概念である。

　第3条では，「例則」の適用範囲が明示され，それは内務省（富岡製糸場，各所牧畜場，堺製糸場，上州新町屑糸紡績場），大蔵省（造幣寮，紙幣寮），海軍省（横須賀製作所，唐津兵庫出張所，鹿児島製造所），工部省（鉱山寮各所支庁，鉄道，各所電信局，各所製造所）に及ぶ[12]。

　第4条では，作業費と一般経費との区分が示され，「作業場専務ノ官員月給ヲ始メ外国人雇給其他該所ニ属スル経費ハ悉皆作業費中ニ編入スヘシ尤之ヲ管理スル其本庁内務省ノ勧業寮工部省ノ鉱山鉄道寮等ヲ指スノ経費ハ従前ノ通通常経費中ヲ以テ支弁スルコトヽス」[13]とされている。このとき，作業場固有の

労務費（官員の月給，外国人の雇給など）や経費は作業費に含めるが，本庁の経費は今までどおりに一般経費として区分される。

　第5条では，収入の計上が規定されており，本庁が必要とする物品を所属の作業場へ製作依頼した場合，その製作代価は「総テ本庁通常経費中ヲ以テ仕払ヒ製作所等ニ於テハ人民一般ノ注文ニ異ナルコトナク之カ代価ヲ領収シ毎月収入ノ部分ニ編入スヘシ」[14]と定めている。例えば，海軍省所属の艦船を新造した，あるいは修理した場合，それを外部で行ったと同じ対価が当該作業場に対して支払われる。すなわち，事業の独立採算を可能にするためには，収入と費用を対応させなければならないので，収入を生じさせて期間損益計算に役立てようとしている。

　第6条では，作業費の受け払いに関する具体的な説明が行われている。作業費のうち興業費は年々払切りであり，生じた益金で償却を行う。しかしながら，償却については「漸次実検ヲ経テ齊備スルニ随ヒ益金ノ幾分ヲ以テ興業ノ費用ヲ償却スル」[15]という一文しかなく，具体的な方法も示されていない。他方，作業費のうち営業費は毎月の収支を大蔵省に報告し，年度末には一旦全額返納し，年度初めには再び交付を受ける仕組みであった。ただし，納付の際には次のものを「総テ現金ト看做シ」，「金員事由ヲ詳記」しなければならなかった[16]。

① 　貯蓄セル処ノ物品（購入セシ時時ノ原価）
② 　既ニ製作シタル物品ノ現存シテ翌年へ越スヘキモノ（製作ニ支用セシ諸品ノ原価ト其製作ニ付テ費ス所ノ金員トヲ併セ之レニ幾分カノ益ヲ加算シ該製作物ノ価格トシ尚時価ヲ参酌シテ見積タル代価）
③ 　翌年度支出ニ属スルモノヲ本年度ニ於テ假ニ払出セシ分

　すなわち，収支は収入高（貯蔵品は購入原価で，製作品は原価＋利益ないし売価で現金評価のうえ収入金に加算）から作業費を引いて計算する。なお，仮払分も現金評価を行う。

　第7条では，営業収入金の残金の処理と補填を規定している。以前は生じた全収入を毎月大蔵省に上納していたが，「毎月納付ニ及ハス幾回モ運換支用スルヲ許ス尤歳尾ニ至リ営業ノ消費ト収入トヲ計較シ残余ノ益金ハ税外収入ヘ編

入シテ之ヲ大蔵省ヘ納付スルコトス」[17]というように資金の運用と残金の納付を規定している。期中の収入は運用し，もし期末に収入＞支出であった場合に生じる益金は税外収入となり，もし期末に収入＜支出であった場合に生じる損金は補填される。具体的には，「該年営業費ノ内支出ノ額六萬圓其収入金七萬圓ナルトキ差引一萬圓ノ贏余ハ即チ益金トス」[18]，「之レニ反シテ消費金七萬圓収入金六萬圓ナルトキ差引一萬圓ノ損金」[19]となり，損金が生じた場合には「第六條ノ例ニ準ス」[20]と補填を規定している。

第8条では，不用品の処分を規定しており，不要になった購入物品の処理について，もし営業費より購入した物品を処分した場合，この売却額は収入に繰り入れて運用してよい旨を示している[21]。

第9条では，営業需用物品の評価が規定されている。「物品ハ購買セシ時時ノ原価ヲ付スルヲ例トス」[22]とされ，代金の支払いが未決済であり，購入原価が不明な場合には「見込ノ代価或ハ其時価」[23]が用いられる。この場合には，時価と実際価格の間に差が生じるので，この処理は次のように規定されている[24]。

> 「最前見積ヲ以代価ヲ計出セシ高假令某品千斤此代価一萬圓十斤ニ付百圓実際仕払ノ高七百斤此代価七千圓ト計出シ既ニ其製造セシモノ、総額ヘ加算シテ徴収シ爾後確定ノ代価六千三百圓十斤ニ付九十圓差引七百圓ノ差違ヲ生スルモノ、類ハ之ヲ益金ト見做シ又差引不足スルモノハ之ヲ損金トシ作業費中ヨリ仕払ニ立ツヘキコトヽス」

すなわち，時価（700斤7,000円）と実際価格（700斤6,300円）の間に差（700円）が生じたとき，有利差異である700円は益金とする。なお，逆に不利差異が生じた場合は，損金として処理する。

第10条では，物品の現金評価が規定されており，作業に使用する物品は貯蔵しているときは現金評価であるが，使用によって初めて支払いとして処理できる[25]。

第11条では，作業費を一般経費と分類して報告書を作成および報告することが規定されている。これは作業費を独立した報告書として提出する旨の規定である。

第12条では，「損益ノ比較出納ノ順序其他簿記計表等別冊書式ノ外」[26]は各

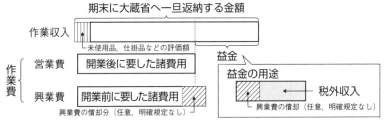

出典:「各庁作業費区分及受払例則」明治財政史編纂会編纂『明治財政史 第一巻』明治財政史発行所, 大正15年, 条文から作成, 918-923頁

庁の自由裁量であることが規定され, 興業費受払勘定帳(第1書式), 営業費請払報告(第2書式), 諸作業収入精算報告(第3書式)の3つの提出書類が「例則」の別冊として添付されていた[27]。

「例則」では, 作業費の定義, 分類, 適用範囲, (不明確であるが)興業費の償却, 益金および損金の処理, 貯蔵品, 未完成品(仕掛品), 製作品の評価法, 時価と実際価格の差の処理, 報告書の提出, 提出書類の書式などが規定されている。「例則」における作業費概念と損益計算構造は, **図表3-2**のとおりである。

前章では国庫出納を予算による概念で統制したが,「例則」ではこれに加えて経費を単に節約させるだけではなく, これを運用させるという別の観点での統制が試みられている。そこで, 一般経費から作業費を分離し,「例則」によって各作業場を管理したと見られる。「例則」では年度中の収入の運用(第7条)を認めているが, 年度末には収入高(第5条)と未使用品, 仕掛品(第6条, 第7条, 第10条)などの評価額は一旦大蔵省へ全額納付(第7条)することになる。この規程によって, 官営作業場における損益のある程度の明確化が図られたと思われる。反面, 興業費の償却法などは明確ではなく, 一定額(定額)を経費として支給していたそれまでの方式と大きくは異ならない。「例則」は文字どおり, 作業費区分と興業費および営業費の受け払いを規定していたに過ぎない。

## ２．作業費出納條例

次に，「例則」で規定された作業費概念が「作業費出納條例」において，いかに精緻化されたかを明らかにしていきたい。ここでは，興業費や営業費の償却が明確化される。現在の費目別計算では間接費と直接費の区分が中心であり，とくに間接費計算は固定資産（資本）の減価とそれの製品への価値移転の認識が前提となるが，興業費，営業費の償却思考はその礎を築いたと考えられる。

先に論じた「例則」における大きなポイントは，一般経費からの作業費の分離であり，作業費を興業費と営業費に二分し，前者は払切り，後者は運用が規定されていたことであった。しかしながら，「例側」では第６条第１項に「興業ノ費用ヲ償却スル等ノ方法ヲ設立スヘシト雖モ順序創設ノ際ナレハ姑ク各庁ノ便宜ニ任ス」[28]，第12条第１項に「損益ノ比較出納ノ順序其他簿記計表等別冊書式ノ外ハ姑ク各庁ノ便宜ニ任ス」[29]というような規定があり，興業費などの償却や提出書類には不十分なところがあった。そこで，明治10年１月付で大蔵省に検査局が設置されたのを機会に，「例則」を改定するために内務省，大蔵省，海軍省，工部省に対して「作業費区分ノ義ニ付明治九年九月中相達候趣モ有之候処右條例更ニ別紙ノ通相定候條明治十年度以降右ニ照準施行可致此旨相達候事」[30]との前文と「但営業資本ヲ交付候ニ付テハ本年一月十日相達候十年度経費額ノ内右ニ属スル金員減額ノ義モ予算一同可申出事」[31]との但し書きがつけられ，「作業費出納條例」（以後，「条例」と略称する）が明治10年７月

### 図表3-3 「作業費出納條例」の構成

| | | | |
|---|---|---|---|
| 第一條 | 作業費用概旨ノ事 | 第一号書式 | 諸作業損益比較報告 |
| 第二條 | 作業費区分ノ事 | 第二号書式 | 興業費償却高報告 |
| 第三條 | 興業費営業費区分ノ事 | 第三号書式 | 営業費償却高報告 |
| 第四條 | 予算申牒ノ事 | 第四号書式 | 興業費予算内訳明細簿 |
| 第五條 | 興業費受払制限ノ事 | 第五号書式 | 作業収入額予算内訳帳 |
| 第六條 | 営業費受払制限ノ事 | 第六号書式 | 興業費請払勘定帳 |
| 第七條 | 収入金運用及ヒ工費償却損益比較等ノ事 | 第七号書式 | 営業資本請払精算報告 |
| | | 第八号書式 | 作業収入精算勘定帳 |

出典：「作業費出納條例」JA, Ref. 2A00700・太00508100, MF005900-1594，第１条から第７条の条文および巻末の書式より作成

6日（太政官達）に公布された。「条例」の構成は，図表3-3のとおりであった。

「条例」は全7条から構成されており，「例則」と比べると，条項それ自体は減少したが，形式的には各条の見出し，前文，節が設けられ，内容的には各規定が整理，明確化された。くわえて，3書式から8書式へ提出書類が拡充された。それでは「条例」の性格を明らかにするために，第1条から第7条までを「条例」の構成に従って瞥見していきたい。

第1条では「作業費用概旨ノ事」の標題で，作業費は「凡ソ作業ニ属スル費途ハ一切」と定義され，その処理法として「開業ニ際シ其資本金額ヲ定メ以テ営業上百般ノ事款ヲ弁理シ而シテ該業ノ収入ヲ以テ資本ヘ償還シ剰ル金額ヲ益金トシ以テ饗ニ消費スル処ノ金額ヲ漸次償却スヘキモノトス」と規定され，「条例」の基本概念が提示されている[32]。

第2条では「作業費区分ノ事」の標題で，諸作業に属す費項は「一切該部ニ彙集シ予算精算トモ通常経費ト判然之レヲ区分スヘキモノトス」と規定され，一般経費との区分が明示されている[33]。

各省が運営する作業場における作業は，官の依頼であるか民の依頼であるかを問わず，すべて作業費の明示が求められた[34]。作業費への算入費目は，第3条第1～2節で具体例が列挙されているが，第2条第3節では作業費へ編入する費目の3つの大枠として「作業専務ノ官員俸給」，「外国人傭給」，「其他該所ニ属スル経費」が挙げられており，「管理スル其本庁内務省ノ勧業局工部省ノ鉱山鉄道局等ヲ云フノ経費ハ通常経費中ヲ以テ支弁スヘキモノトス」と処理の原則が示されている[35]。

第3条では「興業費営業費区分」が「作業上ノ費項開業前後ヲ以テ一旦之レヲ区分ス其分界ヲ立ル第一節以下ニ掲ル如シ」[36]と規定され，興業費と営業費が説明されている。すなわち，興業費は「全ク開業前ニ係ル費項」であり，「工場ヲ始メ一切附属ノ諸営築或ハ器械ノ購入等渾テ開業以前創始ニ係ル費途」[37]，営業費は「開業後ニ係ル費項」であり，「営業上必需ノ諸物品ヲ始メ工場其他一切附属ノ諸営繕諸器械購入及ヒ修繕等其他渾テ開業後ノ費途」である[38]。

上述のとおり，作業費へ編入する費目として「作業専務ノ官員俸給」，「外国人傭給」，「其他該所ニ属スル経費」の3つの大枠が提示されたが，第3条第3

節では「作業専務ノ官員俸給」の例としては俸給，給与，旅費，庁中費，職工給，「外国人傭給」の例としては外国人諸費，「其他該所ニ属スル経費」の例としては建築費，器械費，作業需用費，生徒費がそれぞれ次のとおりに列挙されている[39]。

① 俸　給 –「諸官員等外技術俸給其他傭給」
② 給　与 –「諸官員満年賜金或ハ勉励衆ニ超ルモノ等へ賞賜及ヒ三大節賜饌料諸賄料写字生給仕等ヲ始メ定用傭人足賃其他臨時諸工へ賞与等ノ類」
③ 旅　費 –「諸官員其他内外派遣ノ旅費」
④ 庁中費 –「官庁日用要需諸物品ノ類」
⑤ 建築費 –「工場ヲ始メ一切附属ノ諸建物等新規営築及ヒ修繕共」
⑥ 器械費 –「工場据付諸器械ノ購入并毀損ノ修理及ヒ諸職工ニ貸与スル一切ノ器具其他右ニ属スル需用諸物品共」
⑦ 作業需用費 –「営業ニ供用スル一切必需ノ物品」
⑧ 職工給 –「工事ニ使用スル諸職工人足賃」
⑨ 外国人諸費 –「該務ニ従事スルモノ、傭給其他ノ諸費」
⑩ 生徒費 –「仝上」

「例則」では営業費の範囲は明確ではなかったが，「条例」では費目が明確に整理されている[40]。これは費目別計算規定としては大きな進歩である。

第4条では予算申牒が「作業費及ヒ収入額共前途一週歳ノ予算ヲ確定シ之レニ基キ実際施行スヘキモノトス」[41]と規定され，興業費・営業費予算，収入予算の編成が説明されている。

興業費・営業費予算について，興業費は「前途一週歳ノ目途ヲ詳悉シ第四号雛形（興業費予算内訳明細簿 – 筆者）ニ照準之レヲ精調シ毎歳二月二日ヲ限リ大蔵省へ送致スヘシ」[42]，営業費は「明治十年度ニ於テ其員額ヲ詳悉シ以テ資本額ヲ予定シ大蔵省へ申牒スヘシ而シテ該額ヲ確定シ年々据置クヲ例トス」[43]とされている。この場合，「工事ヲ拡張シ或ハ短縮スルニ因リ資本原額ニ増減ヲ生スル等ノコトアラハ内訳ヲ詳悉シテ伺出スヘシ」[44]と規定されている。また，「営業資本ノ弁給ニ出ルモノニシテ年期ヲ定メ償却スヘキ類及ヒ作業充分ナラス為メニ損失ヲ生スル向ハ資本欠額ノ補填トシテ更ニ大蔵省ヨリ交付スヘシ」[45]

とされ，営業費で購入した建物，器械などは当該収入でまかない，それが可能でない場合には年期を決めて償却することになる。もし，資本に欠額が出た場合には，大蔵省から補填を受ける旨が示されている。

収入予算について，作業場における収入額については「第五号雛形（作業収入額予算内訳帳－筆者）ニ照準予算ヲ精調シ毎歳大蔵省ヘ送致スヘシ」[46]と規定されている。第4条の最後では，「前各節ニ掲ル申牒ニ基キ目途ヲ確定スルニ於テハ実際ニ臨ミ之レヲ沙汰変更セサルヘシ故ニ該歳中非常ノ変故ナクシテ俄爾伸縮スルコトナシ」と規定され，予算申牒どおりの執行が求められている[47]。

第5条では興業費の受け払いに関して規定されており，全4節から構成されている。興業費については「一旦払切リ精算ヲ立テ営業益金ヲ以テ漸次償却スヘキモノトス」と規定されている[48]。したがって，興業費は起業の許可を受けた後，詳細を大蔵省に提出し，その金額を請求する[49]。次に，興業費の年額が決定した後，毎月報告書（金額勘定仕上第六号雛形－興業費請払勘定帳）を作成し，実際支払額を（「翌月廿日ヲ限リ」）大蔵省に報告する。また，残額が生じた場合には明細表（「通常経費ノ成規ニ倣フ」）を作成し，それを返納する[50]。このとき，当初計画の費目の変更は大科目については大蔵省と折衝し，小科目については流用ができる[51]。第5条の最後には，「該費ニ属スル諸物品ノ出納ハ明治九年九月第八十五号達シ（「例則」－筆者）ニ照準別表ニ調成シ成規ニ従ヒ大蔵省ヘ送付スヘシ」[52]と報告義務が規定されている。

第6条では営業費の受け払いに関して規定されており，全6節から構成されている。営業費は「資本金額ヲ確定シ明治十年度以降之レヲ据置クモノトス」[53]と原則が示されている。すなわち，営業費は「十年度予算申牒ニ基キ営業資本ヲ決定」し，「歳首ニ於テ該額ヲ交付」され，「年々之レヲ据置キ数回運換スヘキモノトス」と規定されている[54]。また，「該年中営業資本受払ノ実況第七号雛形（営業資本精算報告－筆者）ニ照準精算報告ヲ調成シ毎三月大蔵省ヘ送致スヘシ」[55]とされていた。くわえて，「営業需用ノ物品」については「其出納ヲ担務スルノ一課ヲ設ケ須ク之ヲ管保ナサシメ」と管理の一元化を明確にし，「購入ニ従ヒ該課ニ受入レ漸次各製作場ノ需メニ応シ之レヲ交付」する[56]。このとき，受け払いは「トモニ渾テ購入セシ時々ノ代価ヲ付シテ出納スルコトヽス」[57]

と規定されている。さらに，倉庫課などより各製作場へ交付する物品は「実際其事業ニ支用セシ時々ヲ以テ本払ニ立ツヘキモノトス」[58]とされている。なお，作業場で製作した物品は実費で倉庫課へ送致し，倉庫課において必要な経費を加算し，損益比較などができるようにする[59]。もし，海外や遠隔地に注文した物品ですでに使用に供されているが，未だ精算に至っていないときは，事由を記して「最前見込概略ノ代価或ハ時価等」を斟酌して評価する[60]。

第7条では「収入金運用及ヒ工費償却損益比較等ノ事」の標題で，生じた収入および欠損の処理を「凡ソ作業上ノ収入ハ営業資本エ償還シ剰ル員額ヲ益金トシ以テ損益ヲ計較ス而シテ益金ハ曩ニ消費スル興業費及ヒ営業資本欠額補填ノ分償却ニ充ツヘキコトトス」[61]と規定している。この部分は「例則」になかった償却に関する詳細規定である。

まず，興業費は「各償却ノ年期ヲ定メ益金ヲ以テ償却」し，その方法は「各其事業ニ応シ適宜ノ見込ヲ詳悉シ大蔵省へ協議ノ上申出ヘシ」と規定されている[62]。もし，「事業最大ニシテ当初ニ於テ償却ノ年期ヲ確定シ難キモノ」は，開業月から起算して3年間で確定しなければならない[63]。

次に，営業資本は「該年度ノ収入ヲ以テ償還」を原則とするが，「営築或ハ器械購入等ノ費用」で「該年度中償還シ得サルモノ」は年期を定めて償却する[64]。しかしながら，「作業充分ナラスシテ資本ヲモ償還スル能ハサル」場合には，「其欠額ノ補填ヲ要セル金額ハ翌年度ノ益金ヲ以償却スヘシ」[65]と定められている。また，作業費中で，年期で償却する金額は製作物品の実費に上乗せして，償還を行う[66]。

収入金は営業資本中営築などの償却，最終的には興業費の償却に充て，その作業収入精算勘定帳（第八号雛形－筆者）を作成し，毎3月に大蔵省へ送付する[67]。もし，「収額中営業資本ヘ償還スヘキ員額」が生じた場合には，すぐにそれを営業資本に戻し，直ちに運用できるようにする[68]。他方，「処口ノ高ヲ償還シ剰ル」場合には，「益金トシ大蔵省へ納付」することになる[69]。また，実際の使用に適さなくなった諸建物，器械などを売却した場合，「興業費ノ弁給ニ出ルモノハ該費」に繰り込み，「営業費ノ弁給ニ出ルモノハ其資本ヘ受入レ一般ノ収額ト併セテ運用」する[70]。この具体例については，次のとおりに説

明されている[71]。

> 「嚮ニ某工場ヲ新築スルハ開業前ニ於テシ之ニ属スル建足等ハ開業後ニ於テ弁給セシ類後年ニ至リ実際ニ適セサルニ因リ販売スルノ類ハ齊シク興業費ヘ償却スヘキモノトス其他製作器具ノ類開業前後ノ区分シ難キモノハ営業資本ヘ受入レ運用スヘシ」

すなわち，作業費中より購入した設備などの売却から生じた金額は，興業費から支出したならば興業費の償却へ，営業費から支出したならば収入に組み入れて運用することになる。

最後に，「前年度中作業損益比較及ヒ費額償却済ノ高」は第一号雛型（諸作業損益比較報告），第二号雛型（興業費償却高報告），第三号雛型（営業費償却高報告）に準拠して「毎歳九月中ヲ限リ大蔵省へ報告」しなければならない旨が規定されている[72]。

「条例」では，作業費の定義，分類，適用範囲，予算化，興業費・営業費の受け払い，興業費・営業費の償却，益金および損金の処理，貯蔵品・未完成品（仕掛品）・製作品の評価法，報告書の提出，提出書類の書式などが規定されている。「条例」における作業費概念と損益計算構造は，**図表3-4**のとおりである。

「条例」の注目するべき点は，営業費，すなわち開業以後に支出した費目のうち，建物や設備は当該期の収入から支弁されるべきこと，もしこれが可能でない場合には年限を定め償却することである。「例則」に比べて，償却概念が

**図表3-4 「作業費出納條例」における作業費概念と損益計算構造**

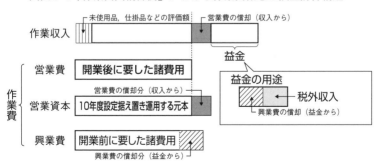

出典：「作業費出納條例」JA, Ref.2A00700・太00508100, MF005900-1594, 第2条第1節より作成

明確化されたことにより，損益の精緻化が図られた。このように，各作業場ごとの独立採算が企図され，益金の計算により業績評価が可能になった。よしんば欠額が生じて補填が必要になっても，合理的な基準でこれを実施できる。したがって，「条例」は資金の節約とともにその有効活用を促進する効果があったものと思われる。

　一般経費から作業費がどのように分割されたかを示す資料によって，「条例」の規定がいかに運用されていたかを数値例で見ていきたい。大蔵省上申（明治11年12月28日閣裁）に依れば，「明治十年度内務大蔵工部三省経費ノ儀通常経費ト作業費トヲ分割シ尚作業費中興業費及営業資本缺額補填金営業運用額ヲ区分シ夫々計査セシニ別紙仕訳書ノ如クニ有之」[73] として，3省の一般経費，作業費分割のデータを挙げている。このうち，内務省のそれを見ていきたい[74]。

　内務省の分割前定額（明治10年度決算額）は2,651,100円（内訳：本省経費1,602,100円，駅逓経費1,049,000円）であったが，一般経費と作業費分割後は通常経費2,297,400円（内訳：本省および各局経費1,248,400円，駅逓局経費1,049,000円）と作業費598,900円（内訳：興業費258,600円，資本欠額補填50,900円，資本原額289,400円）で合計2,896,300円となり，分割前と比較して245,200円分増加する。しかし，「資本原額ナルモノハ運換支用スヘキ経費ノ原金ニシテ年々之ヲ据置キ」とされ，資本原額は消費せず運用するので，分割後2,896,300円から資本原額289,400円をひくと2,606,900円であり，運用収入44,200円が見込めるので，実質2,651,100円となり，分割前とかわらない。さらに，次のとおりに営業運用額を加えた計算が示されている[75]。

　（甲）一　　金貳百六拾五萬千百圓（前）定額
　（乙）一　　金貳百六拾五萬千百圓（今）通常経費作業費
　　　　　　内　金貳百貳拾六（九－筆者訂正）萬七千四百圓　　通常経費
　　　　　　　　金三拾五萬三千七百圓　　　　　　　作業費
　　　　　　　　金貳拾五萬八千六百圓　　　　　　　興業費
　　　　　　　　△金五萬九百圓　　　　　　　　　　資本欠額補填
　　　　　　内　○高金九萬五千百圓　　　　　　　　営業運用額
　　　　　　　　□金四萬四千貳百圓

外

　　　金五萬九百円　　　　　　　資本欠額補填

　分割後の一般経費は2,297,400円，作業費は353,700円（内訳：興業費258,600円，営業費95,100円）である。また，営業費95,100円は営業資本原額85,900円（下総牧羊場20,200円，千住製絨所20,000円，新町紡績所40,000円，堺紡績所5,000円，嶺岡種畜場700円）の運営経費である。これに対応する作業収入は44,200円であったので，結局50,900円の欠損が生じたことになる。なお，先に提示した資本原額は289,400円であったが，これは85,900円に加えて，富岡製糸場資本原額200,000円，石炭酸製造所資本原額3,500円の合計額203,500円を加算して算定したものである。しかし，富岡製糸場および石炭酸製造所の資本原額203,500円分についての運用内訳は示されていない。各数値関係のイメージは，**図表3-5**のとおりである。

　この例では作業収入が営業費を下回り，欠損が生じているので，収入からの営業費の償却や益金からの興業費の償却は明示されていない。また，諸資産の評価も行われていない。このために，この数値例で「条例」の全容はつかめないが，提示例によって興業費，営業資本，営業費の関係が明確になる。

　「条例」が公布された後，海軍省は明治10年9月28日付で海軍大輔川村純義代理，海軍少将中島憲之助の名で，「作業費区分之義ニ付本年七月六日御達之趣謹承仕候然ル処該費出納條例中当省之部ニ庁名之異称且ツ実際差支之條々左（8項目からなる上請-筆者）ニ」[76)]と太政大臣三條實美に「作業費区分之義

**図表3-5　大蔵省上申における内務省の作業費概念と損益計算**

出典：「記録材料・営業費・各省」JACAR, Ref.A07061496800・記00758100より作成

ニ付上請」を提出している。これには海軍省が「条例」の運用で直面した問題が列挙されていたが、大なり小なり他の省でも同じような問題に直面したに違いない。これは積極的に「条例」を適用しようと試行した結果であったとも言える。結局、大蔵卿から太政官に稟議され、「条例」は改正されることになった。

## 3．（改正）作業費出納條例

最後に、「例則」、「条例」において規定された作業費概念が「（改正）作業費出納條例」でいかに転換が図られたかを考察していきたい。それまでの作業費は支出時点区分であったが、本規程の作業費は支出性格別区分に改められた。

「条例」の実施に際してはいくつかの問題点があった。それについて、『明治財政史』では「右ノ條例ハ実施ニ臨ミ困難ナル事情アリシト條文ノ不備ナルヨリシテ往々支障ヲ生シタルヲ以テ更ニ其ノ実施上支障アル点ヲ更訂セラレンコトヲ大蔵卿ヨリ太政官ニ稟議シタリ今其要旨ヲ採録シテ参考ニ資スヘシ」と「条例」の改訂案を次のように述べている（原文を現代文で要約し、かつ横書きとした）[77]。

- 一　条例第3条における興業費、営業費の区分は開業前後で行われ、開業後の支出は開業前から継続しているものを除いて、すべて営業費中に算入される。しかしながら、諸事業のうち開業の際には未だ小規模であったが、やがて事業が軌道に乗るに従って、これを拡張したために、あるいは諸建物を増築したり、器械の不足を補充したために、多額の支出を要する場合がある。今、この性質を鑑みたとき、開業以前の興業費となんら異なるところはない。よって、事後は開業後と言えども、その事業拡張のために諸建物を増築する、あるいは器械の不足を補充するなどに係る費用は、その時々裁可を経てこれを興業費へ編入したい。
- 一　第1号雛形である諸作業損益比較報告書のなかに営業資本金の表示欄がない。損益を比較するときは、運用する営業費とこれを併せて表示するべきではない。また、物品の製作済および製作中の物品の未収入高はこの報告書においてのみ加算し、他の収入精算帳にはこれを算入しないほうがよい。ついては物品欄は削除し、さらに営業資本金を表示する欄を設け、そのための書式をそれぞれ更訂してほしい。

一　営業資本欠損補填金について、その償却法などは興業費と同一であるので、第2号雛形である興業償却高報告へ記載すれば、第3号雛形は必要ではない。補填金については諸払勘定を作らないと、不鮮明である。そこで、これについては更訂してほしい。

一　作業収入精算勘定帳の仕払高の内、益金と不用物払代と区分して2項目とするが、その合計欄がなく、この決算の金額記載に支障が出るので、これを更訂してほしい。

このような問題点を打開するために，明治10年に公布された「条例」は明治12年に「(改正)作業費出納條例」(以後，「(改正)条例」と略称する)に更訂された。「(改正)条例」は大蔵省検査局がこれを書物として出版し，この印刷緒言には検査局名で次のように記されていた[78]。

「明治十二年十月改正ノ令達ニ拠リ十年七月更定ノ條例ヲ點竄加削シ以テ印刷ニ付ス而テ第二條第一節中ニ掲記セシ工場ノ名称及ヒ第三條第三節ノ部中ナル経費概目ノ如キハ随時変換スルコトアルヲ以テ今之ヲ略ス且書式等ハ改正添削スルニ随テ号数ノ秩序ヲ変スルカ故ニ令達中明文ナシト雖トモ其序ヲ逐テ一々之ヲ更訂シ以テ覽閲ニ便ス」

かくして，「(改正)条例」は「明治十二年十月十六日」の日付と「太政大臣三條實美」の名で内務省，大蔵省，陸軍省，海軍省，工部省，開拓使宛に「明

**図表3-6　「(改正)作業費出納條例」の構成**

| | | | |
|---|---|---|---|
| 第一條 | 作業費用概旨ノ事 | 第一号書式 | 諸作業損益比較報告 |
| 第二條 | 作業費区分ノ事 | 第二号書式 | 興業費(幷営業資本欠額補填金)償却高報告 |
| 第三條 | 興業費営業費区分ノ事 | 第三号書式 | 興業費予算内訳明細簿 |
| 第四條 | 予算申牒ノ事 | 第四号書式 | 作業収入額予算内訳帳 |
| 第五條 | 興業費受払制限ノ事 | 第五号書式 | 興業費請払勘定帳 |
| 第六條 | 営業費受払制限ノ事 | 第六号書式 | 営業資本請払精算報告 |
| 第七條 | 収入金運用及工費消却損益比較等ノ事 | 第七号書式 | 作業収入精算帳 |
| | | 第八号書式 | 営業資本欠額補填金請払勘定帳 |

出典：大蔵省検査局編『作業費出納條例』大蔵省検査局，明治12年12月，第1条から第7条の条文および巻末の書式より作成

治十年七月相定候作業費出納條例中別紙之通改正候條十二年度ヨリ施行可致此旨相達候事」とされて公布された[79]。「（改正）条例」の構成は，**図表3-6**のとおりである。

　明治12年の改正では，陸軍省などへも適用が拡大された。「条例」と「（改正）条例」を比較すると，以下の点が修正，追加，削除された[80]。なお，下線部は比較のポイントである。

　① 第3条前文（初項），第1節，第2節の改正

　　初項

　　　旧「作業上ノ費項開業前後ヲ以テ一旦之レヲ区分ス其分界ヲ立ル第一節以下ニ掲ル如シ」

　　　新「作業上ノ費項分ツテ興業営業ノ二トス其分界ハ第一節以下ニ掲ル如シ」

　　第一節

　　　旧「該費（興業費－筆者）ハ全ク開業前ニ係ル費項ニシテ即チ工場ヲ始メ一切附属ノ諸営築或ハ器械ノ購入等渾テ開業以前創始ニ係ル費途ヲ類集ス」

　　　新「該費（興業費－筆者）ハ全ク開業前ニ係ル費項即チ工場其他附属舎ノ諸営築及ヒ器械購入等ノ費途并ニ開業後事業拡張ノ為メ諸建物ヲ増築シ或ハ器械購入ノ費用ヲ類集ス」

　　第二節

　　　旧「該費（営業費－筆者）ハ開業後ニ係ル費項ニシテ即チ営業上必需ノ諸物品ヲ始メ工場其他一切附属ノ諸営繕諸器械購入及ヒ修繕等其他渾テ開業後ノ費途ヲ類集ス」

　　　「諸建物不足ナルヲ以テ新タニ之ヲ増築シ或ハ器械ノ欠乏等ヲ補足スルノ類ニシテ為メニ資本中欠額ヲ生スルトキ之レヲ補填スルハ第四條第三節ニ掲クルカ如シ」

　　　新「該費（営業費－筆者）ハ開業後ニ係ル営業必需諸物品ノ購入官吏俸給諸職工雇給及ヒ器械ノ修繕并ニ不足補充毀損新調其他工場并附属舎ノ営繕等本業ニ属スル諸般ノ費途ヲ類集ス」

　　　　「作業充分等ニシテ損失ヲ為シ為メニ資本中欠額ヲ生スルトキ之
　　　　ヲ補填スルハ第四條第三節ニ掲クル如シ」
② 第4条第3節の改正
　　第三節
　　　旧「営業資本ノ弁給ニ出ルモノニシテ年期ヲ定メ償却スヘキ類及ヒ
　　　　作業充分ナラス為ニ損失ヲ生スル向ハ資本欠額ノ補填トシテ更ニ
　　　　大蔵省ヨリ交付スヘシ」
　　　新「作業不充分等ノ為メ損失ヲ生スルトキハ其員額ハ営業資本ノ欠
　　　　額ノ補填トシテ更ニ大蔵省ヨリ交付スヘシ」
③ 第6条第1節但書の新規追加
　　第一節
　　　加「但毎年度分界ノ際ニ於テハ末期ノ現金物品代価其他製作済及ヒ
　　　　製作中未収入金トヲ併セテ之ヲ其資本原額ニ填充スルモノトス」
④ 第7条第3節の改正，第4節の削除（以下順次繰上げる），旧第6節
　（新第5節）の改正
　　第三節
　　　旧「営業資本ハ該年度ノ収入ヲ以テ償還スル勿論ト雖モ営築或ハ器
　　　　械購入等ノ費用ニシテ該年度中償還シ得サルモノハ第一節ノ例ニ
　　　　仝シ」
　　　新「営業資本ハ該年度ノ収入ヲ以テ償還スル勿論ト雖モ作業不充分
　　　　等ニテ之ヲ償還シ得サルモノハ第一節ノ例ニ同シ」
　　第四節
　　　除「作業充分ナラスシテ資本ヲモ償還スル能ハサルトキ其欠額ノ補
　　　　填ヲ要セル金額ハ翌年度ノ益金ヲ以テ償却スヘシ」
　　旧第六節（新第五節）
　　　旧「精算勘定帳」
　　　新「精算帳」
⑤ 書式の改正，削除，新規追加
　　改正，削除

第一書式　諸作業損益比較報告　改正
　　　第二書式　興業費（并営業資本欠額補填金）償却高報告　改正
　　　第三書式　営業費償却高報告　削除（以下順次繰上げる）
　　　旧第七書式　営業資本精算報告（新第六書式　営業資本請払精算報告）
　　部分改正及追加
　　　旧第八書式（新第七書式　作業収入精算帳）部分改正
　　　新第八書式　営業資本欠額補填金請払金勘定帳　新規追加

　上記のような改定が行われたが，「（改正）条例」の要点はとくに第3条前文（初項），第1節，第2節の改正で興業費と営業費の区分が改められたことにある。すなわち，興業費が「開業以前創始ニ係ル費途」から「開業前ニ係ル費項并ニ開業後事業拡張ノ為メ諸建物ヲ増築シ或ハ器械購入ノ費用」，営業費が「開業後ニ係ル費項ニシテ即チ営業上必要ノ諸物品ヲ始メ工場其他一切附属ノ諸営繕諸器械購入及ヒ修繕等其他渾テ開業後ノ費途」から「営業必需物品ノ購入官吏俸給諸職工雇給及ヒ諸器械ノ修繕并不足補充毀損新調其他工場并附属舎ノ営繕等本業ニ属スル諸般ノ費途」にかわった点である。これについては，『明治財政史』において次のように概略されていた[81]。

　　「此ニ於テ明治十二年十月十六日太政官達ヲ以テ内務、大蔵、陸軍、海軍、工部ノ各省及開拓使ニ令シテ同條例中第三條及第四條、第六條ノ中ヲ改正シ十二年度ヨリ施行セシム従テ右省使作業條例中興業費営業費ノ分界改正セラレ興業費ハ全ク開業前ニ係ル費途即チ工場其他付属屋舎ノ営造及器械購入等ノ費用並開業後事業拡張ノ為メ諸建造物ヲ増築シ或ハ器械ヲ購入スル支費ヲ概括シ営業費ハ開業後ニ係ル営業必需諸物品ノ購入官吏ノ俸給諸職工ノ雇銭及諸器械ノ修繕並ニ不足補充毀損新調其他工場並ニ付属舎ノ営繕等本業ニ属スル諸般ノ費途ヲ類集スルモノトセラレタリ」

　すなわち，「（改正）条例」における作業費の概念と損益計算構造は，**図表3-7**のとおりである。

**図表3-7 「(改正)作業費出納條例」における作業費概念と損益計算構造**

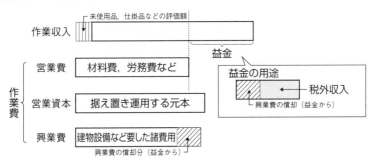

出典：大蔵省検査局編『作業費出納條例』大蔵省検査局，明治12年12月，1－14頁より

　「條例」では開業後の建物や設備の購入を営業費から支出し，収入金で年々償却することになっていたが，「(改正)條例」では事業拡張のために生じた開業後の建物の建設費や設備の購入費も興業費で処理し，営業費には含めない。したがって，「條例」の作業費は開業前と開業後，すなわち支出した時点の違いによって興業費と営業費を区分したが，「(改正)條例」の作業費は支出の性格の違いから興業費と営業費に区分している。これにより，作業費は初期投下資本と運転資本の区分から固定資本と営業資本の区分に変更され，費目別計算思考はより完成形に近づく。さらに，作業収入と対応される費用は日常業務から生じる支出，すなわち営業費のみとなり，期間損益計算が精緻化され，「例則」や「條例」と比して期間損益の比較が可能になった。

## Ⅳ　おわりに

　本章では「作業費に関する3規程」を考察した。「例則」に比べて，「條例」の興業費，営業費の規定のほうがより精緻になり，「條例」から「(改正)條例」へは作業費区分自体に大きな転換が図られた。これにより，作業費の集計は前章で考察した「大蔵省が制定した一連の出納規程」における経費の集計より，はるかに現在の費目別計算思考に近接している。すなわち，作業費に関する規

程内で，次のような作業費概念の進化が生じた。

① 「例則」：一般経費と作業費とに分化が行われ，作業場への支出は作業費として製造目的に限定された。あわせて，作業費は支出時点で分類が行われ，興業費と営業費が集計された。これにより，初期投下資本と運転資本の区分が明確化した。

② 「条例」：初期投下資本と運転資本の区分のもと，償却規定が明確化し，損益計算の精緻化が図られた。

③ 「（改正）条例」：一定期間内の支出（作業費）が支出性格別区分に変更され，興業費と営業費が分類集計された。これにより，固定資本と営業資本の区別が明確化した。

最終的に，作業費は製造原価の意味合いに近接し，さらに支出性格別区分の導入により固定資本と営業資本に分類したことで，損益計算の精緻化が図られた。

こう見てくると，前章の「大蔵省が制定した一連の出納規程」と本章の「作業費に関する3規程」が，財政会計制度を源流とする原価計算制度の誕生に必要な先行要件の形成に寄与した。この概略については，図表3-8のとおりである。

当初は国庫金出納のうち歳出に明確なルールがなく，濫費がめだった。これを抑制するために，「大蔵省が制定した一連の出納規程」のなかで「出の統制」（歳出の明確化）が図られ，支出項目の明示と効果的な運用，経費としての認識，

**図表3-8　財政会計制度を源流とする原価計算制度の誕生に必要な先行要件の形成**

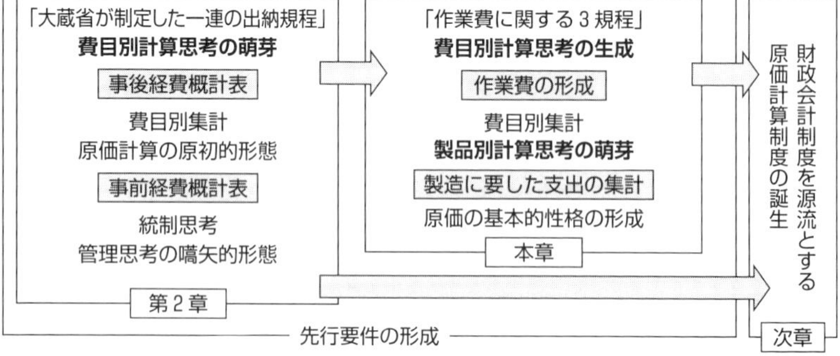

経費の概算が行われた。次いで，殖産興業政策のもとでその資金需要は増加の一途をたどり，これを解決するために各作業場では独立採算を目指して，経費のうち作業場に関連するものはすべて作業費として処理し，出の統制を進化させた。こうした思考は「例則」から始まり，「条例」によって精緻化された。しかしながら，「条例」の規定によると，営業費に事業規模拡大のための設備投資資金が混入してしまい，その結果，損益計算がゆがめられてしまう。そこで，「（改正）条例」によって，作業費の分類は支出時点から支出性格別に改められた。これにより，興業費は投下した固定資産に対する費用，営業費は事業継続のための費用に純化された。損益計算のためには事業収入と基本的に営業費とを対応させるので，以前よりは期間損益計算に改善が見られたと思われる。『明治大正財政史』ではこれを別途会計とよび，「例則」が特別会計の嚆矢であると紹介している[82]。

　本章で考察した「作業費に関する3規程」は，原価計算制度の誕生である形式要件と内容要件からすると，形式要件としては必要な条件の文章化および十分な条件の条文化を満たしているものの，前章と同様に原価計算の誕生であると見なすための内容要件は満たしていない。しかしながら，「作業費に関する3規程」では製造目的で支出した費用を材料費，労務費，経費の費目別に期間集計する思考が存在し，これは前章から一歩前進した費目別計算思考の生成であると評価できる。経費に対する認識は原価に近くなった。本研究では原価計算の原初的形態と原価計算が有している管理思考の嚆矢的形態が制度に内包されている基本因子であると捉え，これらが支出統制の高度化に応えるべく進化した過程を考察している。したがって，原価計算の原初的形態として見られた費目別計算思考の萌芽は，作業費の概念を伴って原価計算制度における費目別計算思考の生成をもたらした。同時に，製造を前提として経費を集計しているところから，製品別計算思考が萌芽したと考えられる。

　費目別計算と製品別計算は不可分の関係にある。当初は予算報告書の作成や予算請求のために費目別に集計することだけが目的であり，各省庁が目的を遂行するために生じた支出を費目別に集計したり，概算したりした。これは費目別計算思考の萌芽として前章で論じた。このとき，当然のことながら，製品別

計算思考は存在しなかった。次の段階として，計算対象は「何らかの目的で支出した費用」ではなく，作業場で生じた「製造目的で支出した費用」に限定され，これが損益計算のために費目別に計算されるようになった。これは費目別計算思考の生成として本章で論じた。このとき，費目別計算と製品別計算は直接的にリンクしていないが，製品を製造した支出を期間的に集計しており，製造品の原価を期間的に集計する思考が存在しているので，この時点で製品別計算思考が萌芽したと考えられる。そこで，「作業費に関する3規程」を「財政会計制度を源流とする原価計算制度の初期的胎動2」と捉えている。この社会経済的背景としては，明治新政府の財政逼迫の打開が挙げられる。

前章と本章を通じて，財政会計制度を源流とする原価計算制度の誕生に必要な先行要件の形成について考察してきた。当初は原価計算の原初的形態や原価計算の有する管理思考の嚆矢的形態が財政会計制度の進展とともに，「大蔵省が制定した一連の出納規程」や「作業費に関する3規程」のなかで潜在的に形成され，さらなる支出統制の強化という社会経済的要請から，ついにはこれが表面化して原価計算制度と言い得る形態に至のであろう。言うまでもなく，制度は突如出現するわけではなく，必ず社会経済的なバックボーンに支えられている。この時期には，財政逼迫による支出統制の強化という社会経済的要請がその先行要件を形成し，その結果として原価計算制度が誕生したと考えられる。

注

1）拙稿「原価計算制度における費目別計算思考の生成—原価計算制度の初期的胎動2」『経営経理研究』第84巻，平成20年12月，57頁。
2）有沢広巳監修『日本産業史1』日本経済新聞社，平成6年，21-22頁。
3）「各庁作業費区分及受払例則」（明治9年9月6日太政官達第85号）第三條，明治財政史編纂会編纂『明治財政史 第一巻』明治財政史発行所，大正15年，919-923頁。
4）大蔵省編纂『明治大正財政史 第二巻』財政経済学会，昭和11年，485-486頁。
5）明治財政史編纂会編纂『前掲書』916頁。
6）『上掲書』916頁。
7）「各庁作業費区分及受払例則」通達文，『上掲書』919頁。
8）「上掲資料」第一條，『上掲書』919頁。
9）「上掲資料」第二條，『上掲書』920頁。
10）「上掲資料」第二條，『上掲書』920頁。

11)「上掲資料」第二條,『上掲書』920頁。
12)「上掲資料」第三條,『上掲書』920-921頁。
13)「上掲資料」第四條,『上掲書』921頁。
14)「上掲資料」第五條,『上掲書』921頁。
15)「上掲資料」第六條,『上掲書』921頁。
16)「上掲資料」第六條,『上掲書』921-922頁。
17)「上掲資料」第七條,『上掲書』922頁。
18)「上掲資料」第七條,『上掲書』922頁。
19)「上掲資料」第七條,『上掲書』922頁。
20)「上掲資料」第七條,『上掲書』922頁。
21)「上掲資料」第八條,『上掲書』922頁。
22)「上掲資料」第九條,『上掲書』923頁。
23)「上掲資料」第九條,『上掲書』923頁。
24)「上掲資料」第九條,『上掲書』923頁。
25)「上掲資料」第十條,『上掲書』923頁。
26)「上掲資料」第十二條,『上掲書』923頁。
27)「太政官各庁作業費区分及ヒ受払例則ノ義御達」JACAR(アジア歴史資料センター),Ref. C06090066300,太政官,明治9年9月6日。
　「上掲資料」では別冊書式が省略されていたので,JACARの資料も参照した。
28)「前掲資料」第六條,明治財政史編纂会編纂『上掲書』921頁。
29)「上掲資料」第十二條,『上掲書』923頁。
30)「作業費出納條例」前文,JA(国立公文書館),Ref.2A00700・太00508100,太政類典・第二編・明治4年〜10年・第二百八十五巻,明治10年7月6日,MF005900-1594。
31)「上掲資料」前文但書。
32)「上掲資料」第一條。
33)「上掲資料」第二條前文。
34)「上掲資料」第二條第二節。
35)「上掲資料」第二條第三節。
36)「上掲資料」第三條前文。
37)「上掲資料」第三條第一節。
38)「上掲資料」第三條第二節。
39)「上掲資料」第三條第三節。
40)条文では順不同であるが,材料費,労務費,経費に区分ができる。
41)JA,Ref.2A00700,「作業費出納條例」第四條前文。
42)「上掲資料」第四條第一節。
43)「上掲資料」第四條第二節。
44)「上掲資料」第四條第二節。
45)「上掲資料」第四條第三節。

46)「上掲資料」第四條第四節。
47)「上掲資料」第四條第五節。
48)「上掲資料」第五條前文。
49)「上掲資料」第五條第一節。
50)「上掲資料」第五條第二節。
51)「上掲資料」第五條第三節。
52)「上掲資料」第五條第四節。
53)「上掲資料」第六條前文。
54)「上掲資料」第六條第一節。
55)「上掲資料」第六條第二節。
56)「上掲資料」第六條第三節。
57)「上掲資料」第六條第三節。
58)「上掲資料」第六條第四節。
59)「上掲資料」第六條第五節。
60)「上掲資料」第六條第六節。
61)「上掲資料」第七條前文。
62)「上掲資料」第七條第一節。
63)「上掲資料」第七條第二節。
64)「上掲資料」第七條第三節。
65)「上掲資料」第七條第四節。
66)「上掲資料」第七條第五節。
67)「上掲資料」第七條第六節。
68)「上掲資料」第七條第七節。
69)「上掲資料」第七條第八節。
70)「上掲資料」第七條第九節。
71)「上掲資料」第七條第十節。
72)「上掲資料」第七條第十一節。
73)「記録材料・営業費・各省」JACAR，Ref.A07061496800・記00758100，国立公文書館，内閣，記録材料，記録材料・営業費・各省。

　この文書によれば，「条例」の公布に従って明治10年度に作業費を一般経費から分離したと読み取れる。とすると，明治9年に公布された「例則」には準拠しなかったことになる。工部省は再三にわたり，下記の文書で太政大臣に「例則」の適用延期を求めている。内務省のそれは発見できなかったが，内務省も「例則」を適用しなかったと考えられる。

　「作業費区分調成延期伺」JA，Ref.2A00900・公01791100，034，太政官・内閣関係，公文録・明治9年・第六十二巻・明治9年10月～12月・工部省伺，明治9年12月，MF022100-0775。
74)「上掲資料」第12画像目。
75)「上掲資料」第13-20画像目。
76)「作業費区分上請」JA，Ref.2A01000・公02105100，011，太政官・内閣関係，公文録・明治

10年・第九十四巻・明治10年11月〜12月・海軍省伺,明治10年11月,MF026800-0090。

77) 明治財政史編纂会編纂『前掲書』917-918頁。
78) 大蔵省検査局編『作業費出納條例』大蔵省検査局,明治12年12月（一橋大学附属図書館西川文庫蔵,Nishikawa 354),序文1頁。
　「（改正）条例」については,下記の原資料も参照した。
　「作業費出納條例中改姓（ママ）達ノ件」JA,Ref. 2A01000・公02519100,公文録・明治十二年・第九十一巻・明治十二年十月・大蔵省（一）,明治12年10月,MF 032900-1083。
　なお,上記のJAの資料は,改正箇所のみが明記されている。
79) 『上掲書』序文5頁。
80) 『上掲書』本文1-14頁。
81) 明治財政史編纂会編纂『前掲書』918頁。
82) 大蔵省編纂『上掲書』486頁。
　特別会計は明治22年の「会計法」に始まり,明治23年の「作業会計法」,「陸軍作業会計法」などにより本格化する。

# 第4章

# 「簿記順序」に見る原価計算制度の初期的展開の一齣
## ——財政会計制度を源流とする原価計算制度の誕生

## I　はじめに

　前章では，「作業費に関する3規程」を通して，作業費概念の形成から原価計算制度における費目別計算思考の生成と製品別計算思考の萌芽を考察した。そこでは，政府作業場の経費のうち作業にかかわる費途を作業費と称し，それは興業費と営業費に区分された。とくに，「（改正）作業費出納條例」では，両者は支出性格別に区分され，期間損益計算の精緻化がもたらされた。その過程で費目別計算思考は，完成形に近づいたと言える。

　引き続いて，政府作業場である印刷工場の明治15年更正，大蔵省印刷局『印刷局諸規程』「第三　簿記順序」（以後，「簿記順序」と略称する）を取り上げたい。「簿記順序」によれば，「（改正）作業費出納條例」と同様に，作業費は支出性格別分類で興業費（ただし，「簿記順序」では興業資産費）と営業費とに区分され，さらに営業費については製造費，割賦費に細分されていた。これは直接費と間接費の分類である。くわえて，「簿記順序」には注文作業ごと，製品ごとに製造費用を集計するという規定も存在する。

　本章では，「財政会計制度を源流とする原価計算制度の誕生」という視点から，「簿記順序」を考察していきたい。すなわち，規定されている原価計算の仕組みを描出し，作業会計による作業場の統制強化を基礎として，財政会計制度を源流とする原価計算制度がいかに誕生したかを考察していきたい。この際，「簿記順序」では「簿記」という用語が多用されているが，前章と同様に，それは

現代的に用いられている複式記入を前提としたそれのみならず，帳簿記入という素朴な意味も含まれている[1]。

## Ⅱ 『印刷局諸規程』の概要

　『印刷局諸規程』は大蔵省印刷局で用いられた作業場経営マニュアルであり，『印刷局諸規程』のうち「簿記順序」が印刷局の会計に関する規定部分であった。『印刷局沿革録』(明治36年)によれば，「簿記順序」は明治14年7月31日「簿記順序ヲ定ム」に始まり，同15年3月1日「職制成規、簿記順序其他諸規定ヲ改定ス」で改正された[2]。「簿記順序」は明治維新後に国家予算の濫費を防ぐ目的で行われた官用簿記，いわば出納簿記である。『印刷局諸規程』第一　職制の前には，印刷局長　得能良介(文政8年(1825)～明治16年(1883))の名で「作業大意」というはしがきが書かれている[3]。

　まず，得能は冒頭において「夫レ工場作業ノ事タル費途ノ條理齊整ナラサレハ隆盛ニ至ラリルハ固ヨリ論ヲ待ス」[4]と工場における費途(興業費，営業費)の整理がきわめて重要であり，「興業費ヲ償還シ続ヒテ準備積金ノ法ヲ設置シ其基礎ヲ堅固ナラシムルノ目的ヲ立ルヲ以テ工場緊要ノ順序トス」[5]と投下資金の確実な回収について言及している。所期の工場管理の目的としては「製品ノ位格ヲ得ル」，「支収相償」，「興業資産費ノ償却ヲ完了」が挙げられ，「興業資産費ノ負債ヲ償還スル」ことによる「工場ノ信用」の確立であった[6]。したがって，興業費と営業費の費途区分は，得能の言う工場管理の基本であり，「資産営業二途」に分ける理由は最終的に「益金ヲ産出スル」である[7]。このように，印刷局の各作業場は独立採算を目指し，「年々益金ノ内ヨリ幾分ヲ扣除シテ之ヲ蓄積シ或ハ預金トナシ或ハ運用金トシ興業資産費額ヲシテ常ニ欠乏セス循環平均シテ其基礎ヲ永続スル」[8]ことが要求される。

　次に，得能は工場を成功裏に運営するためには「平素煩雑ヲ禁シ機械ノ配置ヲ齊整シ厳則ヲ履行従事セシメ専ラ粛静ヲ要シ機械器具物品ニ至ル各管守アリテ授受ヲ厳正ニシ簿記ヲシテ詳明ナラシメ実地ニ従事スルモノヲシテ自ラ怠慢

ノ情ヲ発起セス不良ノ念ヲ醸成セス」[9]と述べ，作業手続きの確認，機械などの保守，簿記の励行，不正や怠惰を防ぐ精神の涵養が重要であるとしている。

さらに，得能は工場組織にも言及し，工場に庶務，審査，調度の3部を置き，「工場ノ事ヲ調理整成セシム」[10]としている。審査，調度の要務は「専ラ現金ノ運用収支ノ得失ヲ推究計較スル」であり，各部より委員を参集し，総長が議長となり毎週会計の審議会を開いて，「現金運用ノ適否緩急ヲ審按」することであった[11]。また，毎年1回予算の審議を行う場合には審査部長が議長となり，総長，各部長を参集して「一年度収支ノ損益得失ヲ審按シ以テ収支ノ予算現金ノ運用其当ヲ得ルヲ期スヘシ」[12]とされ，この組織によって工場が管理運営される。

最後に，得能は「今爰ニ各部科室長ノ為メニ作業ノ大略ヲ述べ以テ各自意ヲ用ユル所アラシメ乞フ以テ浮言トスル勿レ」[13]と述べ「作業大意」を締めくくっている。結局，『印刷局諸規程』は作業場の独立採算を大きな目的に挙げ，それを達成するための簿記法，モラールの高揚，組織運営の重要性など作業場統治に必要な諸規則を集成した作業心得である。

## Ⅲ 「第三　簿記順序」の概要

### 1.「簿記順序」の構成

「簿記順序」は6章立て約300条項で構成されており，それは**図表4-1**のとおりであった（付した数字は条項を示す－附録1～21は除いた）。

このように，「簿記順序」では各部科ごとの簿記がかなり詳細に示されている。各部科の役割については「作業大意」で「工場組織」として得能によって概説されている。「簿記順序」の構成は，**図表4-1**のとおりであり，各部科の簿記が順に規定されている。

図表4-1 「第三 簿記順序」の構成

| 第一章　総則 | | 第二章　製造ノ簿記 | | 各部収入ノ簿記 | 211～216 |
|---|---|---|---|---|---|
| 計算編制 | 1 | 製造起因ノ簿記 | 116～124 | 調度部ノ簿記 | 217～228 |
| 費途区分 | 2～7 | 各科室ノ簿記 | 125～142 | 審査部ノ簿記 | 229 |
| 興業資産費 | 8～27 | 庶務主任ノ簿記 | 143～144 | 第五章　現金ノ簿記 | |
| 製造費 | 28～35 | 出納主任ノ簿記 | 145～154 | 調度部ノ簿記 | 230～242 |
| 本局経費 | 36～37 | 簿記主任ノ簿記 | 155～159 | 整理部科ノ簿記 | 243～249 |
| 収支予算 | 38～43 | 調度部ノ簿記 | 160～161 | 審査部ノ簿記 | 250～251 |
| 製品定価 | 44～53 | 第三章　物品ノ簿記 | | 給料渡方ノ簿記 | 252～262 |
| 製造品 | 54～66 | 物品請納ノ簿記 | 162～170 | 第六章　現費整理ノ簿記 | |
| 物品 | 67～81 | 調度部ノ簿記 | 171～184 | 収支予算ノ簿記 | 263～270 |
| 現金 | 82～87 | 整理部科ノ簿記 | 185～194 | 各科室ノ簿記 | 271～274 |
| 月計表 | 88～95 | 各科室ノ簿記 | 195～203 | 整理部科ノ簿記 | 275～281 |
| 雑則 | 96～105 | 第四章　収入金ノ簿記 | | 調度部ノ簿記 | 282～287 |
| 期限 | 106～115 | 定価調定ノ簿記 | 204～206 | 審査部ノ簿記 | 288～292 |
| | | 代価請求ノ簿記 | 207～210 | | |

出典：大蔵省印刷局『印刷局諸規定』「第三　簿記順序」明治15年，1－139頁より作成

## 2．簿記順序緒言

「簿記順序」にも，得能良介による「簿記順序緒言」というはしがきがある。この大枠は「作業大意」と同じであるが，「簿記順序」に向けた個別の記述も見られるので，これらを中心に得能の主張の概要を見ていきたい。

冒頭において得能は「夫レ工場ハ人ナリ金ナリ」とし，「故ニ工場ニシテ会計確明ナラサレハ猶ホ人身ニシテ脳髄ナキモノ、如シ」と述べ，会計が工場経営の基礎であり，このために簿記を行い，物品管守を機能させることが肝要であるとしている[14]。まず，得能は費途区分に言及している。「作業大意」では，興業費と営業費の区分の重要性に言及していたが，ここでも興業費と営業費が説明されている（詳細については後述する）。このように，費途区分を挙げ，「工業者ノ刻苦考索左提右挈従事スル所ノ事功ヨリ湧出スル各種ノ費途ニシテ之ヲ整理スルニ部長ノ職アリ科長ノ任アリ主簿ノ務アリテ各自其本分ニ勵精スヘキ

ハ言ヲ俟タス」[15]と費途整理のために各職能があり，自らの役割を確実に果たすべきであるとしている。

また，簿記それ自体の目的は「作業大意」でも触れたように，費途区分によって算定された益金の明示でもあった。くわえて，「簿記順序緒言」では「百般ノ費途千差萬別ナルモ要スルニ其綱目ヲ紊乱セス」とし，「其支収ヲ明瞭ナラシメ而シテ各部ハ現金ヲ掌トルモノト現品ヲ掌トルモノヲ区割シ部外ヘ対シ現金現品ヲ授受スルノ際ニ当リテハ必ス金員品物ヲ併記シ金員ヲ記シテ品物ヲ記サス品物ヲ記シテ金員ヲ記サヽルヲ禁制ス」と金銭と物品の取扱法が述べられている[16]。このためには，簿記の効果（財産保全）を最大限に発揮させ，チェック体制の確立が重要であり，例えば製品を交付して即時に代金を収納する場合には，製品交付の主任者と現金収納の主任者，簿記を行う者の立ち会いが必要であり，相互の照査によって「簿記ノ正確全備ノ点トス」としている[17]。工場の簿記については，得能は次のように概説している[18]。

「工場ノ記簿ハ実際ヨリ起リ時刻ヲ区分シ事ニ従フモノハ各手牒ヲ提携スルヲ則トス之ヲ合計シテ一室ノ計算トナリ一室ハ其要領ヲ合計シテ日報トナシ翌日ノ予算ヲ作リ併セテ之ヲ本部ニ報ス本部ハ日報ヲ得テ日締ヲナシ翌日原簿ニ記載シ其要領ヲ合計シテ月報トナシ之ヲ調度部ニ報ス調度部ハ本月ノ日締ヲ合計シテ各部ノ月報ト照会シテ計算仕上ヲ成シ審査部ニ於テ総理簿冊ヲ整頓スルヲ以テ会計完備ノ点トス」

こうした簿記一巡の手続きの明確化によって，「大小綱目脈絡ノ一貫通徹スル」ことを目指す[19]。そして，簿記の実施によって「支収ノ性質事由」が公になり，「員額聚散ノ理ヲ明カニスルノ精神」が高揚される[20]。また，その過程で作業手順の適否の検討，作業損益の明示，業績の評価が可能になり，ひいては「貨幣運転ノ妙用モ亦弁知」できるとされる[21]。

さらに，得能は「支収ノ事由ヲ問ハス聚散ノ理ヲ弁セスシテ唯ニ出納員額ノ会計ノミヲ以テ記載スル所ノ簿記ハ菅ニ得失ヲ審査スルノ実ヲ得サルノミナラス」[22]と続ける。ここにも，簿記が損益計算のみならず，管理の要具であるという思考が示唆されている。

最後に，得能は「簿記順序」の構成を「当局其法ヲ大成シテ之ヲ六章ニ区分」

し,「日ク総則日ク製造ノ簿記日ク物品ノ簿記日ク収入金ノ簿記日ク現金ノ簿記日ク現費整理ノ簿記是ナリ」と以後の流れを概説している[23]。「作業大意」は印刷局経営の大枠が示されていたが,「簿記順序緒言」では,とりわけ簿記の重要性が強調されている。

## 3.「簿記順序」本文

　「簿記順序」の構成は前掲の**図表4-1**のとおりであり,膨大な規程であるので,論点を絞る必要がある。そこで,第一章　総則からは当時の原価計算機構の概要,第六章　現費整理ノ簿記からは原価計算機構を支える各種帳簿を瞥見していきたい。

### （1）第一章　総則

　第一章　総則は第1条から第115条で構成され,「簿記順序」の全体が俯瞰できる。総則は計算編制,費途区分,興業資産費,製造費,本局経費,収支予算,製品定価,製造品,物品,現金,月計表,雑則,期限の各節から構成され,工場における組織とその簿記が大まかに規定されている。総則からは,これら各節のうち,計算編制,費途区分,興業資産費,製造費,本局経費,収支予算,製品定価,製造品,物品,月計表を検討することで,「簿記順序」の大枠を捉えたい。

　第一条では印刷局の計算編制（計算組織）が,**図表4-2**のように図示されている[24]。

　工場各科室では,手牒に基づいて日報（日締帳）が作成され,整理部科に提出される。これは整理部科において製品の授受の総計,良品および仕損品の総計,出務人員の総計などと照合が行われ,製品,需用品,現金,収入金,製造現費がそれぞれ日締される。翌日,これらが関係する元簿に転記される。整理部科は1ヶ月ごとにこの内容を調度部に報告する。調度部は諸物品の購入・貯蔵を行い,各工場の要求に応じてこれを支給し,不用品の流用・処分,発売品の請け払い,製品代金回収を管理し,各項目の費途を区分のうえ諸簿冊に記入し,各部科の月報を作成する。審査部は調度部および各部の月報を審査し,収

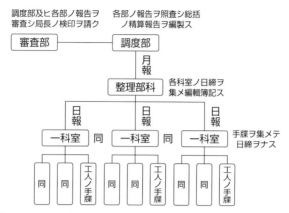

図表4-2　計算編制図

出典：大蔵省印刷局『印刷局諸規程』「第三　簿記順序」明治15年，2－4頁より

支や物財の授受と照合して，その正確性を検証する。工場における簿記および原価計算の実施には組織が欠かせないが，この計算組織では現場からデータを受け取り，それを記録し，集計し，報告し，物財の流れをチェックする機構が存在している。

　第1条の計算組織に基づき，第2条～第7条にその計算対象となるべき作業場における費途区分が次のように規定されている[25]。

　費途は興業資産費と営業費とに区分される（第二條）。さらに，営業費は製造費および割賦費に区分される（第四條）。製造費は「製造品ノ毎種ニ対シ直接ニ決算スル費目ニシテ工人給料、指揮整理者給、需用物品代価、蒸気費、地金鎔解費」（第五條）であり，割賦費は「各種製品ニ賦課シテ支消スヘキ常費」であり，「本局経費、工場常費」に区分する（第六條）。本局経費は一般の施設運営にかかわる費額（一般管理費）であり，本局に属する俸給，その他の雑給，庁費，修繕費である。他方，工場常費は製造に付随して間接的に発生する費額（製造間接費）であり，「工業ニ附帯スル所ノ費額ニシテ部長以下主簿ノ俸給，給与，工場費，家屋修繕及ヒ外国人諸費」（第六條）である。このように，費途は興業資産費と営業費に，営業費は製造費と割賦費に，割賦費は本局経費と工場常費に区分されており，営業費は一定期間中幾回か運用し，益金を創出す

る基礎となる（第七條）。

　それでは，興業資産費，製造費，割賦費の各費途の詳細を見ていきたい。

　興業資産費は「簿記順序緒言」において，次のように説明されている[26]。

　「興業資産費ナルモノハ試験ノ業ニ始マリ地所ノ購買家屋ノ建築機械ノ購入設置ニ至ル都テ作業ノ基礎ニ係ル諸費ニシテ其金額ハ既ニ消費ニ属スト雖トモ其地所家屋機械尚ホ現存スルヲ以テ之ヲ工場資産ノ額ト見做スヘシ」

　いわば，興業資産費は固定資産へ投下した資金である。「（改正）作業費出納條例」では興業費であったが，「簿記順序」では興業資産費とされ，資産としての認識が存在する。

　第一章　総則では，興業資産費について基本的性格，変更，維持，償却，交換，除却が第8条～第27条で規定されている。

　まず，興業資産費の基本的性格は，第8条から第11条で次のように規定されている[27]。

　興業資産費は作業場の資本と見なされるものであり，すでに投下された資金であるが，益金で償却を行う（第八條）。なお，家屋の建設・建増，機械の購入・増置は興業資産費とするが，小屋，物置などの耐久性のない構築物は恒久的な財産と見なさず，すべて営業費で処理する（第九條）。ただし，これらを改築したり，引建直しをしたりした場合には営業費を削り，興業資産費へ組み入れる（第十條）。新たに設置する機械の据付費，運送費，付属品は，興業資産費とする（第十一條）。

　次に，資産授受に伴う興業資産費の変更に関しては，次のように規定されている[28]。

　各部間で資産の授受を行うときには，授受収支の手続きを行わなければならなく，それによって興業資産費の増減を行う（第十二條）。資産を返納するときにはその事由を明確にし，局長の許可のもと原価を付して調度部に引き渡し，その額分の興業資産費を減じる。また，他の部へ譲渡したり，払い下げたりする場合は，収入と代価（帳簿価額）を記録する（第十三條）。

　さらに，興業資産費における家屋機械の維持，償却については，次のように規定されている[29]。

興業資産費の家屋や機械は「工場ノ所有財産ト雖モ漸次破毀ニ属スルヲ以テ其価格ヲ永久ニ保ツヲ得ス故ニ予メ保存年限ヲ定メ価格ヲシテ明晰ナラシムルヲ要ス之ヲ調定スルハ次條（第十五條−筆者）ノ順序ニ従フヘシ」と規定され，償却の実施が規定されている。地所の場合も，財産価値（地券面の地価）を保存年限で除して，償却される（第十四條）。家屋や機械の財産の価格（取得価額）は「初メテ家屋ヲ建築シ機械ヲ購入セシ日ニ於テ各主任会合シ保存ノ長短ヲ審定シ局長ノ決裁ヲ請クヘシ」とされ，但し書きとして，「補修ノ為メ更ニ保存ノ長短ヲ改正スヘキトキモ亦本條ノ順序ニ同シ」と規定されている（第十五條）。また，機械附属品の保存年限は「其機械ノ年限ニ従フモノトス」とされ，年限中付属品を損廃して新調する場合は「修繕費ニ編入スヘシ」と規定されている（第十七條）。興業資産費の取り扱いについては，「作業大意」でも興業資産費は「地所及家屋機械等ニ転換（投下−筆者)」した資金であり，「漸次ニ破毀」するので，「保存年限」を明確にし，「進歩陳腐」するものは「新陳交換」すると，時の経過と使用による減価の概念が示されており，くわえて「破毀陳腐の欠減」に対する「準備貯蓄金」（いわば，引当金）の設定が示唆され，この観点から「興業資産ノ額ヲシテ始終欠乏セシメサルヲ以テ会計ノ目的トスヘシ」とされ，減価償却という用語は使用されていないが，それの実施が主張されている[30]。

　興業資産費における家屋機械の交換，除却については，第18条および第19条で次のように規定されている[31]。

　家屋，機械を他部科と交換したり，移転したりする場合，授受する金額は第15条で規定された価額（取得価額−筆者）による。ただし，「其価格ニ依リ難キ事由アレハ更ニ各主任ヲシテ時価ヲ鑑定セシメ以テ局長ノ決裁ヲ請フヘシ」（第十八條）と時価の使用を認めている。減価償却期間が終わってもなお使用できる場合においては「家屋機械ノ保存年限既ニ満期ニ至リ其価格ヲ有セス猶使用ニ堪ユルモノハ其保護宜キヲ得ルノ致ス所ニ由ル故ニ該部ノ純益ト見做スヘシ」（第十九條）と規定され，償却益を計上する。「簿記順序」の興業資産費は固定資本へ投下した資金を基本的には資産と見なし，原則として使用有効期限内にわたって益金から償却を行っている。このように，これまでの「作業費

に関する3規程」より「簿記順序」では償却思考がより明確に示されている。

　次いで，営業費に関する規定を検討したい。営業費は「作業大意」および「簿記順序緒言」で基本的性格の説明が行われている。「作業大意」で営業費は，「製造品直接ノ消費」となるもの（製造費）と「割賦費」に分類集計され，それらが運用の途中にある場合には「物品貯蓄」や「前払ノ金」になると説明されている[32)]。また，「簿記順序緒言」では，次のように営業費が規定されていた[33)]。

> 「営業費ナルモノハ工場従事者ニ係ル諸費ニシテ又之ヲ小区シテ製造費割賦費トス其製造費ナルモノハ専ラ該製造ニ直接スル費途ニシテ現ニ該業ニ従事スルモノ、給料及需用物品ノ代価等製造ノ毎種ニ就キ直接ニ決算スルモノトス其割賦費ナルモノハ則部長以下主簿ノ給料恩賞外国人諸費家屋機械ノ修繕費被服費工場用度雑品器具費ノ類ニシテ総テノ製造品ニ賦課シテ支消スルモノトス」

　くわえて，上述したように総則では第4条から第6条で用語の定義がなされているが，ここでは製造費と割賦費の集計方法が概説されている。製造費は第28条〜第35条，割賦費（本局経費）は第36条〜第37条で規定されている[34)]。

　製造はすべて「局長ノ令達若クハ上請検印」を経て着手し，部内収支品（部内注文品）の場合は「監工部長ノ考査検印」を経て着手する（廿八條）。したがって，各科室は「部長ノ回達」を得て着手することになる（廿九條）。着手後，製造に関する詳細は計算編制で言及した手牒で処理される。手牒については「工業ニ従事スルモノハ都テ其関与スル所ニ従テ各自手牒ヲ有シ日々製スル所ノ品目数量従事ノ時間及需要物品ノ数量ヲ詳記スルヲ例トス」（第三十條）と規定されており，現場作業票としての役割を有し，手牒によって労務費の計算と工具管理が行われる。もし，1つの作業を数人で共同するような場合には，1冊の手牒に各姓名を，また1人が複数の機械に関与するような場合には1冊の手牒に機械番号をそれぞれ併記する。手牒は作業終了時に，科室長や当該科室担当の整理者に提出する。整理者は手牒に記された内容を照査し，日記帳へ転記する。これは整理部科に報告される。ただし，残業時間が生じた場合，「定刻ヲ以テ区分シ延時執業（残業－筆者）ニ属スル分ハ各科室ニ於テ当日正算ヲ了シ置キ整理部科ヘノ報告ハ翌日ノ日締ニ編入」（第三十條）する。以上，製造費規定の大枠（第28条〜第30条）であるが，手牒を中心とした大きな流れを

提示している。手牒は，労務費の計算に大きな役割を果たす。

さらに，製造費の計算に関しては，部科間で生じるいくつかのケースが次のように規定されている[35]。

「甲部若クハ甲科室ニ於テ需用スル製品及物品ヲ乙部若クハ乙科室ニ要求シ乙ニ於テ製造又ハ購買ヲ了セシ後，甲ニ於テ既ニ不用タルトキハ其不用ニ属スルモノハ甲ノ負担トシ焼却若クハ払下ノ処分ヲナスヘシ」（第三十一條）

「甲科室ノ人員ニシテ乙科室ノ事業ヲ執ルトキハ其給料ハ乙科室ノ支払トス若シ甲科室ノ事業ノ為メニ派出スルモノハ素ヨリ甲科室ノ支払タルヘシ」（第三十二條）

「製造品ノ内各部ニ跨リ製造スル種類ハ結末整備ノ部ニ於テ其主任部トナリ関係ノ各部ニ註文シ他部ノ費額ハ主任部ヨリ償却シ一手ニ決算スヘシ尤依頼先ヨリ償還未済中ハ主任部ノ未収入タルヘシ」（第三十三條）

「傭人足賃タリトモ直接ニ工業ニ使用スルトキハ製造費ニ編入スヘシ」（第三十四條）

「事業間隙又ハ創設ノ際予備業ニ従事スルトキハ製造費ノ外ニ予備業費ノ科目ヲ設ク費用計算ハ一般ノ順序ニ拠ルヘシ　但事業成立迄割賦費ヲ賦課セサルコトアルヘシ」（第三十五條）

製造費と並んで，何らかの基準を設けて各作業に配賦すべき割賦費である本局経費の計算は，以下のように規定されている[36]。しかしながら，割賦費は工場常費も含むはずであるが，その規定はない。

本局経費は「本局三部（庶務，審査，調度 - 筆者）ニ於テ毎一月受払報告」を作成し，翌月3日までに調度部へ提出し，調度部は5日までにチェックを済ませ，一事業が終了する前に，本局三部費額の合計を工場四部（彫刻，製肉，刷版，調査）に割賦し，それを各受払報告に編入する（第三十六條）。このとき，本局経費を工場四部に割賦する基準は，調度部が前年度四部の各収入高（売上高）を比較したうえで，それらの比率を計算し，この結果が回議決裁を経て当該年度の乗率とされる（第三十七條）。

営業費の概念は当初，事業開業後に生じた固定資産への投資額および事業運営資金であったが，「（改正）作業費出納條例」によって費途区分が改正され，事業運営資金のみを示すに至った。さらに，「簿記順序」ではこれを製造費と割賦費に分けている。前者は製造直接費であり，後者は工場常費と本局経費に

分けられ，それはそれぞれ製造間接費，一般管理費に相当する。このように簿記順序では，費目別計算に不可欠である直接費と間接費との区分が存在する。

ここまでに，各費途の個別概念が明らかにした。次いで工場における収入と各費途はすべて収支予算として編成されるので，その手順を考察してみたい。それは第38条～第43条で規定されている[37]。

製造事業の収入および支出については官命，民頼を問わず，会計年度ごとに詳細な収支予算を編成する（第三十八條）。まず，1年間の製造高は現在や過去の注文高を参酌して，内部製造依頼および外部発売高から概定する。概定された製造高に基づいて，各科室長の協力のもとに整理部科が製造費額を予算化する（第三十九條，第四十條）。割賦費の予算は工場の繁閑を参酌し，「常時支出スヘキ費用」を作成する（第四十一條）。各部の収支予算は調度部が取りまとめ，審査部長が各部長を参集し，審査査定する。その後，調度部長が局長から収支予算の決裁を受け，決定に至る（第四十二條）。なお，本局経費の予算は第37条の規定により，工場四部へ報知する（第四十三條）。

収支予算では各作業場で生じ得る費用の計算が必要であり，これは製品定価として，第44条～第53条で規定されている[38]。これが本章で注目すべき原価計算手続きに関する規定である。定価は受注価格決定や各科室における収支予算編成のための見積原価の計算である。他方，後に説明する現費が実際原価であり，一定期間経過後に両者は比較検討される。基本的に印刷局は官営がゆえに営利目的でないので，見積原価の積算を意味する定価が設定され，これが発売価格となる。このように，すべての製品に定価が定められ，これは科室長が発議し，部長の考査を経て，整理部科において調整を行い，審査，調度の両部で審議し，局長が決定する（第四十四條）。

製品の定価は「物品代価ト労力費」すなわち材料費と労務費（製造費）に，割賦費および興業資産費償却相当分を加えて決定される。物品代価および労力費は科室において実験や試験を経て予定され，それが行われない場合には他の事業との比較によって適切な価格が決定される（第四十五條）。労務費の計算については，労力費は工員の等級で支払給与額に上下があるので，現状を加味してあらかじめ一人の作業に対して，科室の一人当たり額を予定し，工事の大

小，精粗により，その一人額を基準として，作業に従事した人数分を合計して決定する（第四十六條）。このとき，指揮整理者（科室長，技手，主簿，女工取締など）の給料は「定価労力費ノ十分ノ三」（第四十七條）とする。したがって，製品の各科室における定価は科室で需用した物品の代価に，「従事者労力ノ費額及ヒ労力費十分ノ三」を加えて計算し，さらに整理部科で「之ニ幾分ヲ加算」して最終の定価を決定する（第四十八條）。なお，科室の定価を起算する際には損製（仕損－以下同様）の見込，労力費の積算を正確に行わなければならない（第四十九條）。科室は作業場の管理を徹底し，「従事者ノ熟達トニ因リ損製及物品ノ需用ヲ減シ以テ製造高ノ増進ヲ期ス」べきである（第五十條）。

　定価の計算は，第48条で具体的に示されている。「簿記順序」において，仮設例として，実際の数値で説明されているのは同条だけである。それは**図表4-3**のとおりである。

　第48条では複数の科室を経由し，数種類の薬品を配合し製煉して完成するある製品の定価（見積原価）の計算が部や科ごとに示されている。ある部の甲室で，薬品代が5,000円，従事者の給料が3,000円生じるとすると，これらの合計（8,000円）にその給料3,000円の10分の3である900円を加算すると，甲室における製品の定価として8,900円が算定できる。甲室完了品は次工程である乙室に振替え，それは乙室では前工程費として処理し，他室でも甲室と同様の計算を繰り返す。丁室まで同様に計算して求めた丁室の定価25,200円が当該部の定価となる。さらに，他のある部でも同様な計算をすれば，甲室から丁室までに要すると見積もられる32,750円が当該部の定価となる。したがって，2つの部で製造され得る製品の定価の合計は57,950円となる。この57,950円に，整理部科費として定価合計（57,950円）の10分の1（5,795円）を加算すると，定価63,745円が算定される。これについては「整理部科ニ於テ各室製造ノ代価ヲ合計シ之ニ幾分ヲ加算シテ以テ製造品ノ代価ヲ決定スルヲ例規トス」とされ，各部の定価合計に整理部科割賦額を加算して最終的な定価を算定する（第四十八條）。整理部科割賦については「整理部科ハ製品ノ多寡ニ依リ興業資産費ノ償却ト割賦費ノ概額トヲ参酌シ而シテ其品位ニ対照シ以テ価格ヲ定ムヘシ」（第五十一條）と規定されているので，**図表4-3**において整理部科割賦として加算さ

図表4-3　第四十八條に規定されている定価の計算

| 何々製造 | 各科 | 前室ノ定価 | 物品代 | 労力費 | 労力費ノ十分ノ三 | 該室ノ定価 | 一部ノ定価 | 整理部科賦割 | 定価 |
|---|---|---|---|---|---|---|---|---|---|
| 何部 | 甲室 |  | 五,〇〇〇 | 三,〇〇〇 | 〇,九〇〇 | 八,九〇〇 |  |  |  |
| 何部 | 乙室 | 八,九〇〇 | 一,〇〇〇 | 一,五〇〇 | 〇,四五〇 | 一一,八五〇 |  |  |  |
| 何部 | 丙室 | 一一,八五〇 | 〇,五〇〇 | 七,〇〇〇 | 二,一〇〇 | 二一,四五〇 |  |  |  |
| 何部 | 丁室 | 二一,四五〇 | 〇,五〇〇 | 二,五〇〇 | 〇,七五〇 | 二五,二〇〇 | 二五,二〇〇 |  |  |
| 何部 | 甲室 |  | 一,〇〇〇 | 六,五〇〇 | 一,九五〇 | 九,四五〇 |  |  |  |
| 何部 | 乙室 | 九,四五〇 | 三,〇〇〇 | 三,二〇〇 | 〇,九六〇 | 一六,六一〇 |  |  |  |
| 何部 | 丙室 | 一六,六一〇 | 四,〇〇〇 | 二,八〇〇 | 〇,八四〇 | 二四,二五〇 |  |  |  |
| 何部 | 丁室 | 二四,二五〇 | 二,〇〇〇 | 五,〇〇〇 | 一,五〇〇 | 三二,七五〇 | 三二,七五〇 |  |  |
| 整理部科 |  |  |  |  |  |  | 五七,九五〇 | 五,七九五 | 六三,七四五 |

出典：大蔵省印刷局『印刷局諸規程』「第三　簿記順序」明治15年，21頁

れた5,795円は，興業資産費償却相当分と割賦費の概額分であることになる。仮に，科室における定価は材料費，労務費のみで決定された場合，割賦費や興業資産費償却分が加算されないので，この時点で「幾分の加算」（第四十八條）が「興業資産費ノ償却ト割賦費ノ概額」（第五十一條）を参酌して行われる。

なお，指揮教導を主務とする科室長や技手が作業の進捗暢達を図るために作業に携わるときは，定価の労力費を積算するにあたり，第46条に定めた額の一人額の7分で計算し（第五十二條），能率の向上による影響を反映させる。また，各室の定価は毎半期ごとに月計表の比較を行い，必要があれば，第48条の手順で定価を改正する（第五十三條）。定価については定価表が作成され，収入の計算が行われる。上記のような定価計算に関する規定の後，棚卸資産（製品，物品など）の取り扱いに関する規定が続く。

完成した製品の取り扱いについては，第54条から第66条で規定されている[39]。

その基本コンセプトは「諸製造品整備ニ至レハ速ニ依頼先ヘ交付シ事故ナクシテ淹滞スルヲ得ス」（第五十四條）とされ，速やかな納品が示されている。製品の受け払いについては「諸製造品ヲ部外ヘ交付スルハ必ス整理部科ヘ請入同部科ヨリ製品交付ノ場所ニ於テ成規ノ證書ヲ徴シ渡方ヲナスヘシ」（第五十五條）とされ，部外交付は整理部科が製品の取り扱いを担務する。したがって，整理部科が製品を官庁ないし民間の依頼先へ交付し，交付高ならびに定価を記して調度部へ通知し，調度部が代価償還の照合をなし，現金を徴収する（第五十六條）。依頼の製品の発売は普通，掛けではなく，現金と引換に交付する（第五十七條）。

諸製品や仕掛品は現費（現費については後述するが，定価が見積原価であるに対して，現費は実際原価である）で請け払いを行い，その損失を計算する場合も同じである（第五十九條）。また，損製品（仕損品‐以下同様）や製造中に生じる雑品（作業屑）などは各科室が把握し，整理部科がこれを集計する。損製品は焼却処分する場合，局長の認可を得て実行する。原質地金に戻したり，製造に再利用したりする場合，部内収支の手続きを経て，需用物品に組み入れる。その際，売却可能なものについては，相当の価格を決定する（第六十條）。したがって，部内への製品の発売は調度部が取り仕切り，工場各部への通知，

製品の請入売捌人との取引など一切の責任を有する（第六十三條）。

　製造に使用される物品の取り扱いについては，第67条から第81条で規定されている[40]。これは原材料の取り扱いや購入価額や消費価額の計算に関する規定である。

　物品は各科室が使用する需用品であり，おもに原材料である。物品の管理はすべて調度部が行う。品位の良否，価格の高低は製造に影響を及ぼすので，内国品は半期ごと，外国品は1年ごと需用する種類，数量，代価の予算を作成する。物品予算に増減が生じた場合には予算を修正し，ただし製造の都合により予算外，臨時購入を要するものについては通知書で請求する（第六十七條～六十九條）。

　物品の貯蔵は一定限度額を設定し，過剰にならないように監視する（第七十條）。機械器具の新規購入は稟議を経て行い，修繕は通知書で実施し，器具の不要返納は調度部へ通知する（第七十一條）。物品代価は購買価格，時価，代価の平均を用いる（第七十二條）。

　調度部において物品の払下げをするときは，各部主任を参集し，甲が不用であっても乙が有用であるかないかを審査協議し，需望する部科がないことを確認したうえ，入札する（第七十三條）。

　物品代価は購買の原価が原則であり，同一物品同一品質でありながら，時価に差があり，購買の原価が確定できない場合には，前後の代価を平均して該品の代価とする（第七十五條）。

　代価未納や代価未精算の場合は，見込代価や時価で評価し，原価の場合と区別する（第七十六條）。見込代価や時価で計算した物品を組み込んだ製品の代金決済にあたって，見込代価や時価評価による超過額は雑収入，不足額は割賦費として処理する（第七十七條）。部内で製品の編入が行われたような場合，部内収支として処理し，製品代価は製造費を用い，他方，局内で製品の編入が行われたような場合，局内収支として処理し，定価を用いる（第八十條，第八十一條）。

　これまで，費途の概念，定価の計算，棚卸資産の処理が規定されたが，最後に整理部科と各科室の月計表ならびに損益計算が第88条～第95条で規定されて

いる[41]。

　整理部科の月計表（第八十八條～第九十五條）には興業資産費の増減，営業収支からの損益，器具・物品・現金の請け払い，製品収入・代価の差引が記載され，「就中割賦費償却ノ事ハ專ラ本部科ノ負擔スル所トス宣ク費目ヲ詳ニシ償却歩合等一目瞭然タルヘシ」と規定されている（第八十九條）。他方，各科室の月計表は「科室長ノ精神ヲ表明スルノ具」であり，科室長の「担任ノ厚薄、気力ノ強弱、誘導ノ巧拙ハ直チニ従業者ノ勤怠ニ影響」するので，成績の提示によるモラールの高揚に大きな役割を果たす（第九十條）。各科室の月計表は第一表，第二表から構成されている。第一表は「興業資産費ノ増減，半製品ノ有高，営業収支ノ損益及ヒ割賦費ニ属スル支出等」を示し，第二表は「該月整備ノ各品ニ分チ定価ト現費ノ差引損益」を示す（第九十條）。

　各科室の製品は「該科室中ニ在テハ現費」で計算し，「他室ヘ送付済ニ至リ第四十八條ノ定価」で計算する（第九十一條）。もし現費（実際原価）と定価（見積原価）に差が出た場合については「他室ヘ送付済ノ定価ト現費トヲ比較シ其差金ヲ営業損或ハ営業益トス」と規定されている（第九十二條）。営業の損益は，1ヶ月および1年ベースで明示する（第九十三條）。各科室は「專ラ製造費ノ損益ヲ負擔スト雖モ収支ノ差引ハ割賦費ヲ加ヘ該科室ノ経済ヲ験スルヲ要スヘシ」（第九十四條）と規定され，製造費の発生に加えて割賦費についても負担する責任がある。整理部科は割賦費を統括し，各室の割賦費額を予定し，毎月その実際額と比較し，増減を検討し，差異が出ないように努めることが求められる（第九十五條）。

　このように，総則では大まかな簿記の流れが規定されており，これは本研究が原価計算規定であると評価する部分である。

## （2）第六章　現費整理ノ簿記

　現費整理ノ簿記は「簿記順序」の最終章であり，収支予算編成のための記帳，現費計算のための記帳，各種報告書の作成が内容であり，収支予算ノ簿記，各科室ノ簿記，整理部科ノ簿記，調度部ノ簿記，審査部ノ簿記から構成されている。

収支予算ノ簿記は，第一章　総則では第38条から第43条に規定されていたが，第六章においては帳簿記入を中心に，第263条から第270条で次のとおりに規定されている（帳簿には，初出のみ下線を付した）[42]。

　収入および支出の予算（収支予算）編成は整理部科が行う。この際，注文者の有無，前年度比，注文者への照会を通じて1年間の製造高を概算し，これに対する収入支出額を算定する（第二百六十三條）。通常，予算は簿記主任が各科室長から調書をとり，部長に稟議して編成する。このとき作成されるのが<u>営業収支予算詳細録</u>である（第二百六十四條）。簿記主任はこれに基づいて<u>営業支出予算内訳帳</u>を作成し，調度部精算科を経て局長へ上程する（第二百六十五條）。

　予算確定後，当該年度中製造の増減，その他の事情により収支の増減が生じた場合には，その都度事由，金額を上請し，決裁を受けた後，<u>営業収支予算差引帳</u>に増減を記載し，これを営業収支予算詳細録の備考に記入する（第二百六十六條）。営業収支予算差引帳と営業収支予算詳細録の参照によって，注文高に増減による収入増減の発生や製造費，割賦費の増減の発生が認知された場合，<u>営業収支予算増減調帳</u>に事由を記入する（第二百六十七條）。

　調度部精算科では営業収支予算内訳帳から各部の収支を総括し，本省へ納入するべき益金高を算出するために，<u>作業収入額予算内訳帳</u>を作成する（第二百六十八條）。この帳簿には作業費収入予算簿の収入と作業諸費予算簿の支出を差し引いた結果を記入する（第二百六十九條）。さらに，営業支出予算内訳帳に基づいて各部の益金を合計し，各部の興業資産費の予算合計を差し引き，本省納入分を計算する。このとき，<u>資産費予算比較録</u>が作成され，益金の予算と興業資産費の予算を比較する（第二百七十條）。

　次に，各科室ノ簿記における現費の集計手続きを見ていきたい。定価は見積原価であったが，ここで実際原価である現費の集計が規定されている。その概要は以下のとおりである[43]。

　各科では従事した作業名，時間，製品数，需用物品の数量などを記した手牒をもとに，<u>製造費日締帳</u>，<u>割賦費日締帳</u>，<u>資産費日締帳</u>が作成される（第二百七十一條）。簿記主任がこれらを照査し，<u>現費加算帳</u>へ転記する（第二百七十

二條)。現費加算帳には着手高,送付高,整備越高,半製越高,損製高および労力費,蒸気費,指揮整理者給,物品代価が記載され,毎日加算され,月末に1ヶ月分が集計される。割賦費および興業資産費償却相当額の加算も,これに準じる。また,指揮整理者給は製造各種労力費の多寡の比率,蒸気費は製造高,彫刻部電胎薬液は蒸気費に準じて,割賦される。現費加算帳では,送付高,整備越高,半製越高に相当する各項の費額が集計され,送付高に集計された現費(実際原価)と定価(見積原価)が比較され,差異が算出される。この場合,「其著キ損益(差異−筆者)ハ原因ヲ探究シテ備考ニ摘録シ審査部ヲ経テ局長ヘ呈進スヘシ」とされ,差額の分析が規定されている(第二百七十四條)。

　整理部科ノ簿記は,次のとおりである[44]。

　現費の最終集計は整理部科の業務であり,整理部科では各科室の報告から現費を通計した現費総計加算簿を作成する(第二百六十五條,第二百七十六條)。月末にはこの帳簿の通計を整備半製明細帳へ記帳する(第二百七十七條)。この帳簿では各製造の科目ごとに(繰)越高,着手高,合計,整備,損減,判製(ママ)(半製−筆者)の区分を設け,整備,損減,半製に相当する費額は,科室の産出高を基礎として各区分に記入する。また,複数の科室を経て完成するものは当該科目の費額へ前科目の費額を合わせて後科目の費額を計算し,各科目の総計が整備半整備(完成ないしは未完成)となる。この整備半製明細帳によって,整備半製報告を作成する(第二百七十七條)。最終的に営業費請払報告が作成される。営業費請払報告の支出は現費総計加算簿,その受払差引は現金元簿,諸物品元簿から転記し,営業費明細表は各種日締帳により作成し,営業費請払報告とともに調度部を経て局長に呈進する(第二百七十九條)。

　調度部ノ簿記は,次のとおりである[45]。

　調度部精算科は営業費請払報告と営業費請払明細表の照査精算を行い,各部を纂輯して営業費請払総計報告を作成し,各部の報告を併せて審査部を経由して局長の検閲を受ける(第二百八十二條)。調度部では日々の取引事象を本部各科より送付される収支に関する書類や通知券,各部の諸報告を日記簿に登記し,その後原簿にそれを転記する(第二百八十三條)。原簿から各科目の貸借残高を記入し,合計を対照して計算表(試算表−筆者)が作成され,総長部長

の検印を受けて，審査部に送付される（第二百八十四條）。調度部では3ヶ月ごとに営業資本請払精算報告および営業費明細表を作成し，審査部を経て局長の決裁を仰ぎ，本省へ送付する（第二百八十五條）。このとき，営業資本請払精算報告と営業費明細表は下記の簿冊をもとに作成する（第二百八十六條）。

| 経 費 仕 訳 簿 | 作 場 費 明 細 簿 | 臨 時 試 験 費 明 細 簿 |
| 俸 給 明 細 簿 | 材 料 費 明 細 簿 | 教 場 費 明 細 簿 |
| 雑 給 明 細 簿 | 機 械 費 明 細 簿 | 外 国 留 学 生 費 明 細 簿 |
| 職 工 費 明 細 簿 | 建 築 費 明 細 簿 | |

　各帳票のまとめは月計表，半季報告によって行われ（第二百八十條，第二百八十一條），会計年度の終わりには，損益計算書に相当する諸作業損益比較報告が作成される（第二百八十七條）。

　さらに，審査部ノ簿記においては，各部営業収支調，各部収支加算調（第二百八十七條），興業資産費差引簿（第二百八十九條），製造費損益差引簿，製造品損益差引表（第二百九十條）が作成され，最終的なチェックが行われる[46]。

## （3）「簿記順序」の原価計算機構とその評価

　「簿記順序」では定価（見積原価）と現費（実際原価）の計算，収支予算の編成が主軸であり，総則で大枠が示された。これは以下のとおりにまとめることができる。

　各科室では製品がいくらになるのかを示す定価を算定する。まず，直接労務費（労力費）は科室1人額を予定し，注文の精粗によりその予定人数分を乗じて計算される。次に，それに労力費の10分の3を加算する。最後に，直接材料費（需用物品の代価）が計算される。また，割賦費と興業資産費償却相当分はあらかじめ決められており，これらを合算すると，定価が計算される。これが注文請負価格であり，各科室間の完了品の振替にも用いられる。したがって，定価は各科室の目標原価となり，維持しなければならない能率の尺度であり，収支予算編成にも用いられる。他方，現費は各科室の工人の手牒を出発点とし，製造費日締帳，割賦費日締帳，資産費日締帳などを通じて把握した製造費（工人給料，指揮整理者給，需用物品代価，蒸気費，地金熔解費など），割賦費（本

局経費, 工場常費), 興業資産費額配賦分を完成品, 仕掛品, 仕損品別に集計した金額のうち, 注文主に納付された完成品に付せられた実際支出額である。これが収入と対応され, 益金が算定される。したがって, 算定された実際原価は作業で生じた偶発的な原価であり, ともすると不能率を含んでいる。当然のことながら, 定価と現費は対照され, その差異の発生については原因究明がなされる。

上述のように,「簿記順序」の内容を明らかにするために, 総則および現費整理ノ簿記を検討した。「簿記順序」では膨大な量の帳簿が提示されているが, その体系については必ずしも明確ではない。こうした帳簿群は, 損益計算と工場管理に大きな役割を果たしたと見られる。「簿記順序」をいち早く研究対象とした君塚は「原価計算について『簿記順序』の説明は必ずしも明瞭でない」と指摘し, その理由として「用語と術語は現代と異っており, 術語の定義がないので複数の意味に使われている」ことや「原価計算の手続も, システム的でなく, 前後が逆であったり, 重複も見られる」ことを挙げている[47]。

「簿記順序」では興業費は興業資産費へ発展し, 投下した大規模固定資産に対して償却を前提とした処理を規定している。また, 営業費は製造費と割賦費に分割されている。製造費は製造に直接的に生じた製造直接費であり, 割賦費は製造に間接的に生じた製造間接費（工場常費）や管理のために生じた一般管理費（本局経費）である。すなわち, 作業費に関する規程（「(改正)作業費出納條例」）と原価計算規定を含む規程（「簿記順序」）には, 次のような特徴がそれぞれ存在している。

① 「(改正)作業費出納條例」：一定期間内の支出（作業費）が支出性格別分類に変更され, 興業費と営業費が集計された。これにより, 固定資本と営業資本の区別が明確化した。

② 「簿記順序」：一定期間内の支出（作業費）は興業（資産）費と営業費に分類され, 固定資産, 営業資本の区分が明確化した。これにくわえて, 営業費は製造費と割賦費に分類されており, これにより製造領域・管理領域への一定期間支出は直接費と間接費に区分して集計がなされた。このように, 最終的に作業費のうち, 営業費は製造原価の意味合いに近接

し，製品への原価集計を前提とした直接費と間接費の区分の基礎が作り上げられた。

「簿記順序」における原価計算機構は，基本的には注文（ないしは製造命令）によって製造を開始する受注生産形態に用いられる個別原価計算を前提としている。また，製品の製造にあたっては予算としての金額が設定され，それと実際に生じた金額が比較されている。かつて，君塚は次のように「簿記順序」の原価計算機構の特徴を評価している[48]。

① 多数帳簿制を採用したことである。
② 価格決定、管理および利益の正確な計算等を目的として、原価計算制度が実用化されたことである。
③ 原価計算も製品によって、個別・組別・工程別に行われ、個別原価計算と単純または組別の総合原価計算が行われていたとみなされる。
④ 事前計算と事後計算、この場合は見積原価計算と実際原価計算が行なわれたことである。
⑤ 原価要素としての直接費と間接費の区別が確立していることである。
⑥ 原価要素としての認識は不十分であったが、定額法（残存価格はゼロ）による減価償却費が、回収されるべき費用とみなされていたことである。
⑦ 建物と機械が「興業資産費」、すなわち回収されるべき費用の前払額として認識されていたことである。

上記に提示されている「簿記順序」の特徴は，これまで論じてきたそれの評価とほぼ一致する。①の多数帳簿制は日本伝統の帳簿組織であり，（必ずしも明確ではなかったが）帳簿群は互いに連関をもち，最終集計簿（諸作業損益比較報告）で集約された。②についても原価計算がもつ管理的役割を本章でも大いに強調した。さらに，④としては定価と現費の計算，⑤としては製造費と割賦費，⑥，⑦としては興業資産費の概念と処理として，これまで論じたとおりである。とくに⑤は本章が費目別計算思考の確立の根拠とする部分である。しかしながら，③については総合原価計算の存在を否定したい。なぜならば，製品を対象とした計算の存在は認められるが，規定は注文ごと，製品（バッチ）ごとの個別原価の集計であり，必ずしも総合原価のわり算としての単位原価を計算する思考が存在しないからである。

## Ⅳ　おわりに

　本章で考察した「簿記順序」の原価計算機構は，原価計算制度である形式要件と内容要件からすると，形式要件としては必要な条件の文章化および十分な条件の条文化を満たし，内容要件としては原価計算の誕生であると見なすための必要な条件の費目別計算思考の確立，製品別計算思考の生成，製造間接費計算思考の萌芽の各形態が存在している。

　製品別計算思考は，印刷局が作業注文を起点とする個別受注生産なので，注文品の製造に支出した製造費用の合計である個別原価を集計する思考は存在するが，製品を継続的に大量見込生産した場合のように，総合原価を完成数量で除して算定する単位原価の思考は存在していない。そこで，「簿記順序」には製品別計算思考の生成形態は存在するが，確立形態は存在していないと判断した。

　前章で考察したように，製品別計算思考の萌芽は製造品の原価を期間的に集計する思考の存在であり，費目別計算思考の生成時点に求められる。さらなる段階として，本章の考察のように，製造関係の支出は費目別に直接費と間接費とに分けて計算されるようになった時点で，これを費目別計算思考の確立形態とした。費目別計算思考の確立は製造目的で支出した費用を材料費，労務費，経費の費目別に期間集計し，かつそれらを直接費と間接費とに分けて集計する思考の存在である。これは同時に製品別計算思考の生成（個別原価を集計する思考の存在）であり，費目別計算思考の確立時点に求められる。くわえて，原価要素に直接費と間接費の区分が生じると，目に見えない価値消費が製造間接費として認識され，何らかの方法で原価に加算する思考が存在するので，これによって製造間接費計算思考は萌芽したと言える。また，「簿記順序」では間接費が各部や科室ごとに一定率で加算が行われており，原価発生場所（部門）を認識しており，そこに原価を集計する思考が存在しなければならないので，部門別計算思考の萌芽形態も見られる。この流れについては，**図表4-4**のとおりである。

**図表4-4 財政会計制度を源流とする原価計算制度の先行要件の形成とその誕生**

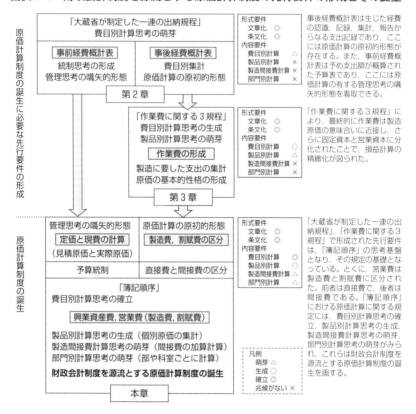

「簿記順序」では，費目別計算思考の確立，製品別計算思考の生成，製造間接費計算思考の萌芽，部門別計算思考の萌芽が見られた。このうち，とくに費目別計算については「製造原価要素が」，「費目別に」，「間接費と直接費とに分けて集計される」という費目別計算の要素が「簿記順序」においてすべて規定され，それまでの「作業費に関する3規程」には存在しなかった費目別計算思考の確立形態がここに存在し，費目別計算の仕組みが完成していると言える。くわえて，個別原価を集計する思考（製品を対象とした原価集計の仕組み）が存在し，製品別計算思考の生成形態が見られた。したがって，「簿記順序」は単独の原価計算規程ではないが，その規定には第2章，第3章で考察した規程

よりも進んだ原価計算の原初的形態や原価計算の有する管理思考の嚆矢的形態が見られ，原価計算制度のもっとも初期的な形態と評価でき，こうした状況から「簿記順序」を「財政会計制度を源流とする原価計算制度の誕生」と評価した。この社会経済的背景としては，殖産興業を推進するために政府直営工場の運営が挙げられる。

　本章ではそれまでに形成された先行要件が，いかに「財政会計制度を源流とする原価計算制度の誕生」へとつながったかを「簿記順序」を通じて考察した。「簿記順序」では，これまでの諸規程では支出ないしは経費として捉えられていたものが，営業費という名称で原価として捉えられるようになった。より精緻な原価算定のために，「簿記順序」のような一連の規定が，次の段階としては独立した原価計算制度として展開していく。同様な原価計算規定（規程）は印刷工場だけでなく，他の政府作業場（海軍工廠，鉄道工場など）でも看取できる[49]。

| 注 |
| --- |

1) 拙稿「原価計算制度における費目別計算思考の生成―原価計算制度の初期的胎動2」『経営経理研究』第84号，平成20年12月，55-93頁。
　　上記拙稿は下記拙稿の続編であり，国家会計の進展から原価計算制度の系譜的考察を試みている。
　　拙稿「原価計算制度における費目別計算思考の萌芽―原価計算制度の初期的胎動1」『経営経理研究』第82号，平成20年3月，29-61頁。
2) 大蔵省印刷局『印刷局諸規程　明治十五年二月更正』「第三　簿記順序」出版社（者）不明，明治15年（一橋大学附属図書館西川文庫蔵，Nishikawa 71）。
　　「簿記順序」については，君塚が下記の論文において紹介している。
　　君塚芳郎「明治14年の原価計算規定－大蔵省印刷局の『簿記順序』について－」『会計学研究』第4号，平成2年12月，1-12頁。このうち，原価計算制度に関する論述は7-9頁。
　　『印刷局諸規程』は，一橋大学附属図書館の西川文庫に所蔵されている。君塚論文においては，大蔵省印刷局『印刷局諸規程』を明治14年としているが，これは最初の『印刷局諸規程』が定められた年であり，君塚や本書が用いた西川文庫の『印刷局諸規程』は，その後更正されたそれである（一橋大学附属図書館西川文庫の目録には「印刷局諸規程：明治十五年二月更正」とある）。そこで，本書では「簿記順序」を明治15年と表記した。現時点では，最初の「簿記順序」（明治14年）の所在は不明である。なお，印刷局では明治10年7月2日に「工場計算概則」，同年9月5日に「製造品代価収還規則」が定められており，本研究に関連すると思われるが，こ

れらも参照できていない。
　　　大蔵省印刷局編『印刷局沿革録』大蔵省印刷局，明治36年，1-27頁。
3）得能は宇佐川秀次郎訳，Charles Hutton著『日用簿記法：完』（出版（者）社不明，明治11年１月）の序，巻之上と巻之下の合本の監修などを手がけ，簿記会計にはかなり精通していたと思われる。得能に関する記述は，下記の文献を考察した。
　　　渡辺盛衛編『得能良介君傳：全』大蔵省印刷局，大正10年。
4）大蔵省印刷局『前掲書』１頁，「作業大意」。
5）『上掲書』１頁。
6）『上掲書』２-３頁。
7）『上掲書』４頁。
8）『上掲書』４-５頁。
9）『上掲書』７頁。
10）『上掲書』８頁。
11）『上掲書』９頁。
12）『上掲書』９頁。
13）『上掲書』10頁。
14）『上掲書』１頁，「簿記順序緒言」。
15）『上掲書』２-３頁。
16）『上掲書』３頁。
17）『上掲書』３頁。
18）『上掲書』３-４頁。
19）『上掲書』５頁。
20）『上掲書』５頁。
21）『上掲書』５頁。
22）『上掲書』５頁。
23）『上掲書』５-６頁。
24）『上掲書』１-４頁，第一章　総則，第一條。
25）『上掲書』４-５頁，第二條～第七條。
26）『上掲書』１-２頁，「簿記順序緒言」。
27）『上掲書』６-７頁，第一章　総則，第八條～第十一條。
28）『上掲書』７-８頁，第十二條～第十三條。
29）『上掲書』８-10頁，第十四條～第十七條。
30）『上掲書』４頁，「作業大意」。
31）『上掲書』10頁，第一章　総則，第十八條～第十九條。
32）『上掲書』４頁，「作業大意」。
33）『上掲書』２頁，「簿記順序緒言」。
34）『上掲書』12-14頁，第一章　総則，第廿八條～第三十條。
35）『上掲書』14-16頁，第三十一條～第三十五條。

36)『上掲書』16頁，第三十六條～第三十七條。
37)『上掲書』16-18頁，第三十八條～第四十三條。
38)『上掲書』18-23頁，第四十四條～第五十三條。
39)『上掲書』23-28頁，第五十四條～第六十六條。
40)『上掲書』28-32頁，第六十七條～第八十一條。
41)『上掲書』34-36頁，第八十八條～第九十五條。
42)『上掲書』121-126頁，第六章　現費整理ノ簿記，第二百六十三條～第二百七十條。
43)『上掲書』126-129頁，第二百七十一條～第二百七十四條。
44)『上掲書』129-133頁，第二百七十五條～第二百八十一條。
45)『上掲書』133-137頁，第二百八十二條～第二百八十七條。
46)『上掲書』137-139頁，第二百八十八條～第二百九十二條。
47) 君塚「前掲論文」7頁。
48)「上掲論文」9-11頁。
49) 拙稿「海軍工廠の原価計算」『経理知識』第68号，平成元年6月，73-88頁。
　　拙稿「大正12年「鉄道局工場経理規程」について」『経理知識』第78号，平成11年9月，47-63頁。

# 第5章

# 海軍工廠における原価計算制度の進展
―財政会計制度を源流とする原価計算制度の成長
（海軍工廠のケース）

## I　はじめに

　当初，政府作業場では「作業費に関する3規程」に準拠して作業費の処理が行われていた。やがて，前章で考察したように，印刷工場のような作業規程のなかに原価計算規定（「簿記順序」）を擁する作業場が現れた。当然のことながら，印刷工場以外でも原価計算規定（規程）を必要とする作業場が存在していたと思われる。当時，政府作業場としては，富岡製糸所，電信灯台用品製造所，廣島鑛山，鉄道工場，東京砲兵工廠，大阪砲兵工廠，千住製絨所，海軍鎮守府造船工場（海軍工廠）などが挙げられる。そこで，前章の印刷工場に次いで，本章では当時，屈指の近代的な政府作業場であった海軍工廠の原価計算規定（規程）を考察対象にする。

　本章では，「財政会計制度を源流とする原価計算制度の成長」という視点から，海軍工廠を対象として明治13年「横須賀海軍工廠製造品価額計算法」から大正14年「海軍工作庁工事費整理規則」を通じて，いかに原価計算規定が原価計算規程へ進展したかを考察していきたい。

## II　政府作業場における作業会計

　図表5-1は「（改正）作業費出納條例」に基づいて作成された明治12年度の決

算表のうち,印刷局(造幣も含む)と海軍を取り出したものである。作業費を運営して得た益金は歳入の部,経常歳入,作業益金で処理された。他方,歳出の部,経常歳出,営業資本欠額補填の部では営業資本の欠損額(損失補填),臨時歳出,興業費の部では新規事業のための固定資本への投資額や事業拡大のための固定資本への追加投資額が計上されていた。

このように,政府経営の作業場においては作業費が設置され,独立採算が企図された。これは別途会計とよばれ,明治9年から実施されたが,出納取扱上での一般会計との便宜的な区分に過ぎず,会計制度上一般会計に対立する制度として確立されたわけではなかった。したがって,別途会計は政府経営の作業

図表5-1 明治十二年度歳入歳出決算表の一部

| 歳　　入 | |
|---|---|
| 経常歳入 | |
| 作業益金 | 一、八二八、三四四円 |
| 　　大蔵省造幣 | 五〇五、六二八 |
| 　　大蔵省印刷 | 一四二、三六三 |
| 　　海軍省造船 | 三六、三七七 |
| 　　海軍省石炭 | 四、五五九 |
| 歳　　出 | |
| 経常歳出 | |
| 営業資本欠額補填 | 一六七、六五七円 |
| 　　内務省製作 | 六九、三六八 |
| 　　内務省牧畜 | 三〇、九四一 |
| 　　工部省工作 | 三七、八九六 |
| 臨時歳出 | |
| 興業費 | 一、三二五、六九六円 |
| 　　大蔵省造幣 | 四六、九三三 |
| 　　海軍省造船 | 四一、九四五 |
| 　　海軍省火薬製造 | 一六、九四六 |

出典:明治財政史編纂会編纂『明治財政史 第二巻 会計法規(二)』明治財政史発行所,大正15年,311-314頁より作成

場が特別会計（自己完結的な独立採算）に至る過渡的な形態であると考えられる。

その後，明治憲法（第六章　会計）の附属法として，「会計法」（明治22年2月11日法律第4号）および「会計法」の細則規程である「会計規則」（明治22年4月30日勅令第60号）が施行され，「会計法」上で特別会計の設置が明確に規定された[1]。この「会計法」第三十條（第十章　雑則）では，「特別ノ須要ニ因リ本法ニ準拠シ難キモノアルトキハ特別会計ヲ設置スルコトヲ得」とされ，このために「特別会計ヲ設置スルハ法律ヲ以テ之ヲ定ムヘシ」と規定されていた[2]。これが特別会計の設置の根拠となる規定である。「会計法」の公布に伴い，明治22年度限りで別途会計に関する規定はすべて廃止され，引き続き特別の収支を必要とする作業場に対しては「会計法」に基づいた特別会計法（「作業会計法」，「陸軍作業会計法」，「鎮守府造船材料資金会計法」，「官設鉄道会計法」）が適用された。

明治23年3月17日「作業会計法」（法律第17号），「陸軍作業会計法」（法律第18号），「鎮守府造船材料資金会計法」（法律第19号），「官設鉄道会計法」（法律第20号）はいずれも，次の諸点を規定した特別会計に関する法律であった[3]。

① 作業場を経営するために固定資本，据置運転資本を定め，その収入は作業の費用へ循環させ，特別会計を立てる。

② 現在使用している建物や機械，将来の事業拡大などのために増築する建物，導入する機械は固定資産とする。従来，営業資本（貯蓄材料，物品および事務所・作業場の備品など）としてきたものの価額は，据置運転資本とする。

③ 各作業場の特別会計の歳出額は，予算定額内でまかなう。

上記のような大枠のもと，造幣局，印刷局，富岡製糸所，電信燈台用品製造所，廣島鑛山，東京砲兵工廠，大阪砲兵工廠，千住製絨所，官設鉄道などの事業には「作業及鉄道会計規則」（明治23年3月17日勅令第33号）が，海軍鎮守府造船工場の材料資金には「鎮守府造船材料資金会計規則」（明治23年3月17日勅令第34号）がそれぞれ設けられ，これらの規則では歳出と歳入の区分，予算決算，収入と支出の区分，資本の定義，帳簿の設置などいかに特別会計を運

営していくかが詳細に規定されていた。

## Ⅲ　海軍工廠における工事費整理規定（規程）

　前節では政府経営による作業場の作業会計を瞥見したが，「会計法」の施行によって海軍の作業場の会計処理に大きな変更が行われた。それまで別途会計を適用し，独立採算を目指していた鎮守府造船工場の艦船建造費やその他造船費は「会計法」により特別会計から除外され，一般会計となり，材料資金のみが特別会計処理となった。これが前節で言及した「鎮守府造船材料資金会計法」であり，「鎮守府造舩工場ニ於テ舩舶ヲ製造修理スル為メニ要スル材料貯蓄ノ資本トシテ造舩材料資金ヲ置キ特別ノ会計ヲ立テシム」（第一條）と鎮守府造船所における材料資金の特別会計が定められていた[4]。造船材料資金は「従来横須賀鎮守府小野濱造舩所ニ備ヘタル営業資本ヲ以テ之ニ充ツ」（第二條）とされ，もし造船材料資金で貯蓄している材料を使用するときは「海軍省所管経費ヲ以テ之ヲ購入スヘシ」（第三條）とされている[5]。なお，海軍では大正8年に火薬廠が，大正10年に燃料廠が特別会計とされた[6]。

　このように，海軍工廠の造船費については一般会計，歳出臨時部で処理されることになり，特別会計が適用された印刷局とは違った道をたどることになる。海軍では伝統的に原価計算ではなく，工事費整理が用いられた。それでは，海軍工廠ではどのように「海軍工作庁工事費整理規則」の思考に到達したのであろうか。

### 1．横須賀海軍工廠製造品価額計算法における工事費整理規定

　まず最初に，海軍工廠の初期的な工事費整理規定として，横須賀海軍工廠の「製造品価額計算法」を取り上げたい。横須賀海軍工廠編『横須賀海軍船廠史』明治13年紀によれば，「三月十五日本所ハ製造品価額計算法ヲ定メ四月一日ヨリ施行スルコトトシ此旨布達セリ」とされ，「製造品価額計算法」が制定された[7]。規定は7条から成る簡素なものであるが，工事費整理規定の初期的一形

態であると考えられる。大枠は海軍内外からの新造船，修理船および諸製作品の請負価格（工事費＋手数料）の計算を規定している。これを当該規程では「製造品価額計算法」としていた。当時，海軍工廠は「（改正）作業費出納條例」下にあり，独立採算のためには収入および支出の認識が不可欠であった。そこで，規定は損益計算のために，「工事費ないし製造原価」に一定割合の手数料を加算し，新造や修理などの作業で工廠が受け取るべき額を「収入」として計算している。これは工場労働者の実給に1.2倍，需用品の実価に1.5倍を乗じた合計を基数とし，手数料としてこの基数にその100分の1から100分の10までを図表5-2の基準で加算して求める（第一條）。この総金額が収入として計算される。手数料は「其製造品柄ニヨリ或ハ職工給ト需要品代トニ於テ權衡ヲ失スルトモ適当ノ価格ヲ得シメンカ為メ予メ一定セス然レトモ左ノ割合（図表5-2の割合－筆者）ヨリ増減スルヲ許サス」（第二條）とされ，「職工十分ノ一以下ハ臨時手数料ヲ定ムルコト」との但し書きとともに，図表5-2が示されている（第二條）。

造船所外部に倉庫備蓄品を売却する場合には，「内外商人等ヨリ購入品ニシテ其儘用弁ヲ為スモノハ蔵敷及手数料」として「時価三割五分」，「造船所ニ於テ別ニ製作ヲ加ヘタル物品ニシテ予メ蓄蔵スルモノハ製作費及蔵敷料」として，「其実価ニ第一條及第二條ノ割合」を加算して収入額（売却額）を算定する（第三條）。なお，製造艦船あるいは諸品などが落成した場合，勘定書は「勘定書

**図表5-2　横須賀海軍工廠における製造品価額計算法**

| 職工実給 | 需用品実価 | 手数料割合 |
|---|---|---|
| 職工ト物品トノ合計ニ対シ | 職工ト物品トノ合計ニ対シ | 収入基数ニ対シ |
| 十分ノ一以下 | 十分ノ九以上 | 百分ノ十 |
| 十分ノ二以下 | 十分ノ八以上 | 百分ノ七 |
| 十分ノ三以下 | 十分ノ七以上 | 百分ノ四 |
| 十分ノ四以下 | 十分ノ六以上 | 百分ノ一 |
| 十分ノ五以下 | 十分ノ五以上 | 手数料ナシ |

出典：横須賀海軍工廠編『横須賀海軍船廠史』原書房，昭和48年（復刻原本－大正4年刊），150－151頁，表は縦書きを横書きに直した

ノ原簿ニ基キ別ニ書式ニ由リテ調製スヘキコト」と規定されている（第四條）。

「製造品価額計算法」は簡素ではあるが，材料費と労務費に一定金額の利益の上乗せした請負価格の計算を規定している。材料費は直接材料費に一定金額を加算して算出されているところから，間接材料費分を加算して算出していると考えられる。これは労務費においても同様である。さらに，こうして計算した材料費と労務費の合計（基数）に一定パーセントを手数料として加算し，請負価格，いわば収入金額を計算している。ここで注目すべきは，当時，直接費と間接費の区別の思考が明確にあったか否かは定かではないが，結果的にそのような区分で材料費と労務費を算定し，ここに一定パーセントの利益を手数料として上乗せしている点である[8]。

## 2．造船工務規程，海軍工廠工務規程，海軍工務規則における工事費整理規定

海軍では海軍工廠における工員の労務管理のために，各種の工務に関する規程が制定された。これが「造船工務規程」（明治25年），「造兵工務規程」（明治33年）であり，これらは「海軍工廠工務規程」（明治37年）によって一本化され，その後，「海軍工務規則」（明治44年）に引き継がれた。このように，海軍工廠の規模が拡大するにつれて，それの精緻化が進められた。これらのうち，「造船工務規程」，「海軍工廠工務規程」，「海軍工務規則」には工事費を計算し，報告する旨の規定があり，以後制定されることになる工事費整理に関する規程の基礎が瞥見できる。

「造船工務規程」（明治25年7月23日達第57号）は，4章建て全18条構成で11の書式が添付されており，第三章と第四章が本研究にかかわる[9]。第三章では鎮守府が行うべき報告が規定されており，これが工事費に関する報告書を要求する規定部分である。ここでは「鎮守府司令長官ハ毎年度四月ニ於テ該年度ニ要スル造船材料ノ数量及価格ヲ海軍大臣ニ報告スヘシ」（第十二條）とされ，この報告内容については，次のように規定されている（第十三條）。

「鎮守府ハ造船部ニ於テ製造修理スル艦船其他同部工業ニ関スル費用ノ実算、職工ノ員数賃金及各工業ニ使用シタル材料ノ数量価格等ニ就キ左（下記－筆者）ノ件々ヲ所定ノ各表式ニ依リ第二局（艦政局－筆者）ニ報告スヘシ但第一、第二、

第三、第四ノ事項ハ毎月報告シ其他ハ毎年四月ニ報告スルモノトス
一、新造ノ軍艦水雷艇其他臨時部ノ製造費ヲ以テ新造スル船舶ノ実算等（第五号表式）
二、軍事費中ノ製造修理費ノ実算等（第六号甲乙丙丁表式）
三、軍事費中ノ製造用器具機械費ノ実算等（第七号甲乙丙表式）
四、使役職工ノ員数及賃金額（第八号表式）
五、前年度中ニ施行シタル受託艦船造修費ノ実算等（第九号表式）
六、前年度中ニ施行シタル海軍部内依托工事其他造船部ノ職工ヲ使役シタル各工事ノ実算等（第十号書式）
七、前年度中造船部ノ各工業ニ使用シタル材料ノ数量及価格（第十一号表式）」

さらに，上述の報告書（一から七）を含む次のような報告書の作成が巻末に別紙として添付されていた（別紙）。これらの報告書に関する詳しい説明はないが，材料費，工費，機械使用料などの工事費整理に関する報告書であり，現場に設置された複数の帳簿によって工事費の集計・計算が行われ，これによって作成されたと推測できる。

次に，第四章であるが，ここでは受託による艦船の修理等に関して規定されている。受託艦船なので，艦船の造修に対しては艦船の入渠料や諸機械使用料が徴収される。これは「受託艦船造修ニ使用スル諸機械料ハ左表（下記の表－筆者）ニ依リ徴収スヘシ」と規定され，**図5-3**が提示されている（第十六條）。

**図表5-3　諸機械使用料表**

| 諸機械使用料表 | | |
|---|---|---|
| 機械種類 | 使　用　料 | |
| 汽鎚、焼鉄爐及起重器 | 一時間ニ付 | 貳、円〇〇〇 |
| 鎔鑛爐及亜鉛鍍器 | 成量壹「キログラム」ニ付 | 〇、壹〇〇 |
| 右ノ外諸機械並ニ小爐 | 一時間ニ付 | 〇、壹〇〇 |
| 一時間未満ノ端数ハ一時間ニ繰上ケ計算ス | | |

出典：「造船工務規程」（明治25年7月23日達第57号）第十六條の表より，横書きに変更の上で引用。したがって，「右ノ」は「上記ノ」に読み替える

ここでは，この諸機械使用料表を注目したい。これは生じた機械費を時間や重量でわり算し，時間ないし重量当たりの機械使用料を算出している。機械使用料は，製造間接費の機械運転時間などを基準とした配賦法へと転化する基本的な考え方に他ならない。

　「造船工務規程」の後，「海軍工廠工務規程」（明治37年3月27日達第62号）が制定された[10]。この規程は全17条構成で，最後に報告書式が添付されている。「海軍工廠工務規程」第六條では「海軍工廠ニ於テ工事ヲ行フトキハ其ノ所要材料及工数ヲ区別シタル工事費予算ヲ編製スヘシ」（第六條）と予算編成が規定され，第八條では「海軍工廠長ハ左（下記－筆者）ノ件々ヲ月報ハ翌月十五日迄ニ年報ハ翌年五月末日迄ニ各書式ニ依リ海軍艦政本部長ニ提出スヘシ」（第八條）として，下記の報告書（月報と年報）の作成が規定されていた。

一、艦船製造費月報　第四号書式
二、艦船修理費月報　第五号書式
三、製造兵器落成月報　第六号書式
四、購買兵器月報　第七号書式
五、兵器修理及備装月報　第八号書式
六、機械購買竝製造月報　第九号書式
七、歳出経常部造兵及修理費、造船及修理費支出月報　第十号書式
八、歳出臨時部造兵費、造船費月報　第十一号書式
九、職工人員異動工数及技手時間外服業月報　第十二号書式
十、受託造修費年報　第十三号書式
十一、海軍部内依託工事費年報　第十四号書式
十二、翌年度ニ繰越兵器組替年報　第十五号書式

　上記報告書の工賃計算に関しては，「前條（第八條－筆者）諸報告表中ノ工数ハ工業定時間内一人ノ服業ヲ一工数トシ定時間外ノ服業ハ一人一時間ヲ以テ十分ノ一工数トシ計算シ工費ハ工数ニ依リタル賃金及其ノ他ノ加給竝旅費当該事業費ニシテ給与シタルトキヲ合セタルモノトス」と規定されている（第九條）。くわえて，材料費の報告については，「海軍工廠長ハ前年度中使用シタル造兵造船材料ノ数量及価格ヲ第十六号甲乙書式（何海軍工廠（造兵）造船使用材料ノ数量并価格年報（甲），何海軍工廠造兵（造船）使用材料価格年報（乙）－筆者）ニ依リ毎年六月末日迄ニ鎮守府司令長官ヲ経テ海軍大臣ニ報告スヘシ」とされている（第十條）。さらに，受託艦船に関して，「入渠料」を徴収する規定がなされていた。

「海軍工廠工務規程」も「造船工務規程」と同じ路線であるが，工賃の計算においては工数に関する規定が新たに見られる。多くの工事を抱える海軍工廠内において，一人の工員が複数の工事にかかわる場合があるので，工数の設定は工事ごとの工費の集計を可能にする。

「海軍工務規則」（明治44年10月30日達第117号）は11章建てで全80条あり，附則および別表から構成されていた[11]。このうち，第2章と第11章が本研究にかかわる。

第2章のなかで，工事費の集計については「海軍工作庁ニ於テ工事ヲ行フトキハ材料費及工費ニ区別シタル工事費計算書ヲ作リ毎工事ノ予算及決算ヲ明ニスヘシ」（第十二條）とされている。また，前述の2規程と同様に，次のような受託に関する規定がある（第十五條，第十六條）。

「艦船ノ受託工事ニシテ入渠スルトキハ別表第一号（艦船入渠料表－筆者）ニ依リ総積噸数ニ応シ入渠料ヲ徴収スヘシ此場合ニ於テハ船渠使用ノ為ニ要スル工費材料費ヲ徴収セス」（第十五條）

「受託工事ノ為諸機械ヲ使用スルトキハ其ノ使用ノ為ニ要スル工費材料費ヲ徴収スルノ外別表第二号（諸機械使用料表－筆者）ニ依リ使用料ヲ徴収スヘシ但シ海軍部内及他官庁ノ依託工事ニ対シテハ之ヲ徴収セサルコトヲ得」（第十六條）

さらに，第11章では報告について月報，年報に分け，提出すべき報告書を規定している。

月報は「各庁長ハ各期日迄ニ左（下記－筆者）ノ月報ヲ海軍艦政本部長ニ提出スヘシ」（第七十四條）とされ，次のような表が提示されている。

| 報告 | 書式 | 提出期日 |
|---|---|---|
| 艦艇工事月頭報告 | 第四号 | 毎月一日 |
| 造兵月報 | 第五号 | 毎月五日 |
| 製鋼月報 | 第六号甲乙 | 毎月五日 |
| 甲鉄板製造月報 | 第七号 | 毎月五日 |
| 造船造機工事費現況月報 | 第八号 | 毎月末日 |
| 造兵依頼工事費月報 | 第九号 | 毎月末日 |
| 工費月報 | 第十号 | 毎月末日 |

| 職工配置月報 | 第十一号 | 毎月末日 |
| 材料費及請負工事費月報 | 第十二号 | 翌月十日 |
| 製造兵器落成月報 | 第十三号 | 翌月十五日 |
| 購買兵器月報 | 第十四号 | 翌月十五日 |

年報は「各庁長ハ翌年度六月末日迄ニ左（下記－筆者）ノ年報ヲ海軍艦政本部長ニ提出スヘシ」（第七十五條）とされ，次のような表が提示されている。

| 報　　告 | 書　　式 |
| --- | --- |
| 艦船製造費年報 | 第十五号甲乙 |
| 艦船修理費年報 | 第十六号甲乙丙 |
| 兵器修理及備装費年報 | 第十七号 |
| 受託造修費年報 | 第十八号 |
| 海軍部内依頼工事費年報 | 第十九号 |
| 附属費年報 | 第二十号 |
| 繰越兵器組替年報 | 第二十一号甲乙 |
| 材料物品年報 | 第二十二号甲乙 |
| 資金所属物品受払年報 | 第二十三号 |

上記の報告書における工費の計算は前規程と同様に，「諸報告表中ノ工数ハ定時間内一人ノ服業ヲ一工数トシ定時間外ノ服業ハ一人一時間ヲ以テ十分ノ一工数トシテ計算シ工費ハ工数ニ依リタル賃銭及其ノ他ノ加給並工事費ニ属スル旅費ヲ包含スルモノトス」（第七十六條）と規定されている。ただし，「第十四條（余力がある場合，民間ではできない場合－筆者）ニ依リ工事ノ依托ヲ受ケタルトキハ各庁長ハ翌月十五日迄ニ其ノ理由氏名種類及入費精算高（材料費工費ヲ区分シ工事数箇月ニ渉ルトキハ其ノ月分ノ精算高及累計ヲ掲ク）ヲ所属長官ヲ経テ海軍艦政本部長ニ報告スヘシ」（第七十七條）とされている。

「海軍工務規則」はこれまで検討した「造船工務規程」，「海軍工廠工務規程」の最終形態であり，第七十九條（「本規則施行細則ハ各庁長之ヲ定メ所属長官ヲ経テ海軍大臣ノ認可ヲ受クヘシ」）では同規則の施行細則を制定するように求めている。これにより，後述する「馬公要港部修理工場工務規則施行細則」（明治45年）や「横須賀海軍工廠工務規則施行細則」（明治45年）が定められた。

## 3．馬公要港部修理工場工務規則施行細則における工事費整理規定

「馬公要港部修理工場工務規則施行細則」（馬工発第641号）は，先に言及したように「海軍工務規則」第七十九條に基づき，明治44年12月23日に海軍省へ上申され，明治45年5月7日に認許された[12]。この規定の大枠は「本細則ハ海軍工務規則ニ基キ馬公要港部修理工場ニ於ケル工務ニ関スルコトヲ規定ス」[13]，「工事施行ニ関シテハ修理工場主管之ヲ監督シ工事費整理ニ関シテハ要港部主計長之ヲ監督ス」（第二條）とあるところから，当該作業場における作業および工事費整理と工具・職員の労働に関する規程である。施行細則は，次のような構成であった。

「馬公要港部修理工場工務規則施行細則」

| | | | |
|---|---|---|---|
| 第一章 | 総則 | 第九章 | 職工組合 |
| 第二章 | 工事 | 第十章 | 職工出退場 |
| 第三章 | 工事費 | 第十一章 | 鳴鐘及汽笛 |
| 第四章 | 材料物品 | 第十二章 | 職工検査及出入門 |
| 第五章 | 器具類貸附 | 第十三章 | 傷痍，疾病，事故 |
| 第六章 | 職工採用及解傭 | 第十四章 | 職工ノ心得及禁令 |
| 第七章 | 職工手帳及印鑑 | 第十五章 | 雑款 |
| 第八章 | 職工増減給 | 附則 | |

馬公要港部修理工場は造船工場，船渠工場，機械工場，錬鉄工場，鋳造工場，製鑵工場，製図室，水雷工場，電気工場によって構成されていた（第十三條）。施行細則はここで生じる工事費の計算，労務関係規則を規定しており，主要部分は以下のとおりである。

まず，修理請求（要港部は基本的には造船を行わない）が行われると，工務掛が現場ないし現物を調査し，修理方法とそれに要する材料などが考究され，予算および工事日数が修理工場主管に報告される。次に，工事費予算（帳票には，初出のみ下線を付した）が編成されるが，このとき工費は修理工場職工平均賃銭，材料費は材料平均単価で算定される。工事費予算には所要材料の品名，数量が掲記された下調書を添付する。報告を受けた工場主管が書類チェック後，工事着手命令を下す（第十四條～第十五條）。

工事費予算が工事命令官に提出されたとき，工事注文紙が作成され，これに工事命令官が捺印する。工事が着手された場合，工務掛は工事着手報告簿に工事名着手月日および竣工予定を記入し，修理工場主管に提出する。工事が竣工した場合には，竣工報告簿を工事注文紙とともに，修理工場主管に提出する。これにより工事費整理がなされる。他方で，竣工通知が作成され，請求元に渡される。緊急時は，工事着手報告簿に工事費概算を記入し，事後に予算書を作成する（第二十三條）。

　工事費予算は修理工場主管の査定を経て主計長に送付し，会計掛はこれにより工事別予算差引簿に記入する。工事費および材料費の消費額は毎日工事別に割り当て，工事支出額を明確にする。工事費支出高は科目別に予算差引簿へ記入し，これとは別に工事費計算書を作成し，毎工事の予算決算を明らかにする（第三十三條，第三十四條，第三十六條）。

　材料費については，次のように規定されている。工務掛が所要材料を要求するときは，材料要求票に品名，数量，工事番号，用途その他必要事項を記入し，材料主任に提出する。材料主任は当該工事を適切と認めたとき，出納原簿と照合して，平均単価で材料費を計算する（第三十九條）。記入を終えた材料要求票と予算簿を照合し，物品会計官吏に提出し，その認証を受け，さらに主計長の捺印を受け，現品の交付が行われる。これは出納原簿に登記される。この際，材料の払い出しに関しては厳密に数量が計られる（第四十二條）。

　以上が，「馬公要港部修理工場工務規則施行細則」における工事費整理の概要である。施行細則は工事費予算および工事結果を示す工事費計算書の作成が規定されている。すなわち，予算の編成からスタートし，実績報告書の作成までが，詳しく規定されている。工事費は材料費，工費（労務費）から構成されており，基本的には個別原価の集計である個別原価計算が規定されている。しかしながら，間接費の計算規定はなく，直接費の集計のみの規定となっている。

## 4．横須賀海軍工廠工事施行及工事費整理手続における工事費整理規定

　「横須賀海軍工廠工事施行及工事費整理手続」は，「海軍工務規則」の第十一條，および第七十九條によって制定された「横須賀海軍工廠工務規則施行細則」

（明治45年6月13日）第二章　工事，第十五條「工事ニ関スル工事施工及工事費整理ノ手続ハ別ニ定ムル所ニ拠ル」（第二章は第十五條のみであり，工事費整理規定を有していない）に基づいた規程であり，「官報第二四五〇号ノ二附属」として公布された[14]。それは横須賀海軍工廠における単独の工事費整理規定であり，次のような構成であった。

「横須賀海軍工廠工事施行及工事費整理手続」

第一章　艦船，造兵工事ノ着手　　第一号書式甲乙　工事予定書
第二章　工事番号　　　　　　　　第二号書式　工事着手命令
第三章　各部間委託工事　　　　　第三号書式　工事委託票
第四章　工事費計算書　　　　　　第四号書式　工事費計算書
第五章　工費　　　　　　　　　　第五号書式　出業日報
第六章　材料費　　　　　　　　　第六号書式　工費日報
第七章　附属費　　　　　　　　　第七号書式　材料要求票
　　　　　　　　　　　　　　　　第八号書式　材料仮受領票

※なお，書式は横須賀工事施行及工事費整理手続の本文から取り出した。

「横須賀海軍工廠工事施行及工事費整理手続」には，さらに「造船造兵材料物品修理、改造、加工、部外注文取扱手続」，「注文品取扱手続」，「工業用器具機械取扱手続」および附録として「書式」が添付されていた。

　工事費計算書については，次のように規定されている[15]。

　工事が竣工したときは，工事別に工務掛が工事費を計算して工事費計算書を作成する。工事費計算書は主務部から会計部を経て廠長の承認を受け，主務部工務掛が保管する。工事終了後，会計部に送付して，会計部では決算額を記入し，主務部に返送する。工事中に工事計算書の予算を増減するときも，同様な手続きをとる。

　工事費計算書に掲記する雑費は旅費，運搬費などであり，当該欄には合計金額，摘要には内訳を記入する。必要があれば，工事費明細書を作成し，これには職別工数ならびに材料の品名，数量，代価（予定額）を記入する。なお，工事費明細書における材料の品名，数量，代価の欄は，構成材料については種類ごと，その他については「補助材料」として合計金額を明記する。

工費については，次のように規定されている（第二十一條～第二十五條）。
　会計部では職工出入門で出業日報を作成し，翌日の正午までに主務部に送付する。出業日報の総工費を総工数でわり算した商が，当日の職工平均賃率となる。工賃日報では，工事番号ごとの工数と算定した平均賃率を乗じたものを工費とする。工賃日報は支出科目整理符号ごとに作成する。会計部は工賃日報により日計簿，工事整理簿に記入する。
　材料費については，次のように規定されている（第二十六條～第三十七條）。
　材料物品を構成材料（主要材料），第一雑品（構成材料以外の補助材料や消耗品）および第二雑品（構成材料および第一雑品以外）に分類する。材料物品は，工事費計算書に記載の予算金額以内で払い出しを行う。材料物品は各工場長の捺印のある材料要求票で工務掛を経て要求する。ただし，第二雑品については工場の技手や工手の捺印した仮受領票で要求する。第二雑品の要求を受けたときは現品を交付し，仮受領票は工場庫に，仮渡通知票は工事別，品種別ごとにまとめ，工務掛に送付する。材料物品は当該工事に対してその都度入用の数量分を要求し，入用以外の見越請求はできない。材料要求票には科目整理符号，工事番号を付す。各工場より発行する材料要求票には，工場の符号および年度内の連続番号を付す。各工事に区分できない材料は，受領票に「仮」を朱記して要求する。工場庫において，材料要求票を接受したとき，現品を授受する。材料庫で材料物品を供給したときは材料請求票に単価，代価，割り掛けを記入し，送付票を工場庫に送付するとともに，材料要求票を計算課に送付する。計算課が材料庫より要求票の回付を受けたときはこれを調査のうえ，日計簿，材料費整理簿に登記し，工務掛に回付する。最後に，計算課では材料費整理簿により材料売払確定日報を作成する。
　附属費については，次のように規定されている（第三十八條～第四十二條）。
　附属費，工費は毎月20日，材料費は毎10の日を締切り日とし，同期間内における各部工事費の本費に属する工数に按分し，各費目に割り当て支出の手続きを行う。附属費で支弁する物件の修理を部外に委託または物件の直買いの必要があるときは，相当支出科目を新たに定めて支出する。部外，部内他廠からの委託を受けたとき，工事は工費，材料費の合計に100分の15を乗じたものを附

属費として工事費に賦課する。各費目に割り当てる金額は，附属費総額中から本金額を控除する。工廠資金所属物の製造，加工費には附属費を付加しない。会計部に属する附属費は，各部の附属費に按分加算する。

また，廠内各部間委託工事に対する附属費は，下記のとおり処理する（第四十二條）。

一、造船、造機部間ニ於ケルモノハ各部ニ於テ三ヶ月毎ニ該工事ノ本費ヲ計算シ相互対照ノ上其差額ニ対シ百分ノ十五ノ割合ヲ以テ附属費予算ノ増減ヲナス

二、造兵部ト造船、造機部間ニ於ケルモノハ該本費ニ対スル百分ノ十五ヲ附属費トシテ相互移用スヘシ

さらに，造船，造機供用に属す費用負担額は，下記のとおりである（第四十三條）。

一、電流並ニ瓦斯ノ使用費ハ其使用量ニ依リ按分ス
二、石炭運搬費ハ運搬数量ニ依リ按分ス
三、通船費ハ使用ノ実量ニ依ル
四、軌條ノ修理、敷設費ニシテ其ノ部ノ事業上特ニ必要ナルキノハ全部当該部ノ負担トス
五、軌條、機関車ノ修理及貨車ノ新調修理費ハ折半トス

とくに，「横須賀海軍工廠工事施行及工事費整理手続」において，工事費計算書は工事の予算と決算を行ううえで，大きな役割を果たした。工事費は工費，材料費，附属費の区分がなされており，個別原価計算という用語は使われていないが，概ねこれに準ずる内容が規定されている。すなわち，工事には必ず番号を定め，これに基づいて工事費整理を行い，共通して生じた附属費は定額で各工事に配賦している。また，集計した工事費は，報告書として提出されている。

## IV 海軍工作庁工事費整理規則

日本海軍は，大正10年のワシントン海軍軍縮条約成立後，艦政予算を著しく

削減することを余儀なくされたが，他方では海軍力の増強が迫られた。したがって，できる限り建造費を切り詰めて，廉価でしかも優秀な艦船の建造が必要とされた。そのためには，例えば舞鶴の工廠と横須賀の工廠で同種の艦船を建造する場合，建造費の計算方法は同じでなければ都合が悪い。なぜならば，建造すべき艦船を同じ方法の下に計算していけば，どちらが高いか，どちらが安いか，なぜそれは高いのか，安いのかということがはっきりわかり，それが将来の計画に役立ち，能率増進の基礎を提供し，予算統制にも都合がよいからである。そこで，海軍では「出来得ル限リ原価ヲ切り詰メ優良品ノ廉価製造」を目指し，各工廠が別個に行っていた計算を統一しようとする気運が高まった[16]。しかしながら，従来の原価計算法（工事費整理法）では，「到底満足ナル資料ヲ提供スルコトハ出来ナカツタ」というのであり，それは（工事費整理規程が）「形ニ於テ統一ヲ欠キ内容ニ於テモ放漫デ基準ガナク単ニ個人的自由裁量ヲ基礎トスル慣習ニ依ツテキタモノデ科学的管理トハ著シク隔絶シタモノデアツタ」からである[17]。

かくて，海軍は確固たる工事費整理規則（原価計算規程）を作成すべく，大正12年頃から検討を始めた。そして，大正13年に「海軍工作庁工事費整理規則草案」が立案され，合議の結果，大正14年2月28日達第29号「海軍工作庁工事費整理規則」（以後，単に「規則」と称する）が発布された[18]。

まず，「規則」制定の趣旨として，「海軍工作庁工事費整理ノ沿革」では次の3つが列挙されている[19]。

　　1　海軍工作庁ニ於ケル工事費整理手続ヲ統一スルコト
　　2　工事費ノ実費精算ヲ明ニシ冗費節約ヲ計ルコト
　　3　工事費ニ関スル各種ノ計算及統計（製品代価，附属費歩率，損製率其ノ他ニ関スル諸計算及諸統計）ノ基礎ヲ一定シ相互ノ比較研究ニ便ナラシムルコト

上記からは，「規則」の目的が工廠間の原価比較，工廠内の原価統制にあることは明らかである。さらに，「規則」の基本構想は「今回ノ工事費整理規則ハ最初ノ統一的規定ナルヲ以テ成ルベク通則的規定又ハ概括的規定ノミヲ掲クルニ止メ実施上ノ経験ヲ積ムニ従ヒ漸次其ノ内容ニ改善ヲ加フルト共ニ微細ノ

点ニ対シテ統一的規定ヲ追加シ行カントス」とされ,「規則」の実施から生じる問題点は,その都度改正によって解決していくとの方針が示されている[20]。「規則」の構成は,以下のとおりである。

「海軍工作庁工事費整理規則」

　　第一章　総則　　　　　　　　第四章　予算及決算
　　第二章　本費及附属費　　　　　第一節　通則
　　　第一節　本費及附属費ノ区分　第二節　予算
　　　第二節　附属費　　　　　　　第三節　決算
　　第三章　工費、材料費及外費　　第五章　報告
　　　第一節　通則　　　　　　　　第六章　雑則
　　　第二節　工費　　　　　　　　附則
　　　第三節　材料費
　　　第四節　外費

　目次からは「規則」の大枠が概観でき,とくに重要なのは本費と附属費の区分であろう。また,予算,決算の章では予算管理に関する規定が存在する。

　「規則」では,「工事費ハ本費及附属費ニ分チ更ニ工費,材料費及外費ニ区分整理スヘシ」(第二條)と規定している[21]。

　ここで,「規則」で用いられている本費,附属費,工費,材料費,外費の各費目を詳述していきたい。

　まず,下記の事項に属する諸費が附属費と称され,本費はその他のすべての費項であるとされた(第三條)。

　　一　器具新調　　　　　　　　　　九　旅行職工
　　二　器具修理　　　　　　　　　　一〇　工務
　　三　機械改造(新調程度ノ改造ヲ除ク)　一一　雑役
　　四　機械修理　　　　　　　　　　一二　休業職工
　　五　機械及器具運転　　　　　　　一三　賞与及勤続加給
　　六　機械及器具移転　　　　　　　一四　教育及慰安
　　七　材料物品検査　　　　　　　　一五　常備材料
　　八　材料物品保管運搬

　これらの事項に属する諸費すなわち附属費は,どの工事に対しても共通的な

貢献をなしているものばかりである。換言すれば，附属費は単一の工事に対して明確な因果関係が見出せない性質を有していると言える。したがって，本費と附属費は「左記（上記の15項目－筆者）事項ニ属スル諸費ニシテ各般ノ工事ニ関連シ何レノ工事ニモ特種関係ヲ有セサルモノヲ附属費トシ其ノ他一切ノ工事費ヲ本費トス」と規定されている（第三條）。

附属費は「毎月二十日及三月三十一日之ヲ締切リ該期間ニ於ケル附属費総額ヲ各科目ニ属スル工数ニ按分整理スヘシ」，「科目別ニ按分スルノ外各工事ニ按分配付スルコトヲ要ス」とされている（第六條）。ただし，下記の工事に対しては，「前條ノ規定ニ拘ラス定率ニ依リ附属費ヲ当該工事ノ工数ニ賦課スヘシ」（第七條）とされている。

　　一　部外ヨリ依託ヲ受ケタル工事
　　二　部内他庁ヨリ依託ヲ受ケタル工事
　　三　工廠内他部ヨリ依託ヲ受ケタル工事
　　四　工廠資金所属材料加工工事（但シ附属費工費中ヨリ定率ヲ賦課スルモノトス）

なお，附属費定率は各事業部別に「最近ノ実際支出高及将来ノ工事状況等」を参酌し，毎年度初頭に定められる（第八條）。くわえて，「規則」は本費・附属費を上述のごとく工費，材料費および外費に区分し，「常ニ科目別工事番号別ニ整理」することを要求している（第十三條）。

工費とは職工給を言い，服業工費と附随工費に分ける（第十六條）。服業工費は服業工数に対する賃銭であり，附随工費は「海軍工務規則第四十一條第二項及第三項第四十三條乃至第四十六條ノ四ノ賃銭加給及手当，第五十條ノ二ノ増給及特別手当，請負加給並ニ第六十七條及第六十八條ノ加給」を言う（第十六條）。

材料費は各種使用材料の代価であり，「構成材料及補助材料ノ二種ニ区分整理」し，それぞれ別個に計算を行わなければならない（第十八條）。

外費はおもに外注加工費を内容とした諸経費から構成されており，「規則」によれば，外費は「他庁若ハ工廠内他部ニ依託シ又ハ民間ニ請負ハシメタル工事費及運賃ノ類、人夫賃並ニ職工旅費ヲ謂フ」と定義されている（第十二條）。

### 図表5-4 「規則」における工事費構成

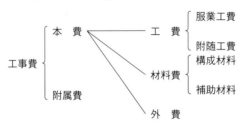

出典:「海軍工作庁工事費整理規則」大正14年，第二章
　　　本費及附属費ノ区分より作成

　以上,「規則」の条文をもとに工事費の構成を図示すると，**図表5-4**のようになると思われる（第一條～第二十三條）。

　たいていの場合，本費は工費，材料費，外費に区分表示されるが，附属費は一括表示される。また，「規則」の工事費の構成は一般の原価構成とは異なり，販売費および一般管理費の項目は看取できない。販売費は当然発生しないが，一般管理費は附属費に内包されているのであろう。さらに，「規則」における工事費と一般の原価の内容との特筆すべき相違点は，工事費が減価償却費，試験研究費，試作費，土地建物などの賃借料および維持費，船体等の設計費を含まないという点にある。これらはすべて別個の予算が編成されるのである。

　工事費予算は「工費ニ在リテハ最近ノ平均工費、材料費ニ在リテハ最近ノ材料物品単価、外費ニ在リテハ時価又ハ最近ノ事例、附属費ニ在リテハ定率ヲ以テ之カ算出ノ基礎トシ将来ニ於ケル状況ノ変化、歩止リ及同一又ハ類似ノ工事ニ対スル最近ノ工事費ヲ参酌編成スヘシ」とされている（第三十一條）。

　工事費の整理を行う会計部員を工事費係と称し，工事費主任がその長となる（第二十四條）。工事費主任は工事番号別の工事費計算書を作成し，当該工事の予算および決算を明らかにする役割を果たす。ここで，工事費の集計過程を見ていきたい。工事費集計に大きな役割を果たす諸表は，以下のとおりである（第四條～第四十二條）。

　　1　本費及附属費区分整理実施表………………………… 第一号書式（第四條）

| | | | |
|---|---|---|---|
| 2 | 出面簿 | ………………… | 第二号書式（第十四條） |
| 3 | 工事受依託調書 | ………………… | 第三号書式（第二十二條） |
| 4 | 工事費計算書 | ………………… | 第四号書式（第二十五條） |
| 5 | 工事費明細書 | ………………… | 第五号書式（第二十五條） |
| 6 | 入費概算及落成期日ニ関スル報告（通知） | ……… | 第六号書式（第四十一條） |
| 7 | 工事費月報 | ………………… | 第七号書式（第四十二條） |
| 8 | 造船造兵費支出月報 | ………………… | 第八号書式（第四十二條） |

こうしたさまざまな資料により，工事費計算書，工事費明細書，工事費月報において当該工事に要した材料費，工費，外費，附属費が集計されるのである。

とりわけ，工事費月報では工事費額として，本費，附属費，その合計が造兵部（製造部門），造船部（製造部門），造機部（製造部門），〇〇実験部（製造部門），総務部（補助部門），会計部（補助部門）の区分で集計されていた（**図表5-5**）。

「規則」では，「工事費主任ハ工事竣工シタルトキ其ノ決算額ヲ工事費計算書ニ掲記シ工場庫主管，関係事業部長及会計部長ヲ経テ工廠長ニ提出スヘシ」と定めている（第三十八條）。したがって，工事が完成した際には，速やかに工事主任は工事番号別の工事費計算書を作成して当該工事の予算および決算を明らかにするとともに，工事費明細書を作成して実費内容の掲記ならびに予算と実際使用状況との対比を明示しなければならない。

こうした書類を提出させることによって，予算の無駄使いや不能率の発生が

**図表5-5　工事費月報**

工事費月報　（　年　月分）　　　　　　　工作庁名

| 区　分 | | 造兵部 | 造船部 | 造機部 | 〇〇実験部 | 総務部 | 会計部 |
|---|---|---|---|---|---|---|---|
| 工事費額 | 本費 | 工　数 | | | | | |
| | | 工　費 | | | | | |
| | | 材　料　費 | | | | | |
| | | 支払外費 | | | | | |
| | | 計 | | | | | |

出典：「海軍工作庁工事費整理規則」大正14年，第七号書式　工事費月報より作成

一目瞭然となり，前掲の「規則」の目的，とくに工場管理目的に役立つことになる。さらに，工廠長が海軍艦政本部長に提出すべき年報は，次のとおりである（第四十三條）。

| 報　　告 | 書　　式 |
| --- | --- |
| 経費支出年報 | 第九号 |
| 艦船製造費年報 | 第十号甲、乙 |
| 艦船修理費年報 | 第十一号甲、乙、丙 |
| 兵器製造費年報 | 第十二号 |
| 兵器造修費年報 | 第十三号 |
| 機械費年報 | 第十四号 |
| 受託造修費年報 | 第十五号 |
| 海軍部内依託工事費年報 | 第十六号 |
| 附属費年報 | 第十七号 |
| 繰越兵器組替報告 | 第十八号 |

　これまで検討してきたように，「規則」の目的は文字どおり工事費の整理による工場管理にあるが，中野英夫によって記された海軍大学講義資料（以後，「中野ノート」と略称する）によれば，「規則」の目的は会計法上および工場管理上に区分されている[22]。つまり，前者は外部報告目的，後者は内部利用目的が示唆されているのである。一般企業においては，原価計算は損益計算の一翼を担うという意味で，外部報告目的はきわめて重要である。海軍では損益計算を重視しないが，そのかわりに予算使用に伴う決算を行わなければならない。こうした意味で，「規則」の外部報告目的が発生するのであろう。また，「規則」全体の規定を検討すると，所与の予算をいかに消費したかを明示する手続きに関した条項がかなり多いことに気づくが，これは管理目的が念頭に置かれているからである。ゆえに，「規則」は単に予算の消費費目を開示することだけでなく，予算を能率の尺度と見なし，その範囲内で効率を高めることも意図している。このことから，「規則」の最大の目的は，内部利用目的にあることを強調することができる。なぜならば，「規則」制定の背景にはいかに廉価で優秀な艦船を建造するかという大命題があるからである。

海軍工廠では1つの艦船の建造を1つの工事と見なし、これを集計単位として工事に要した費用すなわち工事費を集計した。また、建造する艦船は販売を目的としたものではないので、所与の工事費予算が与えられている。したがって、海軍工廠では要した費用の計算にくわえて、所与の予算をいかに運用したかの明示が重要である。そこで、工事費を整理するという意味合いから、工事費整理という用語を使用したのであった。

## V　海軍工作庁工事費整理規則への道

　これまで、海軍工廠における工事費整理に関する思考の形成を時系列的に追尾してきた。当初、非常に簡素であった工事費（製造費）の計算規定がやがて精緻な規程へ進展していく過程を考察できた。各工事費整理を規定した工務に関する規程の系譜は、**図表5-6**のとおりである。

　本節では、**図表5-6**に基づいていかに「規則」が形成されたかをそれまでの規定（規程）の進展と関連付けて見ていきたい。

　「規則」の柱は、次のとおりである[23]。

① 工事費を本費（直接費）と附属費（間接費）に区別し、さらにそれらを工費（労務費）、材料費、外費（経費）に区分集計している。
② 附属費を含むすべての費用を工事費として認識し、これを工事別に集計している（このため、間接費の配賦が行われている）。
③ 工事費の予算と決算に基づく予算による統制が規定されている。
④ 報告書が整備されている。報告書によっては、部署（部門）別に本費、附属費、その合計額が示されていた。

　①は原価計算の第1段階である費目別計算に関する。「製造品価額計算法」では職工実給、需用品実価、「造船工務規程」では材料、賃金、「海軍工廠工務規程」では所要材料と工費、「海軍工務規則」とそれに基づく「馬公要港部修理工場工務規則施行細則」では材料費と工費、「横須賀工事施行及工事費整理手続」では工費、材料費、附属費を規定している。また、いずれの規程でも材

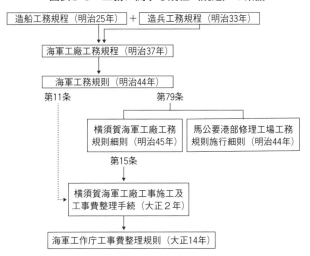

図表5-6　工務に関する規程（規定）の系譜

料費の計算は比較的簡素であり，購入額を中心とした計算規定である。しかしながら，工費は人別，工事別集計が必要になるので，工費の計算は工数を中心とした乗算を行わなければならず，これは「海軍工廠工務規程」，「海軍工務規則」，「横須賀工事施行及工事費整理手続」において詳しく規定されている。このような工数の設定により，工事番号別の工費の集計が可能になる。この観点から見ると，まさに「規則」における工費の計算は，工務に関する規程からの系譜を引く[24]。

②は原価計算の最終段階である対象別計算（製品別計算）に関する諸規定であり，これがゆえに製造間接費配賦問題が生じる。工事別に支出を集計する考え方は「製造品価額計算法」から見られ，直接費に一定パーセントを乗じるというやり方で製造間接費を加算していた。間接費を配賦する概念は「造船工務規程」，「海軍工廠工務規程」における使用料としてキログラムや時間当たりの金額の計算がその嚆矢であり，「横須賀工事施行及工事費整理手続」では工費，材料費の合計に100分の15を乗じたものが附属費として計算された。また，「規則」では，定率整理とよばれる予定配賦が規定されている。この観点から見ると，定率の計算は工務に関する規程にその嚆矢が見られる[25]。

③は予算の編成と執行にかかわる諸規定である。「海軍工廠工務規程」，「海軍工務規則」では材料費と工費に分けて，工事費計算書を作成し，予算決算を明らかにするように規定されていた。「馬公要港部修理工場工務規則施行細則」では，工事費予算の作成から工事費計算書の作成が規定されていた。「横須賀工事施行及工事費整理手続」では，さらに詳しくそれが規定されていた。「規則」では，予算実際比較が規定され，予算統制の側面が見られる。当初，予算は「予算作成」程度の簡素な規定であったが，やがて，工事予算の作成（予算編成）とそれに基づく工事費決算書の作成（予算統制）へと進展した[26]。

④について，「規則」に規定されている報告書は，月報と年報に分類されている。これは「製造品価額計算法」では単に原簿の作成が，「造船工務規程」では報告書の提出が，「海軍工廠工務規程」，「海軍工務規則」，「横須賀工事施行及工事費整理手続」では月報と年報の提出が，それぞれ規定されていた。こうした報告書の提出によって，予算の無駄使いや不能率の発生が一目瞭然となり，工場管理上の目的に役立つことになる[27]。また，報告書によっては，工事費額が部署別に集計が行われていた。

以上のとおり，費目別計算（工費の算定が中心），製造間接費の配賦（機械使用料の計算），製品別計算（工事別原価の計算），報告書の整備が行われ，最終的に「海軍工作庁工事費整理規則」へと至った。当初の海軍工廠における工事費整理の目的は支出報告であったが，次第に予算編成とその決算へ重点が移動していった。

# VI　おわりに

本章では海軍工廠において，いかに原価計算規定が原価計算規程へ進展したかを考察対象とした。明治22年に「会計法」が制定され，特別会計が設置されるに伴い，印刷局の会計は別途会計がそのまま独立採算を目指す特別会計に移行したが，海軍工廠の会計は材料資金のみが特別会計となり，軍艦建造費やその他の造船費はそこから外され，一般会計として処理された。これにより，海

**図表5-7 財政会計制度を源流とする原価計算制度の成長－海軍工廠のケース－**

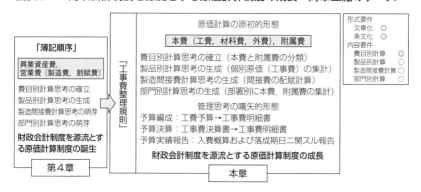

軍工廠の原価計算(規定)規程は印刷工場のそれとは違った意味をもつことになる。すなわち,海軍工廠の造船工場が一般会計で処理されるようになると,予算編成,予算の執行,予算実績報告が最重要課題になった。しかも,予算内で効率的な作業が求められ,ここに予算による統制の思考が形成された。予算統制のための原価計算規定は,作業を統制するような規定でなければならない。最終的には,海軍工廠ではこれに呼応して効率的な予算編成,予算執行と決算を規定した工事費整理のための原価計算規程が整備されていった。これが「規則」である。**図表5-7**では,「規則」における原価計算の基本的な構成要素の進展の評価を示した。

第4章の「簿記順序」では,費目別計算思考の確立,製品別計算思考の生成,製造間接費計算思考の萌芽,部門別計算思考の萌芽の各形態が存在し,原価計算における基本的な構成要素はすべて出そろった。

本章では「規則」までの道を論じたが,「規則」は形式要件としては文章化および条文化を前提に,内容要件としては費目別計算思考の確立,製品別計算思考の生成,製造間接費計算思考の生成,部門別計算思考の生成の各形態が存在している。「簿記順序」と比較すると,「規則」では製造間接費計算思考と部門別計算思考が萌芽から生成にステップアップした。製造間接費計算思考は附属費として製造間接費を集計し,総額を工数などでわり算(直接労務費法)したり,機械運転時間でわり算(機械運転時間法)したりして配賦率を求め,製

造間接費の配賦(金額や物量)が行われていたことによる。したがって,目に見えない価値消費を製造間接費として認識し,製品へ合理的な基準で配賦率を用いて配賦する思考が存在するので,生成形態が存在すると評価できる。また,部門別計算思考については,「規則」の本則には明確に盛り込まれていないが,提出すべき報告書である工事費月報には部署別に本費,附属費の集計が指示されており,製造間接費を部署や部門に集計する思考が存在するので,生成形態が存在すると評価できる。他方,製品別計算思考については,わり算としての単位原価思考は見られなく,工事費は個別原価の集計のみなので,生成のままである。こうした状況から,「規則」を「財政会計制度を源流とする原価計算制度の成長」と評価したい。この社会経済的背景としては,一般会計に基づく政府直営工場の効率的な運営が挙げられる。

このように,海軍工廠における原価計算規程は,当初は工務に関する規程のなかに工事費計算手続きとして原価計算規定が存在していたが,やがて規模の拡大に伴う管理の必要性から単独の原価計算規程へと進展した。また,当初は海軍工廠では損益計算が重視されたが,「会計法」の制定以降は,工事費削減を目的とした予算管理に重点が置かれた。

#### 注

1) 「御署名原本・明治二十二年・法律第四号・会計法」JACAR(アジア歴史資料センター),Ref.A03020030300,内閣,明治22年2月11日。
「御署名原本・明治二十二年・勅令六十号・会計規則」,JACAR,Ref.A03020039400,内閣,明治22年4月30日。
亀井孝文『明治国づくりのなかの公会計』白桃書房,平成18年,162頁。
2) JACAR,Ref.A03020030300,「会計法」第三十條。
3) 「作業会計法」JACAR,Ref.A03033001700,内閣,明治23年2月8日。
「陸軍作業会計法」JACAR,Ref.A03033001700,内閣,明治23年2月28日。
「鎮守府造船材料資金特別会計法」JACAR,Ref.A03033001900,内閣,明治23年2月28日。
「官設鉄道特別会計法」JACAR,Ref.A03033002000,内閣,明治23年2月28日。
この4つの特別会計法は適用場所の相違を規定に反映しているが,大枠はほぼ同一である。
4) JACAR,Ref.A03033001900,「鎮守府造船材料資金特別会計法」第一條。
5) 「上掲資料」第三條。
6) 拙稿「海軍燃料廠の会計」『経営経理研究』第111号,平成30年2月,87-105頁。

7)「製造品価額計算法」前文,横須賀海軍工廠編『横須賀海軍船廠史 第二巻』横須賀海軍工廠,大正4年,明治13年紀,151頁。以後,同計算法の引用は,本文中にカッコ書で条数を示す。
8) 原価加算価格設定法を採用している。
9)「造船工務規程」,海軍大臣官房編『海軍制度沿革 巻十一(1)』(復刻本:明治百年叢書 No.184) 原書房,昭和47年(原本-昭和16年),229-303頁。以後,同規程の引用は,本文中にカッコ書で条数を示す。
10)「海軍工廠工務規程」,『上掲書』310-313頁。以後,同規程の引用は,本文中にカッコ書で条数を示す。
11)「海軍工務規則」,『上掲書』315-325頁。以後,同規則の引用は本文中にカッコ書で条数を示す。
12)「馬公要港部修理工場工務規則施行細則」,「工務規則制定及追加(2)」JACAR, Ref. C08020004800, 馬公要港部修理工場主管細野幸三郎,明治44年12月23日〜明治45年5月7日。
13)「上掲資料」第一條。以後,同細則の引用は本文中にカッコ書で条数を示す。
14)「横須賀海軍工廠工務規則施行細則」「工務規則施行細則製定改正及職務時限改正の件(1)」JACAR, Ref. C08020231300, 横須賀海軍工廠長加藤定吉,海軍省,明治45年6月18日〜大正2年4月14日第十五條,明治45年6月13日。

官報第二四五〇号ノ二附属「横須賀海軍工廠工事施行及工事費整理手続,造船造兵材料物品修理,改造,加工,部外注文取扱手続,注文品取扱手続,工業用器具機械取扱手続」,「工務規則施行細則製定改正及職務時限改正の件(3)」JACAR, Ref. C08020231500, 海軍省,明治45年6月18日〜大正2年4月14日,MF0556。
15) JACAR, Ref. C08020231500,「工事施行及工事費整理手続」第十五條〜第二十條。以後,同手続の引用は本文中にカッコ書で条数を示す。
16) 海軍艦政本部会計部編「海軍工作庁工事費整理ノ沿革」(以後,「沿革」と略称する)海軍艦政本部会計部,昭和15年8月,64頁。
17)「上掲書」64頁。
18) 大即英夫ほか共著『原価計算』有斐閣,昭和47年,277頁。
19)「沿革」84-85頁。
20)「上掲書」85頁。
21)「上掲書」65頁,「海軍工作庁工事費整理規則」,第二條。なお,同規則は「沿革」の65-84頁に所収されている。以後,同規則の引用は,本文中にカッコ書きで条数を示す。
22) 中野英夫記述『海軍ノ原価計算』海軍大学学生講義資料,昭和18年,20-29頁。

本資料は中野氏の手書きによる講義ノートであり,他に比類を見ない工事費整理規則の詳細な手引書であるように思える。なお,本資料には頁が付されていなかったので,便宜上頁を付した。なお,中野氏は,前出注16)の『海軍工作庁工事費整理規則の沿革』の著者でもある。また,下記は当該ノートの印刷版である。

中野英夫「海軍ノ原価計算」海軍大学校機関学生講義資料,昭和18年8月。
23) 拙稿「海軍工廠の原価計算」『経理知識』第68号,平成元年6月,73-87頁。
24)「上掲論文」81頁。

25)「上掲論文」86頁。
26)「上掲論文」85-86頁。
27)「上掲論文」86頁。

# 第6章

# 鉄道工場における原価計算制度の進展
——財政会計制度を源流とする原価計算制度の成長
（鉄道工場のケース）

## I　はじめに

　第4章，第5章では，政府作業場である印刷工場，海軍工廠の原価計算規定や規程をそれぞれ瞥見した。次に，本章では，政府が運営する作業場である鉄道工場で用いられていた原価計算規程を瞥見してみたい。

　鉄道院や鉄道省が運営していた鉄道工場には小倉，大宮，鷹取，浜松，大井などの各工場があり，これらの工場はおもに鉄道車輌の建造，整備，修理などを担当していた。各工場では明治後期から「工場経理規程」が採用されており，体系的な原価計算制度を有し，経常的な工事費計算が行われていた。鉄道の経営もまた政府の重要な事業であり，当初，その会計は印刷工場や海軍工廠と同じく「作業費に関する3規程」が適用されていた。その後，明治22年の「会計法」以降，印刷工場と同様に原則的には特別会計に属するようになった。

　本章では，「財政会計制度を源流とする原価計算制度の成長」という視点から，当時，拡大の一途をたどった政府作業場である鉄道工場を対象に，明治，大正にわたって適用された「工場経理規程」を通じて，いかに鉄道工場で原価計算規程が展開したかを考察していきたい[1]。

## Ⅱ　鉄道会計の変遷

　まず,「工場経理規程」が制定されるに至った背景を知るために,初期の鉄道会計の展開を概説してみたい。

　初期の鉄道事業には,明治9年「各庁作業費区分及受払例則」(9月6日太政官達),明治10年「作業費出納條例」(7月6日太政官達),明治12年「(改正)作業費出納條例」(10月16日太政官達)に準拠して,作業会計が適用されていた。この条例は作業費を「興業費」と「営業費」に区分することが規定されており,特別会計の嚆矢(別途会計)とされる[2]。明治14年には「会計法」(4月28日太政官達第33号)が制定され[3],翌15年にはこれが改正された(「会計法」明治15年1月16日太政官達第5号)。ここでは「作業費ノ出納ハ興業費ト営業費トニ区分シ興業費ハ通常経費ノ制ニ依リ営業費ハ其ノ資本トシテ之ヲ据置クヘシ」(第四十五條)と規定されており,「作業費出納條例」が含蓄されていた[4]。しかしながら,「作業費出納條例」は鉄道事業のみを対象とした規定ではなかったので,鉄道会計の特殊性から実情に合わなくなり,明治18年に「鉄道会計條例」(5月7日太政官達)が,イギリスにおいて施行されていた会計法をもとに制定された[5]。当該規程では資本,収益の2勘定での処理が規定されていた(第一條)。やがて,明治22年「会計法」および「会計規則」が,さらに「鉄道会計條例」に代えて「官設鉄道会計法」(明治23年3月17日法律第20号)およびその実施規程である「作業及鉄道会計規則」(明治23年3月20日勅令第33号)が制定された。「官設鉄道会計法」では,「固定資本据置運転資本ヲ置キ営業上ノ収入及其附属雑収入ハ鉄道事業ノ費用ニ充ルコトヲ許シ特別ノ会計ヲ立テシム」(第一條)と規定され,特別会計が示唆された。しかし,このとき鉄道会計は特別会計だけではなく,一般会計にも属していた。つまり,鉄道事業より生じる収支関係は特別会計で処理され,営業に従事する職員,職工,人夫,鉄道財産物件の維持,修理,補充,材料素品,汽車機械,運転用品,営業所場備品,消耗品に関する経費は一般会計で処理された[6]。

　明治26年に「官設鉄道用品資金会計法」(1月17日法律第2号)および同年

に「官設鉄道用品資金会計規則」（7月14日勅令第71号）が制定され，官設鉄道用品資金が置かれた。明治26年には鉄道庁が逓信省の一部に属すようになり，鉄道局と改名された（「鉄道庁改称ノ件」明治26年10月31日勅令第151号）。このとき，事務課，監理課の経費は逓信本省に属していたので，それらは一般会計で取り扱われた。他方，その他の課の経費は，特別会計で処理された。しかし，建設および改良に関する費用は依然として特別会計の範囲外であったし，鉄道事業の純益（益金）は一般会計に繰り入れられる仕組みであったので，すべての会計処理が完全に特別会計の範囲に入ったわけではなかった[7]。

　明治39年に「鉄道国有法」（3月30日法律第17号）が施行されると，鉄道会計制度の充実を図るために「帝国鉄道会計法」（明治39年4月10日法律第37号）が公布され，「帝国鉄道ノ事業ヲ経営スル為従来出資シ及将来出資スル金額ヲ以テ資本ト為シ特別ノ会計ヲ立テシム」（第一條）とされた。ただし，この会計制度では鉄道建設および改良の資金は一般会計から繰り入れられ，事業益金は一般会計に納付されることになっていたので，鉄道建設および改良の事業は，一般会計歳出予算の範囲内でしか進められなかった[8]。なお，明治26年制定の「官設鉄道用品資金会計法」は，明治39年に「帝国鉄道用品資金会計法」（4月11日法律第38号）となった。さらに，同年に「帝国鉄道及同用品資金会計規則」（6月22日勅令第158号）が制定された。

　明治40年には帝国鉄道庁（「帝国鉄道庁官制」明治40年3月12日勅令第26号）が発足した。また，明治39年制定の「帝国鉄道会計法」が改正され，明治42年「帝国鉄道会計法」（3月20日法律第6号）となり，「帝国鉄道ノ事業ヲ経営スル為従来ノ帝国鉄道資本及帝国鉄道用品資金竝将来出資スル金額ヲ以テ資本ト為シ其ノ歳入ヲ以テ其ノ歳出ニ充テ特別会計ヲ設置ス」（第一條）とされた。すなわち，「帝国鉄道会計法」と「帝国鉄道用品資金会計法」が一本化されたのであり，同時に，その実施規程である「帝国鉄道会計規則」（明治42年3月30日勅令第55号）も制定された。従来，一般会計から支出していた鉄道建設および改良の事業は鉄道益金を充て，不足の場合には鉄道会計の負担で公債の発行や借入ができるようになり，資金の調達が容易になったが，用品資金は帝国鉄道会計の資本の一部に属しその独立性を失った[9]。

やがて，鉄道の事業規模は飛躍的に拡大していき，大正９年に鉄道省（「鉄道省官制」大正９年５月15日勅令第144号）が設置された。他方では，「会計法」は大正10年「会計法」（４月７日法律第42号）および大正11年「会計規則」（１月７日勅令第１号）に改正された。これに伴う法整備が求められるようになり，大正10年から11年の間に鉄道会計に関する多くの法規が整備された。とくに，大正10年「帝国鉄道会計法」（３月30日法律第13号）および大正11年「帝国鉄道会計規則」（３月27日勅令第38号）により，用品資金が資本から独立し，作業費，用品資金，鉄道建設および改良事業とも一般会計と完全に分離され，すべてが特別会計の領域となった[10]。このとき，あくまでも「会計法」の規制を受けていたが，鉄道会計が一般会計と分離されたことには大きな意味がある。もっとも大きな意義としては，鉄道事業の独立採算を目指すために，事業損益が明確化できることである[11]。

　本章で使用する史料は，「鉄道院工場経理規程」（『鉄道公報』第555号，明治43年10月８日，以後，「明治43年規程」と略称する），「鉄道局工場経理規程」（鉄道省編「鉄道局工場経理規定」鉄道省，大正14年11月，以後，「大正12年規程」と略称する）である[12]。しかしながら，「大正12年規程」には，大正14年11月と付されていた。「大正12年規程」の発令日は大正12年３月27日（達第160号）であるが，発令後，大正12年６月（達第691号），大正14年４月（達第330号），大正14年11月（達第904号）の計３回の改正が行われた。これから判断すると，「大正12年規程」は，３回目の改正（大正14年）が行われた後に発令された規程であった。この当時の鉄道工場経理の詳細な研究書として，（小倉俊夫）「工場経理概要」（東京鉄道局，昭和２年１月）がある[13]。

　このように，鉄道院（明治41年），鉄道省（大正９年）の設置に伴って，漸次行われた鉄道法の整備後，鉄道会計も改革されていった。「工場経理規程」もこのような一連の流れのもとで，最初，明治43年に制定され，大正12年に精緻化された。「工場経理規程」は，鉄道担当官庁管轄工場における工場経理マニュアルである。

## Ⅲ　鉄道工場における「工場経理規程」について

### 1．鉄道院工場経理規程

　まず，鉄道工場の原価計算規程として，「鉄道院工場経理規程」（明治43年10月8日達第853号－「明治43年規程」）を取り上げたい。「明治43年規程」は，かなり初期に位置付けられる複数の鉄道工場を適用対象とした統一工場経理規程であった。鉄道院『鉄道公報』第555号（明治43年10月8日）によれば，「明治43年規程」の構成は，下記のとおりであった（なお，カッコ内の条数については便宜上筆者が入れた）[14]。

「明治43年規程」
第一章　総則（第一條、第二條）
第二章　工事（第三條〜第五條）
第三章　計算（第六條〜第九條）
第四章　用品（第十條〜第十三條）
第五章　報告（第十四條、第十五條）
第六章　雑則（第十六條）
　附則（第十七條、第十八條）
　帳表様式目次

　上記のうち，直接に原価計算にかかわる規定は「第三章　計算」である。「明治43年規程」について，おもに原価分類，原価集計法，間接費計算法を見ていきたい。

　「第一章　総則」の第一條では，「工場経理ハ工事ニ対スル予算額ノ範囲ニ於テ之ヲ行フヘシ」と規定している（第一條）[15]。この条文から，工場における経理の大きな目的は，「所与の予算のもとで，いかにその作業が行われたかを明示することにある」と読み取れる。

　まず，原価は落成の価格（製造原価）として，材料費と工作費（職工賃＋間接費）の2要素に分類されている（第七條）。材料費は「工事ニ使用シタル素品、鋳造品、挽材及委託工事ニ対スル価格」，工作費は「当該職場ニ於テ要シ

### 図表6-1 「明治43年規程」工場勘定の構造

工場勘定

| 受 | 払 |
|---|---|
| 支払金及用品代 | 落成品及副生品ニ対スル生産額 |

出典：鉄道院『鉄道公報』第555号（明治43年10月8日）「明治43年規程」第二條より作成

タル人工ニ其職場ノ平均一人工ニ対スル職工賃ト間接費トノ併算額ヲ乗シタルモノ」とそれぞれ定義されている（第七條）。すなわち，材料費は工事に要した物品（素材，鋳造品，木材）の消費額，外注加工賃であり，工作費は職工賃と間接費との合算額である。

次に，工事費の集計は，全体の工事費と個別の工事費が別々に説明されている。全体の工事費の集計は，工場勘定で行われる。工場勘定に関して，「仕払金及用品代ヲ以テ受トシ落成品及副生品ニ対スル生産額ヲ以テ払トス」と規定されている（第二條）[16]。工場勘定によって，予算額と実際の作業から生じた費用額を比較するのであろう。したがって，工場勘定の左側には「支払金及用品代」の項目で予算配分額，右側には「落成品及副生品ニ対スル生産額」の項目で実際消費額が記入される。なお，この勘定の次年度へ繰り越す金額は，半製品と用品在庫の価額となる。規定されている工場勘定は，**図表6-1**のとおりである。

また，個別の工事費の集計については工事の着手から落成までの手順の説明がある。それは，次のとおりである（第三條～第六條）。

工事の着手にあたっては工事明細書が作成され，工事の予定費額，予定納期などが記される。工事が完了したときには，落成品送状と工事明細書を現品引渡課所に送付する。また，完成品に対する物品請求券は，送状日付，番号および代価を記載して経理課に送る。最後に，落成品代価明細書を作成し，決算負担課所に提出する。

このように，工事費を集計するためには工場全体では工場勘定が作成され，工事ごとには工事明細書，落成品代価明細書が作成されることになる（第三條）。

最後に，間接費の計算であるが，材料費と工作費に「附加スヘキ取扱其他ノ諸費割掛歩合」が次のように規定されている（第七條）。

「前各号（一、材料費、二、工作費－筆者）ノ費額ニ附加スヘキ取扱其他ノ諸費割掛歩合ハ当該年度ニ於ケル予定落成品ノ価格ト其予定取扱諸費及見積損耗額トノ割合ニヨリ総裁之ヲ定ム」

さらに，工作費の計算のなかにも間接費の計算が示されている。間接費は職工賃とともに，人工に乗率（1人工当たり職工賃額＋1人工当たり間接費額）をかけ算して求める。この平均1人工に対する職工賃および間接費の計算は，次のとおりである（第七條）。

　一、職工賃ニアリテハ当該年度ニ於ケル予定人工ト之ニ対スル賃金トノ割合
　二、間接費ニアリテハ当該年度ニ於ケル予定人工ト職場費、監督費及第八條ノ損益予定額（工作上生じた損害額－筆者）トノ割合

上記のように労務費と間接費は，予定計算することが規定されている。配賦率である1人工当たりの乗率の計算は予定で計算するので，適時に実際と比較して改訂することになる。また，工作上生じた損害額（仕損費－筆者）は，間接費に加算すること（第八條），副生品の売却分や再利用分は間接費から減じること（第九條）も規定されている。

また，第四章　用品では「常時使用スル主要物品ハ毎半ケ年間ニ於ケル所要数量及其単価ヲ調査シ外国注文品ニアリテハ九ケ月以前ニ内国購入品ニアリテハ三ケ月以前ニ之カ準備ノ申告ヲ為スヘシ」（第十條）とされ，主要材料の取り扱いが示されていた。

第五章　報告では「工作事業ニ関スル各種統計報告ハ局長ヲ経テ之ヲ本院工作課長ニ回付スヘシ」（第十五條）とされている。

なお，「明治43年規程」構成でも示したように，巻末には**図表6-2**のような帳表様式が掲載されていた。

「明治43年規程」では，これら様式の詳細を確認できないが，すでにこの時期に30種類もの様式が各工事作業を記録する帳簿として存在していた。

以上のとおり，「明治43年規程」は簡素であり，工場勘定の役割や細かい工事費の集計は規定されていないが，大まかな工事費の集計法，間接費の配賦法，各種帳表が示されていた。

**図表6-2 「明治43年規程」帳表様式**

| 第 一 号 | 工場勘定受払簿 | 第 十 六 号 | 車輛製作機械据付工事成績表 |
|---|---|---|---|
| 第 二 号 | 工作費整理簿 | 第 十 七 号 | 車輛修繕成績表 |
| 第 三 号 | 工場原簿 | 第 十 八 号 | 車輛修繕主要工事表 |
| 第 四 号 | 工作認簿 | 第 十 九 号 | 製修工事費額表 |
| 第 五 号 | 工作簿 | 第 二 十 号 | 工作費額表 |
| 第 六 号 | 材料簿 | 第二十一号 | 職工夫現在表 |
| 第 七 号 | 落成品代価明細書 | 第二十二号 | 職工夫労働成績表 |
| 第 八 号 | 落成品送状 | 第二十三号 | 製修工事人工表 |
| 第 九 号 | 修繕品送状 | 第二十四号 | 間接費額表 |
| 第 十 号 | 戻入品又ハ委託加工品送状 | 第二十五号 | 鋳造工事成績表 |
| 第十一号 | 工事竣功明細書 | 第二十六号 | 木挽工事成績表 |
| 第十二号 | 同附属書（現金統計） | 第二十七号 | 製修品表 |
| 第十三号 | 同附属書（物品統計） | 第二十八号 | 半製品表 |
| 第十四号 | 工場勘定受払報告書 | 第二十九号 | 使用物品表 |
| 第十五号 | 車輛製作機械据付工事工程表 | 第 三 十 号 | 現在用品表 |

出典：鉄道院『鉄道公報』第555号（明治43年10月8日）「明治43年規程」巻末帳表目次より作成

## ２．鉄道局工場経理規程

「明治43年規程」は上述のとおり非常に簡素であったが，その後，大正12年「鉄道局工場経理規程」（大正12年３月27日達第160号－「大正12年規程」）が公表され，「明治43年規程」はより精緻化された[17]。「大正12年規程」は本編が33頁，帳表の部が24頁，報告表の部が34頁からそれぞれ構成されている「工場経理用マニュアル」である。「大正12年規程」の構成は，下記のとおりであった[18]。

「大正12年規程」

| 第一章 | 総則 | 第八章 | 鋳造工事 |
|---|---|---|---|
| 第二章 | 工事通則 | 第九章 | 木挽工事 |
| 第三章 | 人工、工作費、工作費乗率 | 第十章 | 鍛造工事 |
| 第四章 | 工場外供給電燈電力 | 第十一章 | 予備品 |

| 第五章 | 工場内ニ於ケル工事ノ請求受渡 | 第十二章 | 副生品 |
| 第六章 | 貯蔵品 | 第十三章 | 雑則 |
| 第七章 | 庫所配給品 | 附表 | |

「明治43年規程」は5章18条であったが，他方「大正12年規程」は13章122条から構成されている。「明治43年規程」から「大正12年規程」の間に，鉄道会計の整備が進み，その一連の流れのなかで「大正12年規程」は「明治43年規程」を見直して大正12年に制定されたのである。

「第一章 総則」は5つの条文からなり，規程の適用範囲，貯蔵品勘定及工場勘定残高の制限，工場勘定受払事項，各勘定の受払手続，工場勘定年度末残高の実質が示されている。つまり，工場経理規程における基本的な考え方や用いるべき勘定が説明されている[19]。とくに，「大正12年規程」の適用範囲は次のように明確化されている（第一條）。

> 「鉄道局工場ニ於ケル経費ノ整理及物品ノ取扱ハ会計ニ関スル諸法規ニ依ルノ外本規程ニ依リ工場長之ヲ経理スヘシ」

これにより，「大正12年規程」の目的が工場における工事費の計算にあることが明確である。また，第二章は16条からなり，「工場通則」の表題のもとで工場で発生した諸経費の集計手続きを規定している。第二章の最初の規定である「大正12年規程」の目的については，次のように述べている（第六條）。

> 「工場ニ於テ製作、改造、修理、組立、試験等ノ請求ヲ受ケタル場合ニ於ケル請求券ノ処理、落成品ノ引渡、落成代価ニ関スル取扱方ニ付テハ本章ノ定ムル処ニ依ルヘシ」

「大正12年規程」には条文の他，附表，附属帳表，附属報告書が挙げられている。これは以後の説明にもかかわるので，すべて提示しておきたい。

まず，附表については，2つの附表（第一号表　工作番号表，第二号表　職場区分例）が提示されている。

第一号表　工作番号表では，ある工事と他の工事が区分され，工事原価を集計するために必要な工事種目別に工作番号が示されている。第二号表　職場区分例では，組立，客車，旋盤，仕上などの各作業区分が示されており，これは

図表6-3 「大正12年規程」附属帳表様式

| 第 一 号 様 式 | 工場原簿 | 第一二号様式 | 工場落成品送付書 |
|---|---|---|---|
| 第 二 号 様 式 | 工作簿 | 第一三号様式 | 工場修繕品送状 |
| 第 三 号 様 式 | 工事受渡簿 | 第一四号様式 | 工場予算明細書 |
| 第 四 号 様 式 | 工作認簿 | 第一五号様式 | 工場落成品代価報告書 |
| 第 五 号 様 式 | 工作費整理簿 | 第一六号様式 | 加工品振替伝票 |
| 第 六 号 様 式 | 鋳造勘定整理簿 | 第一七号様式 | 委託工事請求券 |
| 第 七 号 様 式 | 木挽勘定整理簿 | 第一八号様式 | 引渡請求券（工場用） |
| 第 八 号 様 式 | 予備品出納簿 | 第一九号様式 | 引渡請求券（庫所配給品） |
| 第 九 号 様 式 | 副生品出納簿 | 第二〇号様式 | 予備品副生品拾集日報 |
| 第一〇号様式 | 副生品減額整理簿 | 第二一号様式 | 物品受払票 |
| 第一一号様式 | 工場勘定振替伝票 | | |

出典：鉄道省『鉄道局工場経理規程』大正14年11月，帳表の部1－23頁より

職場費を計算する際の部門と言える区分である。

　図表6-3に示されている帳表類は，工場における各種作業を記録し，工事費を計算するために，同時に工場における物品，各工事を管理するために，設けられたものである。とくに，第一号様式から第五号様式は，工事費集計に大きな役割を果たしている（図表6-7を参照）。

　図表6-4における附属報告表は，工場における各種作業の内容を報告するために用いられた。このように，帳表を用いて工場における各作業を記録し，付属報告表でその結果を報告した。そのために，「大正12年規程」ではきわめて多くの附表，附属帳表，報告表などが提示されている。

　「大正12年規程」の検討においても，おもに原価の考え方や原価集計方法，とくに間接費の計算方法に焦点を当てて，どのような原価計算思考が存在していたかを明らかにしていきたい。

　まず，「大正12年規程」における原価の分類について見ていきたい。

　第十一條によれば，工事費が工作費と材料費に分類され，これらが工作簿（図表6-3，第二号様式）に記録される。工事完成時には，工場落成品代価報告書（図表6-3，第一五号様式）で工事費の報告が定められている。これについては，

### 図表6-4 「大正12年規程」附属報告表様式

| | | | |
|---|---|---|---|
| 作報第一号様式 | 工場勘定収支計算書 | 作報第九号様式 | 車輌修繕費額表（工場） |
| 作報第二号様式 | 工事費類別表 | 作報第一〇号様式 | 車輌入出場輌数表 |
| 作報第三号様式 | 工事人工表 | 作報第一一号様式 | 機関車修繕件数表 |
| 作報第四号様式 | 現在員表（工場） | 作報第一二号様式 | 客貨車修繕件数表 |
| 作報第五号様式 | 工場技工及工手労働表 | 作報第一三号様式 | 使用物品表 |
| 作報第六号様式 | 工作費整理表 | 作報第一四号様式 | 落成物品表 |
| 作報第七号様式 | 鋳造鍛造品工事成績表 | 作報第一五号様式 | 副生品生産額表 |
| 作報第八号様式 | 木挽工事成績表 | | |

出典：鉄道省『鉄道局工場経理規程』大正14年11月，報告表の部1-34頁より

次のとおりである（第十一條）。

> 「工事費ハ工作費、材料費ニ分チ之ヲ工作簿ニ登録シ落成品ニ対シテハ其ノ費額ヲ算定シテ工場落成品代価報告書ヲ調製シ工事請求者ニ送付スヘシ」

　上記のように，「大正12年規程」では，一般工場における製造原価を「工事費」として説明している。なぜならば，工場における作業が車輌の建造などが中心なので，その作業を工事とよんでいるからである。基本的に，販売を目的とした製品を製造するわけではなく，請求に応じて実施する工事なので，工場内における価値消費の合計額を製造原価ではなく，工事費の呼称を使用していた。工事費のなかで，工作費はとくに詳しく説明されている。工作費の内容については，第二十六條に図表6-5に示すような項目が挙げられている。

### 図表6-5 「大正12年規程」工作費の構成

| | |
|---|---|
| 工作費 | 歳出科目工作費決算額 |
| | 材料費以外ノ物品代 |
| | 他工場勘定ヨリ振替受入レタル電燈電力料 |
| | 工場内使用ノ器具機械修繕費 |
| | 鋳造工事用木型製修費 |
| | 過作ニ依ル損害額 |

出典：鉄道省『鉄道局工場経理規程』大正14年11月，本文7頁，第二十六條より作成

工作費は上記のような各項目ごとにまず集計され、さらに次のような各項目に再分類される（第二十七條）。

| | | |
|---|---|---|
| 一、職場費 | | 職場主任以下所属員ノ俸給、給料其ノ他ノ人件費及所属器具機械類ノ修繕費、消耗品費其ノ他ノ物件費トス |
| 二、車輛入換費 | | 入換機関車ノ運転費、修繕費、入換作業従事員ノ給料、諸給与其ノ他ノ附属諸経費トス |
| 三、動力及電燈費 | | 工場外ヨリ供給ヲ受クル瓦斯、電力料金竝動力関係従事員ノ俸給、給料其ノ他ノ人件費及所属器具機械類ノ修繕費、燃料、油脂其ノ他ノ物件費トス |
| 四、一般係費 | | 前三項及工事直属費ニ該当セサル工場長以下所属員ノ俸給、給料其ノ他ノ人件費及物件費トス |
| 五、工事直属費 | | 一工事ノ為メニ要シタル関係者ノ旅費、工場工手給其ノ他ノ人件費竝荷造費、積込、取卸、運送、省外下請工事費及鋳造工事ニ使用スル骸炭其ノ他ノ加熱料等特殊ノ経費トス |

「大正12年規程」の条文によれば、工作費は現在私たちが用いている加工費の概念に近いものであると思われる。通例、私たちが用いている原価分類は材料費、労務費、経費であるが、「大正12年規程」では原価分類は材料費、工作費の２項目であり、労務費と経費は工作費のなかに含まれていた。

次に、「大正12年規程」における原価集計法について見ていきたい。

第二條によると、工事、物品、その他の諸経費は、工場勘定や貯蔵品勘定で処理することが規定されている。貯蔵品勘定については具体的な説明がなされていないが、工場勘定については第三條に詳細な規定があり、**図表6-6**に示すとおりである。

結果として、工場勘定に残高が生じた場合、その残高は半成工事額として処理する（第五條）。

工場で行われる製作、改造、修理、組立、試験などの各作業は、請求券によってスタートする。まず、工事には工作番号表（附表第一号）に基づいて工作番号が付される。工事着手後、この番号によって工事の認識、工事費の集計が行われる。これに関する規定は、次のとおりである（第十條）。

**図表6-6　「大正12年規程」工場勘定の構造**

工場勘定

| 受入ニ属スル事項 | 払出ニ属スル事項 |
|---|---|
| 工作費歳出決算額<br>貯蔵品振替受入額<br>委託工事費又ハ副生品ノ保転等ニ依ル他工場勘定ヨリ振替受入額<br>自工場ニ於テ使用シタル副生品ノ価額<br>工賃及間接費ノ年度末ニ於ケル工事費配当差益額<br>見積ニ依ル工事費落成代価ノ差益額 | 工事費落成代価報告額（自工場使用器具機械ノ修繕費等間接工事費ヲ除ク）<br>工場外ニ供給シタル定額又ハ特定電燈電力料金及用品工作受払過不足ニ組入レタル電燈電力費額<br>委託工事費又ハ副生品ノ保転等ニ依ル他工場勘定ヘ振替払出額<br>予備品ヲ貯蔵品ニ編入ノ為メ車輌修繕費ヲ低減シタル額<br>副生品ヲ貯蔵品ニ編入ノ為メ車輌修繕費ヲ低減シタル額<br>副生品ヲ使用又ハ売払ノ為メ車輌修繕費ヲ低減シタル額<br>工賃及間接費ノ年度末ニ於ケル工事費配当差損額<br>見積ニ依ル工事費落成代価ノ差損額 |

出典：鉄道省『鉄道局工場経理規程』大正14年11月，第三條條文より作成

「各工事ニ対シテハ第一号表ニ依リ工作番号ヲ定メ工場内ニ於ケル工事ノ取扱及費額ノ整理ヲ為スヘシ」

請求された作業（工事）が終了した場合には，工場落成品送付書（**図表6-3**，第一二号様式）を作成し，これを工事請求者に送付する。「大正12年規程」では，これについて次のように述べている（第七條）。

「工事落成シタルトキハ工場落成品送付書ヲ調製シ現品ト共ニ之ヲ請求者ニ送付スヘシ但シ保転請求券又ハ決算請求券ニ依リ製作シタル物品ニ付テハ之ヲ施工工場ノ貯蔵品ニ編入ノ上送付スルモノトス」

工事費の計算は工作簿に記録し，工事終了後に完成工事の費額を計算して，工場落成品代価報告書を作成することになる。

工事の引受と引渡に関しては，工事受渡簿（**図表6-3**，第三号様式）に記入する。工事受渡簿には，工事請求の受理，着手，落成，引渡，指定予算額，工

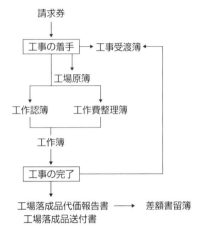

図表6-7 「大正12年規程」原価集計に関する帳簿組織

出典：鉄道省『鉄道局工場経理規程』大正14年11月，本文3-7頁より作成

場予定額，落成予定期間，落成品代価報告書発行年月日が記録される。

原価集計に関する帳簿間の関係は，**図表6-7**のとおりである。

くわえて，下記は工場内で製作した工事製品を別の工事に転用した場合の規定である（第十八條）。

「工場勘定内ニ於テ鋳造、木挽、鍛造工事製品ヲ他ノ製修工事ノ材料ニ使用シタルトキハ加工品振替伝票ヲ以テ相互間費額ノ振替ヲナスヘシ工事ノ一部加工品ヲ他工事ニ転用シタル場合亦同シ」

つまり，自製品を他工事部品として充当したときは，加工品振替伝票（**図表6-3**，第十六号様式）を用いることになる。

また，工事を外部に委託する場合については，下記の規定がある（第十九條）。

「工作上必要アルトキハ一部ノ製作又ハ加工ヲ他工場ニ委託スルコトヲ得此ノ場合ニ於テハ委託工事請求券ヲ以テ関係工場間工事ノ請求及受渡ヲ為スヘシ」

このように，委託工事については委託工事請求券（**図表6-3**，第一七号様式）の作成が定められている。また，委託工事費の集計については，下記に規定されているとおりである（第二十條）。

> 「工場相互間ニ於ケル委託工事費ハ工事ノ成否ニ拘ラス委託工場ニ於テ毎月其ノ費額ヲ工場落成品代価報告書ヲ以テ委託工場ニ通報シ之ニ基キ関係工場間相互費額振替受払ノ手続ヲ為スヘシ此ノ場合ニ於テ工場落成品代価報告書ニハ工事人工ヲ附記スヘシ」

委託工事費についても，落成品代価報告書に記載される。

さらに，工場内から工事の請求を受けたとき，その受け渡しのルールが第五章において規定されている（第三十七條〜第四十二條）。

まず，工場内部から工事の請求を受けたときは，工場長が主管職場を決め，施工を命令する（第三十七條）。このとき，現場責任者である職場主任に対しては，工事通告券を発行する（第三十八條）。次に，職場主任は工事通告券に基づき，工事担当者を決定して工事の開始を命令する。工事通告券は，まさに製造指図書の役割を果たす（第四十二條）。

この他に，原価集計については予定計算が認められている。すなわち，貯蔵品に編入する物品を予定計算する次のような規定がある（第九條）。

> 「貯蔵品ニ編入スヘキ物品ノ製作工事竝予算及落成期日ヲ指定シアル工事ハ起工ノ際其ノ費額及施工ニ要スル期間ハ工場長ニ於テ之ヲ予定スヘシ但シ指定ノ予算及期日迄ニ竣工シ難キ見込アルトキハ予メ其ノ旨請求者ニ通告スヘシ」

貯蔵品は基本的には材料や消耗品であるが，工場内で製作した物品も含まれる。ここで特筆すべきは，工事を始める前に，その費額の予定が認められていることである。この場合，工場落成品代価報告書には，次の条文のように実際工事額の併記が規定されている（第十二條）。

> 「予算ノ指定アル工事ニシテ総数ノ一部落成シタルトキハ第九條ノ予定単価ニ依リ落成品数ニ対シ其ノ費額ヲ算定スルコトヲ得
> 前項ニ依ル落成代価報告額ハ工事完成ノ場合ニ於ケル落成代価報告額ヲ併セ実費総額ト符合セシムルコトヲ要ス」

また，次のような場合においては，評価額を使用する（第十四條）。

> 「省外委託工事ニ使用シタル材料品ノ単価ニシテ時価ニ比シ低廉ナリト認メタルモノハ工場長ニ於テ評価額ヲ以テ工事費額ヲ算定スヘシ」

さらに，次のようなケースにおいて，「大正12年規程」は見積もりの使用を認めている（第十五條）。

「落成工事ノ費額ヲ算定スルニ当リ未確定ノモノアルトキハ見積額ニ依ルコトヲ得」

予定を導入した場合，実際額と予算額の間には，通例，差額が生じることになるが，この処理については，次のように規定されている（第十七條）。

「第十四條及第十五條ニ依ル落成品代價報告額ト實費トノ差額ハ用品工作受払過不足ニ組入ノ手續ヲ為スヘシ」
前項ノ場合ニ於テハ差額書留簿ヲ設ケ之ヲ整理スヘシ」

このように，予定費額と実際費額から生じた差額は，記録簿によって管理される。

これが原価集計の手順のあらましであるが，製造間接費の配賦についても見ていきたい。「大正12年規程」では，（製造）間接費という用語をあまり頻繁に使用していない。「大正12年規程」における間接費は，工作費のうち工場直属費を引いた残余を間接費として認識している。すなわち，工作費は職場費，車輌入換費，動力及電燈費，一般係費，工事直属費から成り立っているので，職場費，車輌入換費，動力及電燈費，一般係費が「大正12年規程」における間接費の概念である。これらの間接費のうち，車輌入換費，動力及電燈費は「使用の程度」に応じて，職場費と一般係費に配賦される。さらに，計算された職場費と一般係費を「総工事人工」や「当該職場人工」でわり算することによって，1人工当たりの費額を計算する。したがって，各工事に費やされた人工数と1人工当たり費額（乗率）をかけ算すれば，各工事に間接工作費の負担分が配賦できる。

これに関する手順は，「大正12年規程」では次のように示されている（第三十條）。

 一 車輌入換費並動力及電燈費ハ之ヲ使用ノ程度ニ応シ職場費及一般係費ニ配当加算スヘシ
 二 前号ニ依リ算定シタル一般係費ハ之ヲ総工事人工ニ割当テ一人工当リ費額ヲ求ムヘシ

三　第一号ニ依リ算定シタル職場費ハ之ヲ当該職場工事人工ニ割当テ一人工当リ費額ヲ求ムヘシ

　四　前二号ノ併算額ヲ以テ各職場工作費乗率トス

　上記の条文を要約すれば，工作費乗率は次の順序によって計算することになる（第三十條）。つまり，工作費から工事直属費を除いて計算した当該年度の予定額を予定人工でわり算し，工事1人工に対する工作費乗率を定めて，各工事の人工に応じて配賦する。この場合，工作費乗率は職場別（組立，客車，貨車，電機，旋盤など）に設定する。ここには，間接費を製造部門（客車，貨車など），補助部門（電機，旋盤など）で集計する部門別計算思考における生成形態が存在する。ただし，部門別計算は，本則には明確に規定されていないが，**図表6-8**　工作費整理表（作報第六号）には，職場費内訳としてそれぞれの費目が部門別に集計されている。

　**図表6-8**の種目には，現金支払，工場外自営発変電所ヨリ供給電燈電力費，物品費，職場工事費，車輛入換費，電力及電燈費，合計，月末見積，総計（A），

**図表6-8　工作費整理表**

工作費整理表
工場　　　　　　　　　　　　　　　　　　大正　年度　　月末累計

| 種目 | 照合番号 | 職　場　費 ||||||||||
|---|---|---|---|---|---|---|---|---|---|---|---|
| | | 組立 | 客車 | 貨車 | 木工 | 電機 | 旋盤 | 仕上 | 鍛冶 | 製鑵 | 鉄工 |
| | 1<br>2 | 圓 | 圓 | 圓 | 圓 | 圓 | 圓 | 圓 | 圓 | 圓 | 圓 |

　　　　　　　　　　　　　　　　　　　　　工場長
　　　　　　　　　　　　　　　　　　　　　担当者

| 内　　　　　　譯 |||||||| 照合番号 |
|---|---|---|---|---|---|---|---|---|
| 塗工 | 鋳物 | 木機 | 工具 | 工機 | 派出所 | | 計 | |
| 圓 | 圓 | 圓 | 圓 | 圓 | 圓 | 圓 | 圓 | 1<br>2 |

出典：鉄道省『鉄道局工場経理規程』大正14年11月，報告表の部8－9頁より作成

配当額 (B), 配当過不足額 (A対Bノ差), 工事人工, 一人工当所要額 (A/C), 同配当額 (B/C), 月末実行乗率の各欄があった。現金支払の欄には俸給及諸給, 鉄道手及雇員給, 雑傭給, 年功加給, 雑事手当 (定期ノ分, 其他ノ分), 嘱託手当, 旅費, 共済組合給与金, 電燈電力費, 雑経費, 技工給, 工手給, 雑工人夫給, 物品費の欄には備品, 備品以外器具, カーバイト, 酸素, 重油, 石炭, 骸炭, 種油及鉱油, 其他消耗品, 職場工事費の欄には機械修繕, 器具修繕, 模型費竝雑, 電力及電燈費の欄には電気動力費, 蒸汽動力費, 電燈費がそれぞれ記入された。

このように, 工作費を職場ごとに算定した乗率で各工事に配賦することによって計算を行うが, これは明らかに予定配賦である。したがって, 予定額と実費額と時々比較し適切に改定を行うが, これに関しては下記のように規定されている (第三十一條)。

「乗率ヲ以テ工事ニ配当シタル工作費ハ実費額ニ比照シ時々適当ニ改訂ヲ行ヒ已ムコトヲ得サル場合ヲ除クノ外急激ナル乗率ノ変動ヲ避クヘシ」

また, 生じた差額は下記のような規定によって処理する (第三十二條)。

「乗率ヲ以テ工事ニ配当シタル工作費総計金額ノ実費総額ニ対スル年度末差額ハ用品工作受払過不足ニ組入ノ手続ヲ為スヘシ」

発生した差額は, もし実際が予算を上回れば, 配当差損 (不利差異-筆者) として工場勘定の支払側に, もし実際額が予算を下回れば, 配当差益 (有利差異-筆者) として工場勘定の受入側に、それぞれ記入する[20]。

## 3.「明治43年規程」と「大正12年規程」の比較

これまで,「明治43年規程」と「大正12年規程」について, 原価分類, 原価集計法, 間接費計算の観点から検討した。その検討の大部分は「大正12年規程」に当てられた。なぜならば,「大正12年規程」は「明治43年規程」を基盤にして作られているので,「明治43年規程」の多くの規定は「大正12年規程」に受け継がれていると判断したからである。「明治43年規程」,「大正12年規程」ともに, 工場の全体費用の集計については工場勘定を用いている。工場勘定は,

いわば製造勘定のような働きをしている勘定であり，内部の価値移転を記録する勘定である。すなわち，工場勘定とは「用品資金を以て各種工事を施行し工事落成の結果を他勘定（資本，収益勘定，他工場勘定，貯蔵品勘定，電気勘定等）に払出すまでの収支計算整理の為に設けられた勘定科目」である[21]。工場勘定の説明は「明治43年規程」では簡略であり，「大正12年規程」では詳細であったが，精粗を問わずいずれも同じ原価集計法を採用していた。

その反面，「大正12年規程」は「明治43年規程」と比べると，かなりその性質を異にする。「明治43年規程」は，鉄道会計が一般会計と完全に分離される前の規程であり，他方「大正12年規程」は完全に一般会計から独立した後の規程である。したがって，「明治43年規程」における規定は「予算がいかに使われたか」を記録し，報告することに力点があり，他方「大正12年規程」は工場内で発生した費用をいかに算定し，損益計算を行うのかに焦点がある。このことは「明治43年規程」と「大正12年規程」におけるそれぞれの第一條の規定から明らかである。各規程の第一條では，目的が次のように規定されている[22]。

「明治43年規程」　第一條　工場経理ハ工事ニ対スル予算額ノ範囲ニ於テ之ヲ行フヘシ
「大正12年規程」　第一條　鉄道局工場ニ於ケル経費ノ整理及物品ノ取扱ハ会計ニ関スル諸法規ニ依ルノ外本規程ニ依リ工場長之ヲ経理スヘシ

このように，「明治43年規程」は予算管理志向型規程であり，「大正12年規程」は損益計算志向型規程である。

## 4．「鉄道規程」と「海軍規則」の比較

ここで，第5章の「海軍工作庁工事費整理規則」（「海軍規則」と略称）と本章で考察した「大正12年規程」（「鉄道規程」と略称）を比較してみたい。「鉄道規程」は，「海軍規則」と並んで，いずれも政府作業場における工事費の計算にかかわる規程であった。図表6-9では，「鉄道規程」と「海軍規則」を比較した[23]。

図表6-9 「鉄道規程」と「海軍規則」の比較

| | 「鉄道規程」 | 「海軍規則」 |
|---|---|---|
| 適用作業場 | 鉄道工場 | 海軍工廠 |
| 制定年 | 大正12年 | 大正14年 |
| 会計区分 | 特別会計 | 一般会計 |
| 性格 | 工事費計算規定 | 工事費計算規定 |
| 規程の目的 | 損益計算志向型規程 | 予算管理志向型規程 |
| 原価分類 | 材料費、工作費 | 材料費、工費、外費 |
| 間接費の配賦基準 | 人工 | 工数 |
| 工事費の集計 | 工事明細書、工場勘定 | 工事明細書 |
| 原価計算形態 | 個別原価計算 | 個別原価計算 |

「海軍規則」は海軍から発注された艦船の建造など，「鉄道規程」は鉄道主務官庁から発注された列車の製造などに対する工事費計算手続規定であった。この両者の規程は明らかに個別原価計算の実施規定であり，両者とも公的部門からの注文により作業を実施するという面では似ている。しかし，原価集計の基本的な枠組みがかなり異なる。「鉄道規程」は工場全体の収支を明らかにするための条文があり，このために工場勘定が用いられている。仕訳の例も示されていることから，工場における価値の消費は帳簿で記録される他に，工場原簿では複式で処理されている。すなわち，原価の集計には勘定が使われ，簿記的な処理がなされているのである。これに対して，「海軍規則」では勘定で各費用を集計する規定は見当たらない。そのかわりに，「海軍規則」は予算の編成，決算，報告に関する規定があり，管理が前面に押し出されている。この違いは明治22年以降，「海軍規則」が一般会計に，「鉄道規程」が特別会計に属したことから生じたと考えられる。

## Ⅳ おわりに

本章では，鉄道工場における原価計算規程の進展を論じた。それは形式要件

としては文章化および条文化を前提として，内容要件は費目別計算思考が確立，製品別計算思考が生成，製造間接費計算思考が生成，部門別計算思考が生成の各形態が存在している。「簿記順序」と比較すると，「鉄道規程」では「海軍規則」と同様に，製造間接費計算思考と部門別計算思考が萌芽から生成へステップアップした。すなわち，製造間接費計算としては工作費として製造間接費を集計し，総額を人工などでわり算（直接労務費法）した配賦率によっての配賦が行われている。したがって，目に見えない価値消費を製造間接費として認識し，製品へ合理的な基準で配賦率を用いて配賦する思考が存在するので，生成形態であると評価できる。また，部門別計算思考は「鉄道規程」の本則には明確に盛り込まれていないが，提出すべき報告書（工事原簿）には部門別（職場別）集計が指示されており，製造間接費を製造部門，補助部門で集計する思考が存在しているので，生成形態である。しかし，製品別計算思考については，わり算としての単位原価思考は見られなく，工事費，すなわち個別原価の集計のみにとどまっているので，生成のままである。こうした状況から，「鉄道規程」を前章の「海軍規則」と同様に，「財政会計制度を源流とする原価計算制度の成長」と評価したい。この社会経済的背景としては，特別会計に基づく政府直営工場の効率的な運営が挙げられる。

**図表6-10**では，「鉄道規程」における原価計算の基本的な構成要素の進展の評価を示した。

**図表6-10　財政会計制度を源流とする原価計算制度の成長－鉄道工場のケース－**

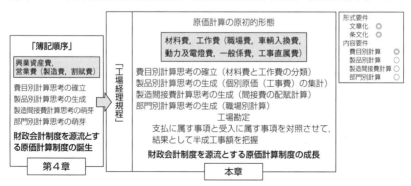

このように，鉄道工場における原価計算規定（規程）の進展を見てきたが，大正期の鉄道工場における原価計算規程は，損益計算目的に重点が置かれている。これは，特別会計に属する鉄道会計の一分野として工事費計算手続きである原価計算規程が存在していたことに起因する。

　大正期における政府作業場，例えば海軍工廠，鉄道工場では，独自に制定した規程に基づき原価算定が行われていた。概して，大正期の政府関係機関の工場では工場会計マニュアルが制定され，原価算定は各工場間で体系的に行われていた。したがって，明治期には「点」としての存在であった政府作業場における原価計算制度は大正期末には「点」ではなく，「線」としての存在になっている。「海軍規則」や「鉄道規程」は，大正期における政府作業場の原価計算制度が「点」から「線」への成長を示す代表的な証拠であると考えられる。

## 注

1) 鉄道工場経理規程については，これまで下記の2編の拙稿において考察を行った。
　　拙稿「大正12年「鉄道局工場経理規程」について」『経理知識』第78号，平成11年9月，47-63頁。
　　拙稿「鉄道工場の原価計算規程―原田『鉄道工場経理』（昭和16年）から」『専修商学論集』第105号，平成29年7月，77-97頁。
2) 大蔵省編纂『明治大正財政史　第二巻』財政経済学会，昭和11年，486頁。
3) 「会計法」の嚆矢は明治14年「会計法」であり，「従業金穀の出納に関し，各種の規定ありしも何れも統一せず，此会計法の制定を見るに至りて，其面目大に革りたり」とされている。
　　東洋経済新報社編纂『明治財政史綱』東洋経済新報社，明治44年，181-182頁。
4) 日本国有鉄道編『日本国有鉄道百年史　第1巻』日本国有鉄道，昭和44年，361-361頁。
　　「会計法ヲ定ム」JA（国立公文書館），Ref.2A00900，太00809100，太政官，明治14年4月29日，MF009600-0181。
　　「会計法及会計検査院職制章程改定」JA，Ref. 2A01100・類00022100，内閣，明治15年1月16日，MF000300-0789。
　　拙稿「原価計算制度における費目別計算思考の生成―原価計算制度の初期的胎動2」『経営経理研究』第84号，平成20年12月，55-93頁。
5) 日本国有鉄道編『上掲書』365-369頁。
　　佐々木重人「（第16章）鉄道業の会計」401頁，安藤英義・古賀智敏・田中建二編『企業会計と法制度（体系現代会計学　第5巻）』所収，中央経済社，平成23年。
　　「鉄道会計条例設定ノ件・大蔵卿連署」JA，Ref. 2A01000・公04022100，太政官，明治18年4月，MF056000-1219。

6）日本国有鉄道編『上掲書』380-381頁。

佐々木『上掲書』404-407頁。

「会計法・御署名原本・明治二十二年・法律第四号」JA, Ref. KS00000・御00289100, 内閣, 明治22年, MF000400-0241。

「会計規則・御署名原本・明治二十二年・勅令第六十号」JA, Ref. KS00000・御00379100, 内閣, 明治22年, MF000400-0733。

「御署名原本・明治二十三年・法律第二十号・官設鉄道会計法」JACAR（アジア歴史資料センター）, Ref. A03020051199, 内閣・御署名原本・明治・明治23年・法律（国立公文書館）。

「作業及鉄道会計規則・御署名原本・明治二十三年・勅令第三十三号」JA, Ref. KS00000・御00615100, 内閣, 明治23年, MF000500-1131。

7）日本国有鉄道編『日本国有鉄道百年史 第3巻』日本国有鉄道, 昭和46年, 319頁。

「官設鉄道用品資金会計法・御署名原本・明治二十六年・法律第二号」JA, Ref. KS00000・御01321100, 内閣, 明治26年, MF000800-0046。

「官設鉄道用品資金会計規則・御署名原本・明治二十六年・勅令第七十一号」JA, Ref. KS00000・御01409100, 内閣, 明治26年, MF000800-0426。

8）日本国有鉄道編『日本国有鉄道百年史 第5巻』日本国有鉄道, 昭和47年, 425頁。

佐々木『前掲書』407-408頁。

「帝国鉄道会計法制定官設鉄道会計法廃止・御署名原本・明治三十九年・法律第三十七号」JA, Ref. KS00000・御06483100, 内閣, 明治39年, MF002100-0237。

9）日本国有鉄道編『日本国有鉄道百年史 第5巻』427頁。

日本国有鉄道編『鉄道辞典 上巻』543頁。

佐々木『上掲書』408-410頁。

「帝国鉄道会計法・御署名原本・明治四十二年・法律第六号」JA, Ref. KS00000・御07714100, 内閣, 明治42年, MF002400-0055。

「帝国鉄道会計規則制定帝国鉄道及同用品資金会計規則廃止・御署名原本・明治四十二年・勅令第五十五号」JA, Ref. KS00000・御07808100, 内閣, 明治42年, MF002400-0487。

10）日本国有鉄道編『日本国有鉄道百年史 第7巻』日本国有鉄道, 昭和46年, 443頁。

日本国有鉄道編『鉄道辞典 上巻』543頁。

佐々木『上掲書』410-411頁。

「帝国鉄道会計法中改正・御署名原本・大正十年・法律第十三号」JA, Ref. KS00000・御12794100, 内閣, 大正10年, MF003700-0071。

「帝国鉄道会計規則改正・御署名原本・大正十一年・勅令第三十八号」JA, Ref. KS00000・御13521100, 内閣, 大正11年, MF003800-0640。

11）平山 孝『鉄道財政の話』鉄道生活社, 大正15年, 19-30頁。

12）拙稿「大正12年「鉄道局工場経理規程」について」48-50頁。

13）下記の史料は大井工場の経理事務に就いていた筆者（小倉俊夫）が実地研究の結果を叙述したものであり、とくに会計事務中特異な性質を有する工場勘定の内容が詳説されている。なお、筆者は序にのみ記載されているので、カッコ書きとした（奥付なし）。

(小倉俊夫)「工場経理概要」東京鉄道局，昭和2年1月。
14) 鉄道院「工場経理規程」『鉄道公報』第555号，明治43年10月8日，891-893頁。
『鉄道公報』は，旧交通博物館で所蔵のマイクロフィルムによって閲覧した。なお，「明治43年規程」は，下記の拙稿で考察した。
拙稿「大正12年「鉄道局工場経理規程」について」51-53頁。
15)「上掲規程」第一條，891頁。以後，同規程の引用は，本文中にカッコ書で条数を示す。
16)「明治43年規程」では条文が簡略であり，工場勘定で工事費をいかに集計するかが明確ではない。なお，図表6-1は，条文をそのまま表にした。
17) 鉄道省編「鉄道局工場経理規程」鉄道省，大正14年11月。
18)「上掲規程」1-8頁，目次。
なお，「大正12年規程」は，下記の拙稿で考察した。
拙稿「大正12年「鉄道局工場経理規程」について」53-60頁。
19) 鉄道省編「前掲規程」1-2頁，第一章。以後，同規程の引用は，本文中にカッコ書で条数を示す。
20) 工場勘定については，下記の文献が詳しい。
大野 靖三『帝国鉄道会計の知識』鉄道教育会，昭和14年，163-178頁。
21)「鉄道局工場経理規程」(昭和8年3月20日達第169号)，目次，原田 進講述『鉄道工場経理』所収，川口芳太郎，昭和16年。
なお，下記の拙稿においては，上記の原田『鉄道工場経理』に基づいて，鉄道局「工場経理規程」(昭和8年3月20日達第169号) の詳細な検討を行った。これは，「大正12年規程」の改訂版である。原田『前掲書』77-78頁。
拙稿「鉄道工場の原価計算規程」81-93頁。
22) 鉄道院「工場経理規程」第一條，891頁。
鉄道省編「鉄道局工場経理規程」第一條，1頁。
23) 下記の拙稿では，「簿記順序」，「工場経理規程」，「海軍工作庁工事費整理規則」を比較した。
拙稿「鉄道工場の原価計算規程」93-95頁。

# 第7章

# 海軍側からの国家総動員体制における原価計算制度の構築
―財政会計制度を源流とする原価計算制度の成熟

## I はじめに

　昭和12年以降，戦時色が強まるなかで，昭和14年に「国家総動員法」（昭和13年）に基づく「軍需品工場事業場検査令」（以後，「検査令」と略称する）が発令され，統制経済を運営する政府の政策に呼応して，陸海軍は民間軍需品工場向けに原価計算規程を作成する必要性に迫られた。陸軍はいち早くこれに対応し，昭和14年に「陸軍軍需品工場事業場原価計算要綱」（以後，「陸軍要綱」と略称する）を公表した（「陸軍要綱」については第9章で取り上げる）。海軍も同様に，海軍系列の軍需品工場事業場および海軍協力工場事業場に，原価計算の実施を制度化，かつ義務化しなければならなかった。

　海軍は横須賀造船所開所以来，数多くの海軍直轄の作業場（海軍工廠）を経営していたので，原価計算に関するノウハウは豊富であった。第5章で考察したように，海軍工廠では国庫金管理のための予算編成や予算実績比較が可能になるような会計処理，すなわち予算管理のための工事費計算規定や規程が次々に作成され，この最終型が「海軍工作庁工事費整理規則」（以後，「規則」と略称する）であった。したがって，「規則」では，国庫金の効率的な運用のために予算の編成，決算，予算実際差異分析を通じて，艦船建造の効率化および高原価体質の改善（原価削減の推進），ひいては工場の経営効率化が規定されていた。「規則」制定後，さらなる予算の有効利用や工事費削減のために，数次の改正が行われた。しかしながら，「規則」はあくまでも海軍工廠内部におけ

る原価計算規程であったので，外部の軍需品工場事業場に対するものではなかった。そこで，海軍は民間軍需品工場および事業場向けの調弁価格設定のための原価計算制度を「規則」に基づいて作成し，昭和15年に「海軍軍需品工場事業場原価計算準則」（以後，「海軍準則」と略称する）を公表した。

「大蔵省が制定した一連の出納規程」に始まり「海軍準則」までは，「財政会計制度を源流とする原価計算制度の系譜」（以後，「財政会計制度を源流とする系譜」と略称する）であり，この系譜の完成形態は「海軍準則」に見出せる。

本章では，「財政会計制度を源流とする原価計算制度の成熟」という視点から，「規則」から「海軍準則」が，いかに作成されたのかを考察していきたい。

## Ⅱ 「規則」の改正

第5章で述べたとおり，「規則」は「海軍工作庁工事費整理ノ沿革」（昭和15年8月－以後，「沿革」と略称する）によれば，制定から昭和15年まで21回の改正が行われた。この後，昭和16年6月達第216号，昭和16年12月達第380号，昭和17年1月達第25号，昭和17年4月達第110号，昭和17年12月達第336号，昭和18年4月達第91号で改正が行われた[1]。これは，「規則」が公表を前提としておらず，海軍工作庁部内で使用されていたので，管理的観点から適用に伴う不具合が生じた都度，改正によって改善されたからである[2]。

改正の大部分は，附属費の処理にかかわる軽微な，ないしは大幅な改正であった。附属費は予算執行のなかでも金額が多く，かつ処理規定も不透明な部分が多かったので，常に削減の対象となっていた。以下に，附属費処理の変遷を中心として「規則」の改正を追尾していきたい。

第三回改正は，「本費及附属費区分明細表改正」であった。おもな改正の要点は「（イ）組替又ハ保管転換ニ依リ新ニ機械トナツタ機械ノ改造修理及移転ニ要スル費用ハ附属費支弁ヨリ除キ機械費支弁タルコトヲ明定ス」であった[3]。この改正（「機械改造，機械修理，機械及器具移転」の改正）では，「従来艦船取外物品等ニシテ新ニ工業用機械ニ組入レタル修理費，改造費，据付費ヲ往々

附属費デ支弁セル向ガアツテ会計検査院ノ摘発スル所トナツタ」ので，これの禁止が明記された[4]。したがって，この時期から附属費が流用され，その金額が肥大化していく傾向があり，第三回改正はこれを抑制するために行われた。

第五回改正は，「附属費ノ定額賦課制採用其ノ他」であった。「沿革」によれば，大正14年度から昭和2年度までの改正前3年間の各工作庁（横須賀，呉，佐世保，廣の各工廠，舞鶴工作部）における附属費支出合計額は，以下のとおりであった[5]。

| 大正14年度 | 22,151,603円 |
| 大正15，昭和元年度 | 19,240,232円 |
| 昭和2年度 | 21,574,179円 |

このように，年額約2千万円以上の多額な附属費を支出している。これについては第三回の改正においても対処されたが，さらに抜本的な方策が講じられた。それは，「年度初頭ニ於テ各事業部別ニ最近ノ実際支払高及将来ノ工事状況等ヲ慎重ニ調査シ一箇年間ノ附属費使用予定額ヲ算定シ之ヲ予算トシテ支払ハシメントスル」であった[6]。

第五回の主要な改正点は，附属費の所要額を予定し，予定工数に基づいて定額を設定する方式であり，これまで工数によって定率で割り掛けていた附属費を定額に変更する改正であった。この改正の効果は，「本件改正当時参考トシテ添付セラレテ居タ修理費負担附属費一工当比較表ヲ示セバ左（以下－筆者）ノ通デアル」[7]とされ，**図表7-1**が提示された。なお，図表中の「船，機，兵」は，それぞれ「造船，造機，造兵」を示す（自大正14年度至昭和2年度）。

この改正によれば，**図表7-1**の備考にもあるとおり，2割ほど附属費が削減できる。附属費は予算過大計上が，無駄遣いの温床となっており，これを抑制する狙いがあった。

結局，第五回の改正は附属費の賦課方法に関する改正であり，附属費総額の削減を図る目的で，定率から定額に改められた。

第七回改正は，「機械使用料表改正」であり，機械使用料の細分化と高値設定であった[8]。これまで，海軍工廠では施設，雑船，設備，機械などの使用に

図表7-1　三ヶ年間各工廠修理費負担附属費―工当比較表―

| 工作庁名 | 本費工数按分ニ依ルー工当附属費 | | | | 本費按分ニ依ルー工当附属費 | | | | 記事 |
|---|---|---|---|---|---|---|---|---|---|
| | 船 | 機 | 兵 | 平均 | 船 | 機 | 兵 | 平均 | |
| 横須賀 | 2,065 | 2,550 | 2,249 | 2,288 | 2,210 | 2,025 | 1,915 | 2,050 | |
| 呉 | 2,092 | 2,025 | 2,512 | 2,543 | 2,515 | 2,437 | 1,561 | 2,171 | ※ |
| 佐世保 | 2,505 | 2,962 | 2,523 | 2,663 | 2,678 | 2,416 | 2,355 | 2,483 | |
| 舞鶴 | 2,752 | 2,813 | 2,640 | 2,735 | 2,480 | 2,684 | 1,344 | 1,836 | |
| 平均 | 2,353 | 2,837 | 2,481 | 2,557 | 2,471 | 2,140 | 1,793 | 2,135 | |
| 比較（百分比） | 95 | 133 | 138 | 120 | 100 | 100 | 100 | 100 | |

※造兵中ニハ製鋼部ヲ含マズ（※は筆者が付した）

備考　一、本表ハ最近三年間各工廠ニ於ケル附属費支出額中修理費負担額ヲ現行工事費整理規則ノ工数按分ニ依ルー工当金額ト旧法ニ依ル本費按分ニ依ルー工当金額トヲ比較シタルモノナリ
　　　二、右表ニ示スガ如ク本費工数按分ノ現行工事費整理規則実施ノ結果修理費ハ本費按分ニ依ルヨリモ約二割ノ附属費ヲ多ク賦課セラレ居ル現状ナリ

出典：「沿革」103頁，縦書きを横書きに直して引用した

　ついては使用料を設定し，各工事に本費（直接費）として直課していた。本来は間接費である費目であるが，なるべく直接費化して，本費として各工事に直課する目的から，機械使用料という方式が用いられた。

　機械使用料の改正については呉工廠長から昭和3年に発議され，同工廠長が原案を作成し，改正案について各工廠長から意見を聴取した後，本省で審議の結果，昭和4年に決定された（昭和4年2月7日艦本第667号）。結局，機械使用料の改正は，投下した固定資本の回収の問題と直結しており，高価な機械の減価を製造間接費としていかに各工事に反映するかが工夫された。

　第十三回改正は「大改正」である。「沿革」ではこの第十三回改正の説明にもっとも紙幅が割かれており，（一）大改正ノ趣旨，（二）改正工事費整理規則，（三）能率調査会第五分科会（原価統制）報告，（四）右（上記―筆者）ニ対スル工作庁意見，（五）改正要点から構成されている[9]。

　「沿革」の大改正ノ趣旨によれば，「規則」の実施後，工事費整理が統一され，その規定は工事費整理の指針として機能したが，他方では「予量調製，予量実施対照，工事別工数整理，及廃品整理等」の管理方面では機能していなかった。

そこで、艦政本部は能率調査会第五分科会を発足させ、「規則」の改善策を模索した。この調査会では各工廠に「規則」改正の打診を行い、各工廠から提出された意見および改正案を検討し、数次の研究打合会を開催した後、成案が昭和7年の工廠長会議に付議された。そして、工作庁の修正意見が加味されて、大改正を施した昭和8年版「規則」が、昭和8年4月1日より施行されるに至った。その改正の趣旨は「工事費整理関係規定ハ過去ノ経験ニ依リ若干之ヲ緩和シ特ニ重要ナル事項ノ徹底的励行ヲ期スル」であった[10]。

第十八回改正は昭和13年3月11日達第19号で行われ、昭和10年以降、試行していた結果を鑑みて、これを制度化したところにある。それは、次の2点である[11]。

(イ) 本費及附属費ノ区分、工費ノ定額整理竝ニ呉工廠製鋼部ニ於ケル附属費ノ負担方法ヲ本費一圍当定額トシテ整理スルコトハ昭和十一年官房第一五〇号及同第一五〇六号ニ依リ試行中デアッタモノヲ試行ノ結果ニ鑑ミ之ヲ規則中ニ規定セラレタモノデアル

(ロ) 附属費予算統制ニ関スル件ハ昭和十一年艦本機密第四一五八号及昭和十二年艦本機密第五〇五六号ニ依リ実施中デアッタノヲ規則中ニ挿入セラレタモノデアル

したがって、第十八回の改正はこれまで懸案となり、管理強化のために試行を続けてきた諸改善方策を「規則」のなかに組み込むために行われた。これによって、「規則」はより管理的となった。これが、昭和13年版「規則」である（昭和13年3月11日施行）。このように、海軍工廠では原価計算についてのノウハウをもち、とりわけ附属費（製造間接費）の処理は、機械使用料を通じて熟達していたと思われる。このノウハウを基礎に、「海軍準則」が作成された。

## Ⅲ 「海軍準則」に関する諸法令

海軍系列の軍需品工場事業場を統制するための法令と原価計算規程は、下記のとおりである[12]。

| 大正14年2月28日達第29号 | 海軍工作庁工事費整理規則 |
| 昭和14年10月16日勅令第707号 | 軍需品工場事業場検査令 |
| 昭和15年1月16日海軍省令第1号 | 海軍軍需品工場事業場検査令施行規則 |
| 昭和15年1月20日官房第293号 | 別冊海軍軍需品工場事業場原価計算準則 |

「海軍準則」は「海軍軍需品工場事業場検査令施行規則」（以後，「施行規則」と略称する）の別冊として公布された。「施行規則」は8条構成であり，「検査令」を運用していくうえで必要とされる海軍の特殊事情が斟酌され，それが規定化されている。「施行規則」の概要は，次のとおりである（条文を現代文で要約した）[13]。

1．大正11年海軍省第11号「海軍契約規程」第26条の規定による海軍購買名簿に登録された工場または事業場の事業主は，軍需品工場事業場検査令第4条の規定に基づいて原価計算を実施しなさい。この執行にあたる官吏は，監査官と称する。
2．原価計算を工場または事業場に強制する場合には，海軍省経理局長が当該事業主にその旨を通知する。
3．実施する原価計算は，海軍軍需品工場事業場原価計算準則による。
4．原価計算を実施する工場または事業場からは，報告書を徴し，監査官が臨検検査を行う。

「施行規則」では海軍系列の軍需品工場に対して，具体的に原価計算の実施を求めている。このために，海軍は「施行規則」に基づいて「海軍準則」を公表した。この後，下記の規程が公布された[14]。

昭和15年1月「工場事業場監査規程」
昭和15年2月「特定機体発動機原価計算標準」
昭和15年4月「海軍軍需航空機工場原価計算細則」
昭和15年4月「海軍軍需造船工場原価計算細則」
昭和16年4月「海軍軍需石油精製工場原価計算細則」

このように，「海軍準則」を制定した後，海軍は軍需品工場を管理下に置く具体的な方策として，これに基づく原価計算手続きを規定した細則も数多く制定した。

## Ⅳ 「海軍準則」の特徴

　「海軍準則」は5章構成全46条から構成されており，海軍の軍需品工場事業場が実施するべき原価計算の手順が詳細に規定されている[15]。「海軍準則」の構成は，以下のとおりである。

「海軍準則」

　　第一章　総則　　　　　　　　第三章　総合原価計算
　　第二章　個別原価計算　　　　第四章　原価ニ算入スルコトヲ得ザル費用
　　　第一節　製造原価　　　　　第五章　工業会計
　　　　第一款　直接費
　　　　第二款　間接費
　　　第二節　一般管理費及販売費

　「海軍準則」の主たる構造は，総則，原価計算の方法，非原価項目，工業会計から成る。「海軍準則」は一瞥したところ，原価要素の把握，直接費と間接費との区分，製造間接費の配賦，部門費計算を通じて，生産で消費したすべての価値を個別原価計算や総合原価計算を用いて製品へ割当てる仕組みが整えられており，これを基礎に販売費・一般管理費の区分，販売費・一般管理費の配賦が規定されている。この面からは，価格設定に傾倒した構成になっている[16]。くわえて，「工業会計」の章が企業業績算定のために導入されている。これは海軍による軍需品工場事業場の監督のための内部証拠を形成するものであり，能率の向上ひいては生産力拡充のための規定であった。

　「海軍準則」の冒頭においては，次のように規定され，依拠する法令が示された（第一條）。

>　「本準則ハ軍需品工場事業場検査令第四條ノ規定ニ依リ海軍軍需品工場事業場検査令施行規則第一條又ハ同第二條ニ定ムル工場事業場ノ事業主ヲシテ実施セシムル海軍軍需品又ハ其ノ原料若ハ材料ノ原価計算ニ関スルコトヲ規定ス」

　次に，この「海軍準則」の対象を「海軍軍需品工場事業場検査令施行規則第一條又ハ同第二條ニ定ムル工場事業場ノ事業主」とし，その内容は「本準則ニ

依リ原価計算実施手続ヲ制定シ原価計算ヲ実施スベキ日ノ一月前迄ニ所管監査官ヲ経テ海軍大臣ニ提出スルモノトス」としている（第二條）。すなわち，事業主は原価計算手続きを各自作成実施し，この結果を監査官に提出する。

基本的に「海軍準則」の主たる目的は調弁価格の設定にあるので，製造品の実際原価の算定（後計算）を規定しているが，必要により予定計算（前計算）も準用できるとしている。原価の集計に際しては，原則として実際に発生した全部原価を対象とし，必要ある場合には見積原価計算の採用可能性も否定していない。なお，原価計算期間については，1ヶ月が明示されている。

「海軍準則」では，原価計算種類は計算方法に基づいて個別原価計算と総合原価計算とに区別されている。前者（個別原価計算）は「工事又ハ作業ヲ製造指図書（製作伝票）ニ依リ区別統制シ指図書毎ニ原価ヲ計算スル方法」であり，「種類又ハ規格ヲ異ニスル多様ノ個別的製品ヲ製造スル事業ニ在リテハ此ノ方法ニ依リテ原価計算ヲ行フモノトス」とされている（第六條）。後者（総合原価計算）は「一期間ニ於ケル原価要素ノ消費額ヲ総合算定シ之ヲ生産量ニテ除シ単位原価ヲ計算スル方法」であり，「同種製品ヲ反復継続シテ大量ニ製造スル事業ニ在リテハ此ノ方法ニ依リテ原価計算ヲ行フモノトス」とされている（第六條）。

以上は，「海軍準則」の総則の部分であるが，「検査令」への準拠を中心として，計算時点，原価計算種類が規定されている。

総則（第一章）に続いて，第二章では個別原価計算が規定されている。ここで，計算対象とされる原価は製造原価，一般管理費（総係費）及販売費に区分されている。製造原価は「製品ノ製造ニ要スル原価要素」である（第八條）。一般管理費は「事業全体ノ管理即チ事業全般ニ係ル人事，財務，会計，調査及庶務ノ事項ニ要スル原価要素」，販売費は「製品ノ販売ニ要スル原価要素」である（第八條）。このとき，製造原価に一般管理費及販売費を加算したものを総原価と呼称しており，価格設定のための原価を規定している。さらに，製品との関連から，直接費（個別費又ハ本費）ないしは間接費（共通費，割掛費又ハ附属費）に区分している。前者は特定製品に直接に認識できる原価要素であり，各製造指図書に直課する。他方，後者は一定範囲あるいはすべての製品に

**図表7-2 「海軍準則」における原価構成**

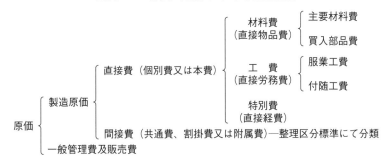

出典:「海軍準則」第八條の条文より作成

分割負担させるべき原価要素であり，原価計算期間に発生した金額を集計し，一定の基準（条文では標準）によって各製造指図書に按分賦課する。「海軍準則」における原価構成は，**図表7-2**のとおりである。

「海軍準則」において，材料費（直接物品費）は主要材料費，買入部品費に分類され，前者は製品の実体を構成する主要材料の費用，ないしは他製品に直接費消される主要材料の費用であり，後者は買入れた部品がそのまま製品の組成部分となる部品の費用である。材料費は消費材料の種類ごとに数量，単価をもとに計算する。残余材料や返還材料が生じた場合には材料消費量から控除する。もし，官給材料があった場合には消費量を別記する。また，材料の購入に要した費用（「買入手数料、運賃、保険料、関税等買入ニ要シタル引取費用」）は材料購入代価に加算する（第十一條）。逆に，材料購入に際して値引，割戻が生じた場合には材料購入代価から控除する。くわえて，材料を購入してから消費するまでに生じた材料副費（「購入事務費、検収費、整理、選別、手入、保管等ニ要スル所謂材料副費」）は原則として間接費とし，材料取得価額に算入しない（第十一條）。材料消費単価の計算としては「原則トシテ前條ノ価格（取得価額－筆者）ニ依ル同種材料ヲ異ル価格ヲ以テ購入シタル場合ニハ移動平均価格法ニ依ルヲ例トス」とされている（第十二條）。最後に，予定価格を使用する場合，実際価格との差額を極力僅少にするように努めることが規定され，差異の適切な処理が求められている（第十三條）。

工費（直接労務費）は服業工費，附随工費に分類され，前者は製品の製造に直接に費消された労働力に対する基本賃金，後者は製品の製造に間接に費消された労働力に対する「割増金又ハ加給金」である。服業工費は，次のような手順による計算が規定されている（第十四條）。

　一　作業時間又ハ作業量（出来高）ヲ出勤表、作業時間報告書又ハ出来高報告書ニ依リ製造指図書別ニ分類集計ス
　二　時間払賃金制度ニ在リテハ実働一時間当リ平均賃金ニ、出来高払賃金制度ニ在リテハ箇数当リ平均賃金ニ前号ニ依リ集計セル作業時間又ハ作業量ヲ乗ズ

　このとき，一時間当たりの平均賃金は一定期間における服業工費の実際総額を同期間の作業時間総数で除して求め，平均賃金は男女別および職種別に計算する。また，材料費と同様に，実際額との差が僅少になる予定額を使うことを求めている（第十五條）。くわえて，「従業員ノ管理及福利施設ニ関スル費用例ヘバ工場法、健康保険法、退職積立金及退職手当法等ニ依ル事業主負担額、従業員募集費、従業員体育費、従業員保健衛生費等ノ所謂労務副費ハ原則トシテ間接費トシ工費ニ算入セザルモノトス」や「公休日手当、出征手当、業務上傷病手当、精勤賞等ノ如キ従業員賞与及手当金ハ之ヲ労務副費ト看做ス」がそれぞれ規定されている（第十六條）。

　特別費（直接経費）は材料費および工費以外の費用であり，特定の製品に直接に負担させるべき費用である。特別費の計算は「特定ノ製品ニ負担セシムベキモノハ其ノ製造指図書ニ直接ニ賦課シ数種ノ製品ニ負担セシムベキモノハ適当ノ標準ニ依リ按分賦課スルモノトス」とされている（第十七條）。

　以上のような直接費の規定があった後，間接費の処理に関する説明が続く。

　間接費の処理は「間接費事項別ニ且原則トシテ原価部門別ニ計算整理スルモノトス」と規定され，間接費整理区分標準（**図表7-3**）により間接費区分が決定される（第二十條）。

### 図表7-3 「海軍準則」における間接費整理区分標準

| 間接費事項 | 整理区分標準 | 備　考 |
|---|---|---|
| 一　工具器具及什器費 | 工具、器具（型類ヲ含ム）及什器備品類ノ新調、補充、修理等ニ要スル一切ノ費用但シ堪久一年以上ノモノハ資産ニ組入レ減価償却ヲ為スモノトス | 一　上記ノ中減価償却ヲ要スルモノハ八ニテ整理ノコト<br>二　単一又ハ数工事ニ専用ノモノハ直接費整理ノコト（以下※アルモノ皆同ジ） |
| 二　工場用及事務用消耗品費 | 機械ノ運転其ノ他作業上及事務工務上所要ノ補助材料費及消耗品費ニシテ他ノ事項ニ適確ニ計上シ難キモノ | ※ |
| 三　給料 | 工場長、技師、技手、職工長及工場事務員ニ対スル給料其ノ他手当 | |
| 四　間接賃金 | 役付工、製図工、検査工、工程工、運搬工、運転工、道具番、人夫等ニ対スル賃金ニシテ他ノ事項ニ的確ニ計上シ難キモノ | ※ |
| 五　休業賃金 | 会議及講演時間、診療所通院時間、手隙時間等ニ対スル賃金 | |
| 六　従業員教育費 | 一般従業員教育、青年訓練、体育、見習工教育ニ要スル費用等 | |
| 七　従業員手当及賞与 | 従業員ニ対スル不働手当、奨励諸手当、吉凶慶弔諸手当、備罷旅費、扶助諸手当、賞与其ノ他雑給与 | |
| 八　減価償却費 | 建物、建物附属設備、構築物、機械及装置、工具及型、備品、特許権、実用新案権、意匠権、鉱業権等ノ減価償却費 | |
| 九　地所建物維持費 | 土地建物及附属物ノ維持、補修等ニ要スル費用 | |
| 一〇　機械設備維持費 | 機械設備ノ維持補修等ニ要スルモノ | |
| 一一　賃借料 | 土地、建物、機械設備等ノ賃借料 | |
| 一二　特許権使用料 | | ※ |
| 一三　保険料 | 建物其ノ他ノ火災保険料等 | |

| | | | |
|---|---|---|---|
| 一四 | 租税及課金 | 工場敷地、工場建物等ニ対スル地租、同附加税、家屋税、同附加税ノ諸税及課金ニシテ工事ニ直課スルコト困難又ハ不適当ナルモノ | |
| 一五 | 旅費 | | ※ |
| 一六 | 通信費 | 郵便切手代、電信料、電話料等 | |
| 一七 | 動力費 | 動力用燃料及電力料、動力用配線費等 | ※ |
| 一八 | 照明費 | 電燈料、照明用電気器具補修費、電燈用配線費等 | |
| 一九 | 暖房費 | 暖房用燃料及電力料並ニ冷房用電力料等 | |
| 二〇 | 燃料費 | 工事用及湯沸用ノ瓦斯、石炭、コークス、燃料用油、木炭等ノ燃料費、電気爐用電力料等但シ他ノ事項ニテ整理スルモノヲ除ク | ※ |
| 二一 | 水代 | 事務所用及工場用ノ水代、水道水代、水道栓修繕費等 | |
| 二二 | 健康保険料負担金、退職手当積立金繰入金 | | |
| 二三 | 福利施設費 | 従業員倶楽部費、医務費、治療費等 | |
| 二四 | 従業員募集費 | | |
| 二五 | 研究費 | 研究費、研究出張所費等 | |
| 二六 | 仕損費 | | ※ |

出典：「海軍準則」第二款　間接費、第二十條より縦書きを横書きに直して引用した

　こうした（製造）間接費の規定の後，部門別計算の説明が続く。まず，原価部門は製造部門と補助部門に分けられ，前者は「直接ニ製造作業ノ行ハルル部門ニシテ製造品種又ハ製造作業ニ依リ区分スルモノトス」，後者は「製造部門ニ対シ補助作業的関係ニ在ル部門ニシテ概ネ左（以下－筆者）ノ如シ」とされている（第二十一條）。「左ノ如シ」として列挙されているのは，イ　動力部，ロ　修繕部，ハ　運搬部，ニ　検査部，ホ　工具製作部の各部門である（第二十一條）。

くわえて,「工場管理ニ関スル部門」として工場管理部門が説明され,その具体例は購買部,倉庫部,労務部,福利施設部,企画設計部,試験研究部,工場事務部である。

　間接費の処理の大原則は「其ノ発生シタル原価部門ニ集計スルモノトス但シ他ノ特定部門ノ為ニ発生シタルコトノ明瞭ナルモノハ之ヲ当該部門ニ集計スルモノトス」であり,「各原価部門ニ共通ニ発生シタル間接費ハ適当ナル標準ニ依リ按分シ各部門ニ集計スルモノトス」とされている（第二十二條）。このように,間接費は各部門（製造部門,補助部門,工場管理部門）に配賦するために,まず個別費と共通費に区分し,共通費についてはその合計額を「適当ナル標準」によって各部門に按分する。次に,補助部門費も「適当ナル標準」により製造部門に按分し,工場間接費を算定する。これを当該部門を通過するすべての製品に負担させる。すなわち,各製造指図書に按分賦課させる。また,工場管理部門の部門費は「一般管理費」とよばれ,製造部門には配賦せずに,直接に当該製造指図書に按分する方式をとる。したがって,間接費を各製造指図書に配賦する場合の基準が,以下のとおりに示されている（第二十六條）。

　　一　工場間接費ハ其ノ製造部門ニ於テ要シタル製造指図書別実働時間数
　　二　一般間接費ハ製造指図書別総実働時間数

　部門別計算を実施しない場合は「工場間接費及一般間接費ノ区分整理ヲ為スモノトス」とされている（第二十七條）。

　さらに,間接費の各製造指図書への按分賦課は,定額によって行うとしている。定額とは「間接費事項ヲ基礎トシ毎事業年度ニ於テ要スベキ間接費ノ総額ヲ出来得ル限リ精確ニ見積リ之ニ依リ工場間接費及一般間接費別ニ所定ノ各按分標準ニ対シ算定スルモノトス」と規定されている（第二十八條）。間接費の計算も定額を使った場合,「実際間接費額ト定額トハ毎月比較対照表ヲ作製シ其ノ差額ヲ極力僅少ナラシムルコトニ努メ原価計算期更新ノ際適当ニ定額ノ変更ヲ実施スル」ことが必要である（第二十九條）。間接費事項に属す物品の消費価額,賃金額などの計算は「成ルベク直接費ニ属スル材料費、工費等ノ計算方法ニ準ズルモノトス」と規定されている（第三十條）。

減価償却費は「原則トシテ各原価計算期ニ平分」して計算する。また，間接費事項であり，季節または一定の時期に発生する費目は「成ルベク其ノ負担額ヲ各原価計算期ニ平分スルモノトス」とされている（第三十條）。なお，「製造ニ際シテ発生スル材料ノ截片其ノ他ノ作業屑及仕損品ハ原則トシテ其ノ処分価格ヲ製造原価ヨリ控除スルモノトス」とされている（第三十一條）。

　一般管理費は「概ネ間接費事項ニ準ジ区分整理」する（第三十二條）。その計算は「原則トシテ製造原価ヲ標準トシ各製造指図書ニ按分賦課」する（第三十三條）。

　これ以降の規定は「規則」には存在しない諸規定であり，「海軍準則」が大量生産に基づく総合原価計算の採用，販売費の処理など民間軍需品工場が対象である点から必要となる。

　販売費は販売従業員に要する給料賞与及手当金，販売従業員に要する健康保険料負担金・退職手当積立金繰入金，売上品保管発送費，売上品納入試験費，販売手数料，販売従業員旅費，販売代集金費，雑費が列挙されている。一般管理費及販売費は原則として「製造原価ヲ標準トシ各製造指図書ニ按分賦課」，また当該費目の按分賦課は「定率ニ依ルコトヲ得」とされている（第三十五條，第三十六條）。

　第三章では，総合原価計算が規定されている。しかし，この規程は個別原価計算を前提としていることが，「総合原価計算ニ在リテハ個別原価計算ニ準ジ製造原価，一般管理費及販売費ニ区分整理スルモノトス」，「総合原価計算ニ在リテハ本章ニ定ムルモノノ外出来得ル限リ個別原価計算ニ関スル規定ヲ準用スルモノトス」からわかる（第三十八條，第四十一條）。

　総合原価計算は，生産ノ形態に応じて単純総合計算，等級総合計算，工程別総合計算，組別総合計算の4つに区分されている。これらの主な内容は，以下のとおりである（第三十七條）。

　　単純総合計算－単一工程ニ依リ単一製品ヲ連続的ニ生産スル場合ニ適用スルモノニシテ原価計算期間ニ於ケル総テノ原価要素ヲ一括計算シテ製品ニ均分スル方法ヲ謂フ

　　等級別総合計算－同一工程ニ於テ同種ノ製品ヲ連続生産シ其ノ製品ヲ形状、大サ、

　　　　　　　品位等ニ依リ等級ニ区別スル場合ニ適用スルモノニシテ原価計
　　　　　　　算期間ニ於ケル総テノ原価要素ヲ先ヅ各等級ニ分割シ次デ当該
　　　　　　　等級ノ製品ニ均分スル方法ヲ謂フ
　　工程別総合計算－同種製品ヲ連続生産シ製造工程ガ数箇ノ段階ニ分タレ各工程ニ
　　　　　　　於テ中間製品ガ形成セラルル場合適用スルモノニシテ原価計算
　　　　　　　期間ニ於ケル総テノ原価要素ヲ各工程別ニ計算シ当該工程ニ
　　　　　　　於ケル製品ニ均分スル方法ヲ謂フ
　　組別総合計算－同一工場又ハ同一工程ニ於テ材料又ハ作業ヲ異ニスル製造ヲ
　　　　　　　組別ニ連続生産スル場合ニ適用スルモノニシテ原価計算期ニ
　　　　　　　於ケル総テノ原価要素ヲ各組別ニ計算シ当該組ノ製品ニ均分
　　　　　　　スル方法ヲ謂フ

　また，これら区分に加えて，「同一工程ニ於テ同一ノ材料ヨリ主副ヲ明確ニ区別シ得ザル異種ノ製品即チ連産品ヲ連続生産スル場合ニハ等級別総合計算ヲ準用スルモノトス」と連産品に関する規定が行われている（第三十七條）。さらに，工程別総合計算や組別総合計算では「成ルベク個別原価計算ニ準ジ製造原価ヲ更ニ直接費及間接費ニ区分整理スルモノトス」とされている（第三十八條）。

　総合原価計算における大きな問題は仕掛品の計算であるが，製造原価を算定するために当期製造費用に「期始ニ於ケル前期繰越仕掛品原価」を加算し，「期末ニ於ケル後期繰越仕掛品原価」を減算する（第三十九條）。仕掛品は「仕掛品ニ含マルル費用ヲ材料費其ノ他費用ニ別チテ算出シ之ヲ評価スルヲ例トシ」と規定され，材料費については「仕掛品ノ数量ヨリ其ノ中ニ含マルル材料消費量ヲ推定シテ其ノ価格ヲ算定」，その他の費用については「先ヅ仕掛品ノ仕上リ程度ノ完成品ニ対スル比率ヲ定メ之ヲ仕掛品現在量ニ乗ジテ仕掛品ノ完成換算数量ヲ計算シ当期ニ於ケル完成品数量トノ比例ニ依リ按分算定ス」と規定されている（第三十九條）。もし，進捗度（「仕掛品ノ仕上リ程度ノ完成品ニ対スル比率」）が算定できない場合には，「原則トシテ之ヲ五割」，仕掛品数量が「毎期略等シキ場合ニハ計算外ニ置クコトヲ得」としている（第三十九條）。

　副産物の計算についても「其ノ評価額ヲ主産物ノ製造原価ヨリ控除スベキモノトス」と規定され，下記の３項が提示されている（第四十條）。

一　副産物ニシテ其ノ儘外部ニ売却スルモノハ売価予想額ヨリ貯蔵費、販売費及通常ノ利益ノ見積額ヲ控除シタル額ヲ以テ之ヲ評価ス
　二　副産物ニシテ加工ノ上売却シ得ルモノハ加工製品ノ売価予想額ヨリ加工費、貯蔵費、販売費及通常ノ利益ノ見積額ヲ控除シタル額ヲ以テ之ヲ評価ス
　三　副産物ニシテ自家消費セラルルモノハ自家消費ニ因リテ節約セラルベキ物品ノ購入予想価格ヲ以テ之ヲ評価ス

　非原価項目については，次のように「原価ニ算入スルコトヲ得ザル費用」として規定されている（第四十二條）。

　一　偶発的事故ニ因ル損失
　二　利益処分及之ニ類似ノ費用
　三　事務本来ノ目的ニ非ズシテ利殖其ノ他ノ目的ヲ以テ長期ニ亙リテ所有スル投資資産ニ関スル費用及損失
　四　将来ノ経営拡張ノ為ニ保有シ又ハ建設中ニ依ル拡張用資産ニ関スル費用ハ其ノ資産ガ営業ノ用ニ供セラルルニ至ル迄
　五　次ノ計算期間ニ属スベキ費用ノ前払金及数多ノ計算期間ニ亙リ分割償却セラルベキ繰延費用
　六　消耗工具、工場用及事務用消耗品等ノ期末在高
　七　貸倒損失及貸倒危険
　八　廃残設備売却損及延滞償金
　九　利子、手形割引料、社債割引金償却金、社債発行費償却金、支払保証料等

　上記に挙げる項目でも，特別な理由がある場合には工場事業場の事業主は海軍大臣の許可を受けて原価に算入できる。

　第五章では，工業会計が規定されている。このとき，一般会計と原価計算の関係が重視され，原価計算にかかわる勘定が以下のとおり列挙されている（第四十四條）。

　一　経営外損益勘定－原価又ハ月次損益ニ計上スベカラザル項目ニ関スル勘定
　二　直接費勘定－直接費ヲ集計スル勘定（材料費、工費及特別費ノ三勘定ニ細分）
　三　間接費勘定－間接費ヲ集計スル勘定（工場間接費及一般間接費ノ二勘定ニ細分）
　四　製造原価勘定

五　一般管理費勘定及販売費勘定
　　六　製品、半作品、仕損品、副産物、作業屑等ノ勘定
　　七　総原価勘定
　　八　売上勘定
　　九　月次損益勘定－製品、仕損品等ノ販売ヨリ生ズル損益ヲ月次ニ整理スル勘定

　帳簿組織については原価の計算に関する記録整理を担務し，下記の帳簿が列挙されている（第四十五條）。

　　一　材料費ニ関スル帳簿書類
　　二　工費ニ関スル帳簿書類
　　三　特別費ニ関スル帳簿書類
　　四　部門費ノ集計及配賦ニ関スル帳簿書類
　　五　製造原価ニ関スル帳簿書類
　　六　一般管理費及販売費ニ関スル帳簿書類
　　七　製品、半作品、仕損品、副産物、作業屑等ニ関スル帳簿書類
　　八　総原価ニ関スル帳簿書類
　　九　売上ニ関スル帳簿書類

　これらの帳憑については原則として伝票類が3年，その他の帳簿書類が10年の保存期間が明記されていた。

## V　「規則」との比較の観点からの「海軍準則」の特徴

　それでは，「海軍準則」は，どのような規程であったのか。『日本海軍史』によれば，「海軍の原価計算準則は、青木大吉主計中佐（のち大佐）が工廠における工事費整理の知識経験を生かし、―中略―急遽作成したもので、極力必要最小限の規制にとどめたので、陸軍のそれに比し簡素なものとなっている」とされている[17]。すなわち，「海軍準則」は「規則」に基づいて作成されたのである。以下，「規則」との比較で，「海軍準則」の特徴を析出してみたい。「規則」

図表7-4 「規則」と「海軍準則」の構成比較

| 「規則」 | 「海軍準則」 |
|---|---|
| 第一章　総則 | 第一章　総則 |
| 第二章　本費及附属費 | 第二章　個別原価計算 |
| 　第一節　本費及附属費ノ区分 | 　第一節　製造原価 |
| 　第二節　附属費 | 　　第一款　直接費 |
| 第三章　工費、材料費及外費 | 　　第二款　間接費 |
| 　第一節　通則 | 　第二節　一般管理費及販売費 |
| 　第二節　工費 | 第三章　総合原価計算 |
| 　第三節　材料費 | 第四章　原価ニ算入スルコトヲ得ザル費用 |
| 　第四節．外費 | 第五章　工業会計 |
| 第四章　予算及決算 | |
| 　第一節　通則 | |
| 　第二節　予算 | |
| 　第三節　決算 | |
| 第五章　報告 | |
| 第六章　雑則 | |
| 　附則 | |

は大正14年に制定された後，度重なる改正が行われたので，比較対象とするのは，昭和13年版「規則」（以後，「昭和13年規則」と略称する）と「海軍準則」である（なお，単に「規則」とする場合には，「規則」全体を指す）。

「規則」と「海軍準則」の構成は，**図表7-4**のとおりである（「規則」の章構成は，制定以降，改変されていない）。

構成を通じた両規程の構成比較では，「規則」の「第四章　予算及決算、第五章　報告」と「海軍準則」の「第三章　総合原価計算、第四章　原価ニ算入スルコトヲ得ザル費用、第五章　工業会計」に大きな相違があることがわかる。この相違は「規則」が工事費削減のために予算編成・執行・報告を志向しているのに対して，「海軍準則」が「検査令」を前提とした調弁価格設定や工場監督を目的としている点から生じており，「検査令」への準拠は総則に示されて

### 図表7-5 「昭和13年規則」における工事費（原価）構成

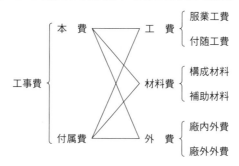

出典：「規則」第二款　間接費，第二十條より

いる。

　「規則」は予算期間や報告期間に基づいて，原価計算期間は１年間を暗黙の裡に前提としている（ただし，附属費は１ヶ月で集計）。他方，「海軍準則」では損益計算を前提としているので，原価計算期間については１ヶ月が明示されている。これは後の「第５章　工業会計」における帳簿の締切りとも関係する。

　「規則」にはとくに原価計算方法に関する規定はないが，個別原価計算（指図書別原価計算）が示唆されている。他方，「海軍準則」では，計算方法に基づいて個別原価計算と総合原価計算とに区別されている。これは「規則」にはない規定であり，「規則」ではたし算としての個別原価の規定であったが，「海軍準則」では総合原価を計算した後，「単位原価ヲ計算スル方法」として明確に規定されており，単位原価思考が存在する。

　「昭和13年規則」における工事費構成は，**図表7-5**のとおりである。

　「海軍準則」（**図表7-2**）と比較すると，「規則」で用いられた用語の多くが使われている。また，「規則」は個別原価計算を前提としていたので，工事費の区分は本費と附属費の区分を最初に行い，後にこれを材料費，工費，外費に区分している。同様に，「海軍準則」でも直接費と間接費の区分を最初に行い，後にこれを材料費，労務費，特別費に区分している。

　「昭和13年規則」に示されている間接費（附属費）の整理区分は，**図表7-6**のとおりである。

### 図表7-6 「昭和13年規則」における附属費整理区分

| | | | |
|---|---|---|---|
| 一 | 器具新調 | 七 | 雑役 |
| 二 | 器具修理 | 八 | 休業工具 |
| 三 | 機械改造修理及機械器具移転 | 九 | 賞与及退職手当 |
| 四 | 機械器具運転 | 一〇 | 教育 |
| 五 | 検査及保管運搬 | 一一 | 定備材料 |
| 六 | 工務 | 一二 | 仮設物 |

出典：昭和13年「規則」第二章　本費及附属費　第一節　本費及附属費の区分，第三條

なお，「昭和13年規則」には**図表7-6**の項目の明細が，別表第一号　附属費整理区分明細表として添付されている。

直接費と間接費の区分については「規則」，「海軍準則」ともに附属費整理区分明細表や間接費整理区分標準を用いている（以後，両者を整理区分と称す）。これを比較すると，**図表7-6**に示した「昭和13年規則」の整理区分では12項目であるが，**図表7-3**に示した「海軍準則」の整理区分では26項目が挙げられている。したがって，附属費ないしは間接費については，「昭和13年規則」は簡素な規定であるが，「海軍準則」は詳細な規定となっている。これは，「海軍準則」の整理区分（**図表7-3**）と「規則」の整理区分（**図表7-6**）を比較すれば，一目瞭然である。

「規則」と「海軍準則」の比較からは，次の諸点が列挙できる。

① 「海軍準則」は「規則」における原価概念や原価計算の方法に関する基本的な規定を継承している。

② 両規程とも，費目別計算において，最初に製品との関連分類（直接費と間接費ないし本費と附属費）を行い，その後，形態別分類（材料費，労務費，経費ないし材料費，工費，外費）を行っている。

③ 両規程とも間接費の分類は規定上では詳しく言及されておらず，別表によって詳しく行われている。

④ 「海軍準則」は海軍系列の民間軍需品工場向けであり，「規則」は海軍工廠向けであった。

⑤ 「規則」にはない章（第三章　総合原価計算，第四章　原価ニ算入スルコトヲ得ザル費用，第五章　工業会計）が，調弁価格設定や工場監督のために「海軍準則」には加えられた。

⑥ 「海軍準則」では「規則」で規定されていた予算にかかわる章（第四章予算及決算，第五章報告）が削除された。

⑦ 「海軍準則」には一般管理費及販売費に関する規定がある。

　「規則」では予算決算に関する規定が存在するが，「海軍準則」にはこれがない。また，「規則」では工業会計に関する規定は存在していなかったが，「海軍準則」ではこれが重点としてかなり詳しく規定されている。ここからは，「規則」は一般会計のもとで形成されたので，予算の執行と報告に関する規程であった。しかしながら，「海軍準則」は「国家総動員法」および「検査令」に対応していたので，海軍関係の軍需品工場における個別受注生産や大量生産を前提とした軍需品工場に対する軍需品の調弁価格設定および工場監督のための規程であったと言える。そこで，「海軍準則」では「規則」とは違って工事費という呼称を使用せずに原価を用いており，これがこの規程の性格を体現している。

## Ⅵ　おわりに

　本章の冒頭で考察したように，「規則」は数次の改正が加えられ原価計算規程としての精緻化が図られた。しかし，基本的に海軍工廠内部の原価計算規程であったので，大型艦船の個別受注生産を想定した個別原価計算を規定しており，総合原価計算規定は盛り込まれていなかった。他方，「海軍準則」では原価計算方法としては個別原価計算と総合原価計算の両方が規定されており，製品別計算思考の確立形態が存在する。それは「規則」が海軍工廠における艦船などの個別生産方式を前提としているが，「海軍準則」が海軍系列の軍需品工場事業場における軍需物資の個別受注生産方式や大量生産方式を前提にしているからであった。ここに，「規則」からの継承性と発展性を看取できる。**図表7-7**では，「海軍準則」における原価計算の基本的な構成要素の進展を評価した。

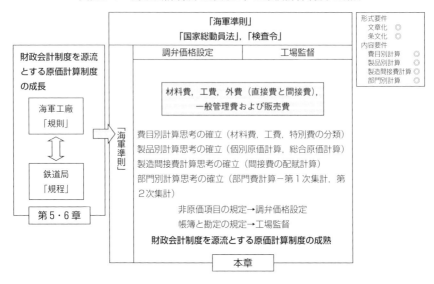

図表7-7　財政会計制度を源流とする原価計算制度の成熟

　「海軍準則」は調弁価格設定，工場監督のための規程であり，価格設定や工場監査を目的として，海軍内部ではなく，外部の民間工場で適用可能にするために，実務的でありかつ各目的を達成する原価計算規程である必要があった。そのために，製造間接費計算の具体化，製品別計算の整備，部門別計算の精緻化が行われ，とりわけ製品別計算思考には完成形態が見られ，基本的な構成要素はすべて生成から確立へ移行した。すなわち，製造間接費計算思考は製品へ合理的な基準で部門を通して，実際配賦ないしは予定配賦する思考が存在しているので，確立形態である。また，部門別計算思考は部門費そのものを認識し，それをすべての部門（製造部門および補助部門）で集計し，補助部門費を製造部門に配賦する思考が存在しているので，確立形態である。なお，費目別計算思考はすでにこれまでの展開において，確立形態にあった。こうした状況から，「海軍準則」を「財政会計制度を源流とする原価計算制度の成熟」と評価したい。この社会経済的背景としては，国家総動員法，「検査令」，戦時経済への移行が挙げられる。

　もっとも注目すべきは，これまで「財政会計制度を源流とする系譜」では，

わり算としての単位原価思考は存在していなかったが,「海軍準則」において,初めて個別原価計算に加えて,総合原価計算が規定されたことである。さらに,価格設定や工場監督のために,非原価項目の設定や一般会計との結合が規定された。こうして,「海軍準則」は,原価計算制度における基本的な構成要素を具備するに至る。

「海軍準則」は「検査令」の主旨に合うように,「規則」を基礎に作成されたと考えられる。くわえて,「海軍準則」は「陸軍要綱」の後に作成されたのであり,これらを参照する機会に恵まれていたと推測できる。それゆえ,「陸軍要綱」を参照した部分も散見されるが,他方では海軍のオリジナルな部分も大いに生かされていた。そこで,「海軍準則」は「陸軍要綱」とは似ながらも異なる規程となった。やがて,「陸軍要綱」と「海軍準則」の2つの規程は「陸海軍で原価計算規程が異なっていては不便である」という声が高まり,結局,国家目的という大義名分のもとで,昭和17年4月に「原価計算規則および別冊製造工業原価計算要綱」へと一本化されていくが,この下地は海軍が「検査令」への準拠のもとで作成した「海軍準則」において形成されていた。したがって,両規程は,一方では単純に異なっているが,他方では相似している。すなわち,両者が全く別の規程であったならば,いざ一本化作業に入った場合にはそれら規定は一本化しようがなかったが,両者には類似性が存在していたがゆえに,一本化が可能であった。一本化への要因としては,達成すべき国家政策に2つの異なる制度が並存して混乱をきたしたからであり,一本化できた理由は「両規程が比較的相似していた」からであった。

### 注

1)「海軍会計法規則類集 三巻ノ一」海軍経理局,昭和16年1月,89頁。
　結局,昭和18年10月29日達第261号で「戦時海軍工作庁工事費規則」が作成され,簡素化された。
2) 海軍艦政本部会計部編「海軍工作庁工事費整理ノ沿革」(以後,「沿革」と略称する) 海軍艦政本部会計部,昭和15年8月,90-269頁。
3)「沿革」96頁。
4)「沿革」97頁。
5)「沿革」101頁。

6 )「沿革」101-102頁。
7 )「沿革」102-103頁。
8 )「沿革」107-112頁。
9 )「沿革」128-184頁。
10)「沿革」128頁。
11)「沿革」238頁。
12)海軍工廠の原価計算については，下記の論文で取り上げた。
　　拙稿「海軍工廠の原価計算」『経理知識』第68号，昭和64年6月，73-88頁。
　　拙稿「海軍工廠における原価計算規程の進展―横須賀海軍工廠製造品価額計算法から海軍工作庁工事費整理規則まで」『経営経理研究』第89号，平成22年10月，51-86頁。
　　拙稿「続：海軍工廠における原価計算規程の進展」『専修商学論集』第98号，平成26年1月，95-120頁。
　　拙稿「海軍工廠における会計―「海軍工作廳ニ於ケル會計經理ノ大要」から」『専修商学論集』第103号，平成28年7月，71-87頁。
　　拙稿「海軍燃料廠の会計」『経営経理研究』第111号，平成30年2月，87-105頁。
13)海軍省『海軍軍需品工場事業場原価計算準則　附　軍需品工場事業場検査令　海軍軍需品工場事業場検査令施行規則』海軍省，昭和15年，27-30頁。「海軍軍需品工場事業場検査令施行規則」（昭和十五年一月十六日海軍省令第一号）第一條～第八條。
14)拙稿「わが国原価計算の普及に果たした日本原価計算協会の役割」『川口短期大学紀要』第2号，昭和64年1月，年表Ⅰ　わが国原価計算制度の発展より，90頁。
　　海軍歴史保存会編『日本海軍史　第六巻部門小史（下巻）』海軍歴史保存会，平成7年，160頁。
15)海軍省『前掲書』1-22頁，「海軍軍需品工場事業場原価計算準則」目次。以後，同準則の引用は，本文中にカッコ書で条数を示す。
16)拙稿「財政会計制度を源流とする原価計算制度の系譜に関する一考察」『會計』第180巻第5号，平成23年11月，25-27頁。
17)海軍歴史保存会編『上掲書』159頁。

# 第8章

# 産業合理化運動とドイツ原価計算制度の移植
―ドイツ原価計算制度を源流とする原価計算制度の誕生・成長と成長

## I はじめに

　これまで，第2章から第7章を通じて「財政会計制度を源流とする原価計算制度の系譜」（以後，「財政会計制度を源流とする系譜」と略称する）の展開を考察してきたが，本章と次章ではもう一方の系譜である「ドイツ原価計算制度を源流とする原価計算制度の系譜」（以後，「ドイツ原価計算制度を源流とする系譜」と略称する）の展開を考察する。当該系譜には，昭和8年「原価計算基本準則（未決定稿）」（以後，「基本準則」と略称する），昭和12年「製造原価計算準則」（以後，「製造準則」と略称する），昭和14年「陸軍軍需品工場事業場原価計算要綱」（以後，「陸軍要綱」と略称する）が属する[1]。

　わが国で初めて一般に公表された原価計算規程である「基本準則」，その後の「製造準則」は商工省臨時産業合理局財務管理委員会（以後，財務管理委員会と略称する）が作成したものであり，おもにドイツ原価計算制度から範をとったと言われている[2]。これらの準則は，わが国原価計算理論がドイツ化していく象徴的存在でもあった[3]。

　本章では，「ドイツ原価計算制度を源流とする原価計算制度の誕生・成長と成長」という視点から，財務管理委員会が作成した「基本準則」および「製造準則」を通じて，なぜわが国がドイツ化したか，ドイツ原価計算制度を源流とする原価計算制度がいかに誕生・成長し，成長したのか，どのような特徴を有していたかを考察していきたい。

## Ⅱ　わが国原価計算のドイツ化への道

　これまでの自らの研究や外部的諸要因をもとにした「わが国原価計算のドイツ化」のシナリオは，次のとおりである[4]。

> 「第1次世界大戦の被害を調査した陸軍将校たちに，将来起こる戦争をイメージしてドイツに学んだ総動員思想が芽生えた（戦時経済の構想）。他方で，わが国に古来未曾有の大恐慌が訪れ，人々が困窮するなかで資本主義の修正志向が高まり，政府はドイツを模範として市場へ介入できる体制づくりに着手した（統制経済への転換）。日中戦争の開戦により，両者はやがて一体化し，ドイツ的な国家総動員体制が模範とされ，戦争継続に不可欠な「生産力拡充」，「低物価抑制」が政府の経済政策の一環として推し進められた（戦時統制経済の構築）。これらの政策を実現する手段として，ドイツを模範とした原価計算制度が導入された。なぜならば，ドイツでは製造工程の合理化による生産力拡充，適正原価に基づく低物価抑制に対して，原価計算制度が有効に機能していたからである。結局，ドイツ化した経済体制を運営するためには，ドイツで用いられていると同様な仕組みを必要とし，それに伴い，わが国原価計算もドイツを模範とした展開を遂げた（ドイツに傾倒した原価計算の展開）。」

　このように，わが国原価計算のドイツ化は，戦時経済の構想と統制経済への転換からもたらされたものであり，本章で考察する「基本準則」，「製造準則」は，統制経済への転換に至るきっかけとなった産業合理化運動の所産である。他方，次章で考察する「陸軍軍需品工場事業場原価計算要綱」は，戦時経済の構想からもたらされたものである。

## Ⅲ　統制経済への転換からもたらされたドイツ化

　19世紀の後半から，資本主義経済の繁栄を謳歌してきた先進諸国は，いくたびか恐慌に見舞われた。日本では，第1次世界大戦後，戦中の過剰生産に起因する戦後恐慌（大正9年）が発生し，回復しないうちに関東大震災によって生

じた震災恐慌（大正12年）に襲われた。くわえて，1929年に，ニューヨークのウォール街で株価大暴落が起こり，これをきっかけとして世界中が恐慌に見舞われた。昭和5年には，この大恐慌がわが国へも波及し，かつてない不景気に遭遇した。この時期を境に，資本主義経済の再編成・転換が議論されるようになった。この経済的な難局の打開策として，政府はドイツ産業合理局（Reichskuratorium für Wirtschaftlichkeit―RKW）に倣って，商工省に臨時産業合理局（昭和5年）を設置し，産業合理化運動を展開した。当時，産業合理化運動は世界中で展開されており，わが国では私的経済目的から個別企業の体力強化を目指すアメリカ的な側面と国家的経済目的から産業の組織化を目指すドイツ的な側面があった。

　昭和6年に制定された「重要産業ノ統制ニ関スル法律」（4月1日法律第40号，以後，「重要産業統制法」と略称する）は国家的な観点から経済の組織化を目指しており，これによってカルテル結成の促進，企業間の過剰な競争の排除，生産量および価格の統制が試みられた。臨時産業合理局の顧問で，「重要産業統制法」の制定に大きくかかわった松岡均平は，資本主義を統制し，新たなる段階を創出していくために，企業の統制的協定を認め，国家がこれを監督するという事例として，とりわけドイツで1923年に制定された「カルテル令」（Kartellverordnung）に注目した。彼はカルテルを認めつつ，その濫用防止のための監督・取締りを可能にするドイツの立法を重視し，くわえて「カルテルの持つ共同性，調整的役割，合理化促進的機能を評価するドイツ人学者の学説を受け入れて，重要産業統制法を積極的に意義づけよう」と試みた[5]。

　恐慌の襲来によって，資本主義の破たんに対応すべく国家の市場介入を企図した法律がドイツを模範として制定され，わが国の統制経済のきっかけが作られた。いわば，恐慌という資本主義の危機に対して，「ナチズムやナチス的な経済体制は，自由放任主義的な資本主義の転換とその改造の現代的・特徴的事例と受け止められ，日本の政策思想に重大な影響を与えることになった」と言われている[6]。このように，臨時産業合理局設置以降，わが国の経済体制はドイツ化への傾向を強める。

　とくに，景気回復策として繰り広げられた産業合理化運動は，ドイツのそれ

を模した形で展開した。このとき，能率の向上，適正価格の設定を達成するために，脚光を浴びたのが原価計算であり，この理論的基礎をドイツから学んだ。このために，昭和5年頃からドイツ原価計算文献の翻訳書やドイツ原価計算文献に依拠した書物が数多く著わされるようになった[7]。

## IV 統制経済への転換がもたらした「基本準則」および「製造準則」の概要

### 1. 産業合理化のための原価計算規程

政府が経済政策の一環として，産業合理化のために原価計算制度を導入しようという試みは，昭和8年以前に遡る。日本では3度の恐慌の後，経済復興のために産業合理化運動が繰り広げられ，産業合理化の具体策の1つとして，原価計算の啓蒙および原価計算制度の導入が試行された。このとき，作成されたのが「基本準則」および「製造準則」であり，これらの冒頭には同一の序言が付されていた[8]。この序言には，産業統制をにらんで当該規程が制定された目的，製造過程から生じる費用の管理による能率の増進，適正な販売価格の設定が言及されている。しかしながら，能率の向上と価格の設定のための原価計算制度ではその構造が異なる[9]。

能率向上を目的とした原価計算制度では，期間比較，場所比較のために，原価の比較性の担保，場所別および製品別原価（いわゆる給付別原価）の明確化，棚卸資産（材料，仕掛品，半製品，製品）の評価，部分および全体企業業績の測定に強調点が置かれる。それゆえ，原価計算と簿記との有機的結合は不可欠となる。また，これは原価計算の信頼性を担保し，アカウンタビリティに基づく責任の所在を明確化する[10]。

他方，価格設定を目的とした原価計算制度では，原価算入の限定および非原価項目の列挙，生産に投下されたすべての消費価値の回収，価格設定の基礎となる総原価の算定に強調点が置かれる。それゆえ，製造過程において生じたすべての原価はもれなく製品に配賦される必要があり，くわえて販売価格を計算するために，製造原価要素の計算から販売費および一般管理費までの計算手続

きの明示が不可欠である。

ただし，両計算制度とも，原価要素の適正な構成，費用の適正な評価，原価計算および原価の客観性・精確性が担保される基盤の上に，消費価値の発生，それの生産的給付の価値移転が把握できなければならない。これが両目的を達成する計算制度の共通ベースを形成する部分である。

このように，原価計算制度はどのような目的のもとで作成されたかによって構造上の相違が生じる。目的は原価の内容，計算構造を左右する。他方，どのような目的であっても不変の共通ベース部分がある。以後，この観点から「基本準則」および「製造準則」を考察していきたい。

## 2．価格設定を目的とした「基本準則」

「基本準則」は未決定稿として公表された。これは民間の工場への適応を念頭に置いて公表されたわが国でも初期の原価計算規程である。「基本準則」の構成は，次のとおりであった。

「基本準則」

| 序言 | 第四 費用 |
| 第一 総論 | 第五 製造間接費配賦手続 |
| 第二 物品費 | 第六 販売費、総係費配賦手続 |
| 第三 労働費 | 附属図表 製造間接費部門配賦表 |

昭和8年7月13日「内外商業新報」に掲載された新聞記事「原価計算基本準則：臨時産業合理局財務管理委員会案」には，「基本準則」は国家統制経済の下で，個別企業の能率向上と市場競争抑制のための価格設定を実現する目的で作成されたとある[11]。しかしながら，前述したとおり，能率向上と価格設定のための原価計算制度ではその構造が異なる。

「基本準則」は一瞥したところ，原価要素の把握，直接費と間接費との区分，製造間接費の配賦，部門別計算を通じて，製造原価を計算するために生産で消費したすべての価値を製品へ割当てる仕組みが整えられている。これを基礎に販売間接費・総係間接費の区分，販売間接費・総係間接費の配賦が規定されており，価格設定に傾倒した構成になっている。

（第一）総論では，おもに以後に使用される用語や概念（原価，原価計算，原価計算の種類，原価要素，直接費と間接費，間接費の種類など）の説明が行われている[12]。

最初に，原価は「製品の製造販売に消費せらるゝ経済的価値」，原価計算は「製品の一単位又は同種単位の一群に関する原価要素を集合算定すること」と定義され，製造領域のみではなく販売領域で生じる経済価値も対象にしている（第一，一）。製品以外（仕掛品，半製品など）の給付についても，当該規程が準用される。また，原価計算の種類は計算時点区分から前計算と後計算，集計方法区分から個別計算（個別原価計算－筆者，以下同様）と総合計算（総合原価計算－筆者，以下同様）が区分された。しかし，以後，前提となるのは，原則として後計算と個別計算である（第一，二）。

原価要素は物品費，労働費，費用に大別され，製品に直接負担させることができるか否かによって直接費と間接費とに分類される（第一，三～四）。これを基礎に，製造原価（直接原価＋製造間接費）と販売費及総係費に分けられ，販売原価（総原価）までの計算が示されている。したがって，原価要素の分類と構成としては，**図表8-1**が作成できる。

原価要素の分類および構成を規定した後，標準原価，客観原価が定義されている。前者は「製品の各原価要素につき，其の工場が能率を充分に発揮する場合の標準的数量価格を決定し，これに基きて計算せる原価」であり，経営内の不能率を発見し矯正するための原価である（第一，七，（イ））。他方，後者は「正常（ノーマル）の生産条件の下に於て，同種企業に共通せる原価要素を網羅し

**図表8-1 「基本準則」における原価要素の構成**

```
                              ┌ 直接原価    ┌ 原料費
                              │ （直接費）  │ 直接工賃
                ┌ 製造原価 ───┤             └ （特別費）
販売原価（総原価）┤ （工場原価）│             ┌ 間接物品費
                │             └ 製造間接費 ─┤ 間接労働費
                │                            └ 間接費用
                └ 販売費及総係費
```

出典：「基本準則」五，間接費の種類，六，原価の種類より作成

たる原価」であり，企業統制，価格協定，統一原価計算制度の設定に適用するとしている（第一，七，（ロ））。しかしながら，これ以降，これらの原価は規定内に登場しない。

次いで，（第二）物品費，（第三）労働費，（第四）費用の各原価要素が詳細に規定されている。

物品費は「次に列挙する物件が製造販売のため消費せられたる時，其の価額」と定義され，物品の詳細科目として，（イ）原料（又は材料），（ロ）補助原料（又は補助材料），（ハ）買入部分品が列挙されている（第二，八）。

原料購入原価については，外部および内部材料副費を取得原価に含めることを規定している。原料消費価格の計算としては，取得原価を用いるが原料価格の変動が激しい場合は，市場価格，予定価格のいずれかを用いることになる。原料消費量の計算としては，記録計算法（継続記録法－筆者），棚卸計算法，逆算法が用いられる。

労働費は「直接又は間接に製造販売に関与する者の労役に対する報酬」と定義されており，「工賃、給料等」に区別される（第三，一四）。さらに，工賃は直接工賃と間接工賃に整理される。

労働副費は「労働の消費に関し発生する諸種の費用」と定義され，公休日手当，公傷病手当，定期賞与，精勤賞，勤続賞等の雑給，保健料，福利費等であり，「附加率」により工賃に附加する（第三，一七）。

費用は「物品費及労働費以外の原価要素たるもの」と定義され，具体例として減価償却費，修繕費，地代，家賃，租税其の他の公課，保険料，購入瓦斯電力料，通信費，旅費，棚卸損，雑費等が列挙されている（第四，一八）。これは直接費用と間接費用に区分される。

特種の費用項目のもとで，原価算入に一考を要する原価算入項目として，利子，減価償却費，租税其の他の公課，製造中の損失，貯蔵上の損失，販売上の損失，事業主報酬が挙げられている。これらには原価であるか否かに議論が存在したり，正常性の観点から原価にすべきでない費目が含まれている。

利子については，原価要素とすべきか否かについて賛否両論あるとし，次のケースのみ原価性を規定している（第四，二〇，（イ））。

一、原料又は製品が長期間の貯蔵を必要とする場合
　二、設備又は方法を異にする同種作業間の原価を比較する場合
　三、原料、部分品、動力等を外部より購入すると、自ら生産すると孰れが有利なるかを比較する場合
　四、売価を決定する場合
　五、価格協定、統一原価計算制度設定等の客観原価を計算する場合

　減価償却については、「固定資産減価償却準則の定むる所に拠り計算したる経常減価償却費はこれを原価に算入すべきものとす」と原則を示し、ただし「臨時償却費及経常以上の償却費はこれを算入せざるを普通とす」とされている（第四、二〇、（ロ））。

　租税其の他の公課（地租、家屋税、消費税、組合費など）については、原価に算入されるべきであるが、「所得税、営業収益税其の附加税の如く収益に対するもの、其の他登録税の如く臨時性のものはこれを原価に算入せず」としている（第四、二〇、（ハ））。

　製造中の損失（製造仕損品に係る原料費、工賃など）については、「当該製作伝票の原価より除き、其の発生せる製造部門の仕損費となす」と処理が示されている（第四、二〇、（ニ））。ただし、同種製品を多数製造する場合に生ずる正常の仕損費はこれを完成品に負担させることを妨げない。なお、仕損費が臨時的性格をもちかつ巨額に上るときは、不当な原価の膨脹を避けるために、これは原価計算より除外する。

　貯蔵上の損失・販売上の損失については、通常発生するものが原価となり、「臨時巨額に上るものは、これを原価に算入せざるを可とす」とされている（第四、二〇、（ホ）、（ヘ））。

　事業主報酬については、「個人経営の場合に於て特に支出せざる事業主報酬はこれを原価に加ざるも、客観原価の計算にはこれをも加ふるを妥当とす」と規定されている（第四、二〇、（ト））。

　（第五）製造間接費配賦手続では、「製造間接費は、作業が単純にして其の額小なる場合には、これを一括し各個製品へ直接に配賦するを得べきも、工場の規模大に、作業複雑にして製造間接費の重要視せらるゝ場合には先づこれを各

製造部門の間に分割して,以下説明する手続により各個製品へ配賦するものとする」とされ,部門別計算が説明されている(第五,二一)。このように部門別計算は,製造間接費計算のなかで説明されている。

　まず,部門の意義および種類では,部門が「各種の原価要素を其の発生せる場所又は目的によりて集め,これによって一は費用を統制し,二は間接費をなるべく直接費に転化せしむる原価計算組織上の区分」と定義され,「実際の作業状態に照応して設定すべきもの」とされている(第五,二二)。

　さらに,製造間接費を部門に配賦する方法として,「特定部門に発生する費用は直接其の部門に賦課し,共通に発生する費用は従業者数,労働時間数,工賃額,固定資産価額,生産数量等適当なる基礎によりて,これを関係部門の間に配賦す」とされている(第五,二三)。続いて,補助部門費配賦では,補助部門費を製造部門へ配賦する方法について「他部門へ提供せし用益の程度が容易に測定せられ得るものはこれに応じて配賦し,かゝる配賦法の困難又は不可能なるものは工賃額,労働時間数,従業者数,消費原料の数量又は価額等適当なる基礎に準拠してこれを配賦す」と規定され,その配賦の方法は「補助部門相互間の用益の受授に付きては計算の複雑を避くるため,受けたる程度の少なき部門の配賦額を見積によりて決するか,又はこれを全く無視するを便とす」とされている(第五,二四)。なお,補助部門費を製造部門へ配賦する方法を提示している巻末附属図表には,階梯式配賦法が推奨されている。

　この後は,製造間接費の製品への配賦が規定されているが,直接費の取り扱いについては言及されていない。いわば,製品別計算に関する記述は不十分である。

　製造間接費の製品への配賦については,総合計算の場合には「各製造部門に総合せられた総原価が其の期間の当該部門に於ける生産総単位へ単純に分割せらるゝ」,個別計算の場合には「各製造部門に割当てられたる製造間接費を其の部門を通過せる各個製品へ単純に分割する能はずして(イ)直接工賃(ロ)直接労働時間(ハ)機械使用時間等一定の標準によりてこれを配賦するもの」と説明されており,配賦の基準は理論上間接費の発生となるべく密接な関係の存するものを選定するとされている(第五,二五)。なお,製造部門がもっぱ

ら機械で作業される場合，機械時間標準配賦法の使用が推奨されている。また，製造間接費の配賦は，予定率での配賦が推奨されている。このとき，生じた間接費の実際発生額と予定率による配賦額との差額は，年度末に損益計算に振替えて処理する。

（第六）販売費，総係費配賦手続では，次のように規定されている。

販売費を各個製品へ配賦する手続きは「製造原価、売上代価、数量等を基礎とし，製造間接費の配賦手続に準じて配賦するものとす」とされている（第六，二九）。総係費を配賦するときは「業種業態によりこれを製造間接費と販売費とに適当なる標準により分割する場合と、これを独立に処理する場合あるべし」とされ，各個製品へ配賦する手続きは，製造間接費または販売費の配賦手続きに準ずると規定されている（第六，三〇）。

以上，「基本準則」を考察してきた。下記の点で，明らかに価格設定に傾倒した構成となっている。

① 価格設定の基礎となる総原価までの計算が規定されている。
② 製造間接費の配賦の枠組みで部門別計算が説明されており，すべての原価を製品に配賦する観点から製造間接費の直接費化が強調されている（管理の視点からの説明ではない）。
③ 個別原価計算と総合原価計算の明確な区分はなく，個別原価計算が前提とされ，個別受注生産品の価格設定が強く意識されている。

このように，「基本準則」は，序言で提示された「経営に生じる費用の査閲管理による能率の促進」を実現できる規定ではなかったが，「適正な市場競争を担保する販売価格の決定」については，一定の枠組みが提示されている。「基本準則」は，実施するべき原価計算の大枠を提示した（啓蒙的役割）。とくに，原価の範囲が明らかにされたことには意味がある。しかしながら，他方で「基本準則」の規定では，個別原価計算と総合原価計算の区分が明確ではなく，仕掛品評価に関する記述もない。個別受注生産を念頭にしているので，業種によっては規定されている原価計算の実施に大きな困難が伴うものと思われる。また，原口亮平は吉田良三『工業簿記と原価計算』（同文館，昭和3年）を引き合いに「其の構造に於て通ずるところ甚だ多く、所論亦同書の範囲を出ていな

い」と否定的であった[13]。したがって,「基本準則」の規定では販売価格の計算のアウトラインを提示できたとしても,実用可能の域には達していない。「基本準則」は未決定稿として発表されているように,各規定およびその構成は不完全であり,試案の域を出ていない。

## 3．能率向上を目的とした「製造準則」

「基本準則」の作成から4年の歳月を経て,10章立て全55項目からなる「製造準則」が昭和12年に決定稿として公表された。「製造準則」の構成は,以下のとおりである。

「製造準則」

序言
第一　総論　　　　　　　　第六　総合原価計算
第二　原価要素　　　　　　第七　個別原価計算
第三　物品費　　　　　　　第八　部門費計算
第四　労務費　　　　　　　第九　標準原価計算
第五　経　費　　　　　　　第十　原価計算と工業会計との関連

「製造準則」は一瞥したところ,原価要素の把握,直接費と間接費との区分,製造間接費の配賦,部門別計算,製品別計算,工業会計との連携を通じて,企業業績の明確化を目指している,製造原価までに原価の集計を限定している,標準原価計算を規定しているの諸点から,能率向上を志向した構成になっていると考えられる。

第一　総論では準則の構造が示され,製造原価計算,原価計算の目的,製造原価の種類,原価計算の種類,一般会計と原価計算との関係,原価計算期間が定義されている。以後,「基本準則」との比較で,「製造準則」を検討していきたい。

まず,原価と原価計算であるが,原価を製造領域に限定しており,この点は価格設定目的から能率向上目的への大きな方向転換が図られた[14]。しかしながら,原価計算の目的では,管理統制目的,売価決定目的,損益計算目的が規定されているが,管理統制目的,損益計算目的には有効であるが,売価決定目的

には2次的であろう（第一，二，(イ)～(ハ)）。

製造原価の種類では，(実際原価および見積原価)，(主観原価および客観原価)，(標準原価，平均原価および正常原価) が挙げられている（各原価の組み合わせが明確になるように，カッコを付した）（第一，三）。また，原価計算の種類では，前計算および後計算，個別計算および総合計算が規定されており，これは「基本準則」と同じである。しかし，総合計算の説明は「<u>同種製品の全部に係る原価</u>を総合算定し，之を生産高に分割して単位原価を発見する方法」から「<u>一期間に於ける製品全部の</u>」と下線部が改訂され，性格付けがより明確になった（第一，四，(ロ)）。さらに，会計と原価計算との関係では「会計と連絡なき後計算は完全なる原価計算と謂ふを得ざるものとす」とされ，この効果として「原価計算の正確を期し得る」，「会計計算をして適確ならしむる」の2つが列挙されている（第一，五）。総論の最後には，原価計算期間が「会計年度と一致せしむるを要せずして、之を適宜に短縮するを得べく，多くは暦による一月を以てす」と規定され，原価計算期末には損益計算を可能にすべきことが必要視された（第一，六）。

　第二　原価要素では，**図表8-2**のように原価が「基本準則」よりもかなり詳しく分類されており，それは種別（形態別）による分類，製品との関連（原価賦課手続上）の分類，操業度との関連による分類の3方向から説明されている。

### 図表8-2　「製造準則」における原価分類

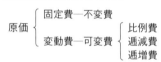

① 種別による分類　　　② 原価賦課手続上の分類

　　原価 ｛ 物品費／労務費／経　費 ｝　　原価 ｛ 直接費―個別費，本費／間接費―共通費，割掛費，付属費 ｝

③ 操業度との関連による分類

　　原価 ｛ 固定費―不変費／変動費―可変費 ｛ 比例費／逓減費／逓増費 ｝ ｝

出典：「製造準則」第2.原価要素の条文より作成

とくに，③の区別については価格政策，経営管理，標準原価計算などに際して考慮すべきものとされていた。これは「基本準則」から大きく変更された点である。当該規程では，操業度との関連による分類がこの部分のみで言及されていた。

第三　物品費では，物品について原料（または材料），買入部分品，消耗品，事務用消耗品の４区分が採用されている。「基本準則」は原料，補助材料（「製造準則」では消耗品へ），買入部分品の３区別であったが，「製造準則」では事務用消耗品が追加され，それは「用紙、文房具其の他事務用の為めに消費する物品を謂ふ」と規定された（第三，一一）。また，物品消費量の計算は「基本準則」と同様に，記録計算法（継続記録法－筆者），棚卸計算法，逆算法が用いられる。

さらに，「製造準則」では自己生産品消費価格の項が新たに加えられ，自家生産した物品を使用する場合は製品に準じて原価計算を実施し，その原価を消費価格とするが，事情により市場価格または予定価格も使用できる。物品副費では，物品副費は「物品の買入代価以外の物品に関する諸費用」とされ，「（イ）買入諸掛（買入代価に含まざる引取運賃、荷役費、買入手数料等）、（ロ）仕入事務費、（ハ）保管費（物品の出納管理に関与する従業者の労務費、倉庫の減価償却費、修繕維持費、地代、税金、保管物品保険料、物品減損、倉庫業者への支払保管料、場内運搬費等）」が列挙されている（第三，一六）。

「製造準則」では，物品費における個別計算と総合計算の区分が論じられている。個別原価計算については，「物品費は之を直接物品費と間接物品費」とに区別し，「原料、部分品の消費は特定の製品単位別に直接計算し得るを以て直接物品費とし、消耗品の消費は通常間接物品費として之を処理す」と規定されている（第三，一七）。他方，総合計算については「普通製品単位につき前記の区分を為さざるも、其の原価を工程別、部門別に区分するときは、工程又は部門に直接賦課すべき直接物品費と、然らざる間接物品費とに分類することを得」とされている（第三，一七）。このように，「製造準則」では　物品費に関する規定が拡充され，くわえて生産形態に伴う原価集計の違いが留意されている。

第四　労務費については,「基本準則」では労働費であったが,「製造準則」ではこれが労務費にかわり，労務費の種類では賃銀，給料，事業主報酬（「基本準則」では費用に分類）が列挙されている（第四，一八）。これも「基本準則」より，充実が図られている（「基本準則」では項目の列挙は行われていなかった）。労務副費については「基本準則」では労働副費,「製造準則」では雑給及労務副費でほぼ同様の内容が規定されている。さらに,「製造準則」では「工場法、健康保険法、退職積立金及退職手当法等による事業主負担額、従業者募集費、訓練費、保健衛生費、慰安費等」とより詳細な例が列挙されている（第四，一九）。

　賃金計算では,「賃銀は支払と消費との二方面より之を計算す」として，賃金を支払と消費の両側面から見ており,「基本準則」にはこの認識はなかった（第四，二一）。

　第五　経費では，それは「当該計算期の負担に属する額につき計算す」と定義され，以下の区分が提示されている（第五，二二）。「基本準則」では費用であったが,「製造準則」ではこれが経費の呼称にかわり，雑費，通信費のような「其の期間に於ける支出金額を基準として計算するもの」（支払経費），電力費のような「支出金額を基礎とせず、其の期間消費量を測定して計算するもの」（測定経費），減価償却費のような「何等支出を伴はざるも、其の消費額を基礎として計算するもの」（発生経費）に分類されている（第五，二二）。くわえて,「製造準則」では，経費の原価計算期分割の項が設けられ,「減価償却費の如く一会計年度につきて計算するもの、保険料の如く一年を期間として支払ふ経費の額は、之を原価計算期に均分して各計算期の経費に加算すべきものとす」（月割経費）とされた（第五，二三）。

　「製造準則」では，特殊の経費項目の標題で,「基本準則」で規定されていた貯蔵上の損失，販売上の損失，事業主報酬は削除され，その代りに土地建物其の他の賃借料，修繕維持費，特許権使用料，外注費，不働時賃銀，<u>型，図案及特殊工具</u>，物品副費及労務副費の各項目が追加された（下線は一項目であることを示す）（第五，二四）。

　なお，利子については資本利子の名称が用いられているが，税金，課金及寄

附金，減価償却費，資本利子，仕損費の各項目の内容については「基本準則」と同じである。

さらに，「製造準則」では「(五) 製造に長期間を要する事業に於て，之に要する放資金額と，前受金との各利子を比較して見積価格を決定せんとする場合」に資本利子の加算を容認することが付け加えられている（第五，二四，（ホ））。

このような原価要素の説明後，第六　総合原価計算，第七　個別原価計算の規定が続く。

「基本準則」では総論において個別計算と総合計算の区分はあったものの，総合原価計算は明確に規定されていなかったが，「製造準則」では総合原価計算の概念が「一期間に於ける全生産費を総合算定し、之を生産量にて除して単位原価を計算する方法にして、原価要素の消費量及其の価額を製品単位へ均等に分割するものとす」と規定されている（第六，二六）。この計算では仕損費および原料の減耗は「之を完成品の原価に包含」し，仕損量及原料の減耗量は完成数量の減少として表わされ，その程度は「所謂「歩止り」の多少によりて表示せらるゝものとす」とされている（第六，二六）。総合原価計算の種別として，「工業の種類又は作業の性質により、適用すべき総合原価計算に次の種別あり」とし，総合原価計算を単純総合計算，等級別総合計算，組別総合計算，工程別総合計算に分類している（第六，二七，二八，二九，三〇）。

次に，上記の各原価計算形態の概略が説明されている。

単純総合計算では，総合原価計算の構造について「一期間の生産費合計、即ち前期繰越仕掛品原価に其の期に消費されたる各原価要素の金額を加へ、之より仕掛品現在高の原価を控除したるものを、完成せる生産量にて除して単位原価を計算す」と規定している。その後，次のように仕掛品の評価を規定している（第六，二八）。

> 「仕掛品現在高の原価は工業の性質に応じ適当の方法によりて評価すべきものとす。次に其の一、二の方法を例示す。
> （イ）仕掛品の作業進行程度を測り、完成品に対する原価の歩合を定め、之を以て評価す。
> （ロ）仕掛品に関する消費原料又は之に賃銀を加へたる額を推定して評価す。

仕掛品の数量が毎期略等しき場合には，之を計算外に置くことを得。」

単純総合原価計算の規定の後，等級別総合計算，工程別総合計算，組別総合計算，副産物，連産品原価計算の規定が続く。

総合原価計算の後，個別原価計算が規定されている。個別原価計算概念では，それについて「生産を製造指図書又は製作伝票により区分統制し，指図書ごとに原価要素の消費額を集合算定する方法」と定義し，原価元帳では「製造指図書には必ず番号を附し，番号毎に口座を開くべき原価元帳を設けて原価要素を集計するものとす」としている（第七，三四）。この後，直接費計算と間接費計算が規定されているが，とくに間接費の配賦法に説明の重点が置かれている。

直接費計算では，直接費は「特定の指図書の原価たることを判別し得る原価要素」であるとされ，「一製品に関する直接費の合計を直接原価又は第一原価」と呼称している（第七，三六）。

間接費計算では，間接費は「多数の指図書に対し共通して発生する原価要素」であるとされ，その処理は「原価計算期末に於て其の期間に生じたる金額を集計し，之を以下記載の方法により各指図書に配賦するものとす」と規定されている（第七，三七）。「以下記載」としている配賦法が，間接費配賦手続，間接費配賦方法，間接費予定率配賦法の箇所で規定されている。まず，製造間接費の配賦は規模が大きい場合や間接費を重視する場合には部門の設定を推奨し，詳細を第八　部門費計算に譲っている。

部門別計算は「基本準則」では部門の意義および種類，製造間接費部門別配賦，補助部門費配賦，製品別配賦，「製造準則」では部門の意義，部門の種類，部門費計算手続，部門費計算方法，補助部門費配賦，補助部門相互間の配賦，製造部門費配賦から構成されていた。

部門の意義において，部門の役割に関して「之に基きて費用の統制を行ふと共に，間接費を合理的に配賦する為め設くる原価計算上の区分」と定義され，これが「製造準則」では新しく規定された（第八，四一）。

まず，部門費は部門個別費と部門共通費に区分され，前者は「特定部門の費用たることの判別し得るもの」，後者は「多数の部門に共通して生ずる費用」と定義されている。部門個別費は「部門費に直接賦課し得るも，部門共通費は

之によりて受くる各部門の用益を予想して、従業者数、労働時間数、賃銀額、生産数量等適当なる標準を設けて、之を関係部門間に配賦するもの」と規定されている（第八，四四）。「製造準則」では部門個別費，部門共通費の区分が明示されており，「基本準則」とは異なり，部門別計算が独立した項目となっている。

次に，補助部門費配賦について，「補助部門費は其の部門の用益を享受せし他の部門に之を配賦す」とされ，「他部門へ提供せし用益を容易に且正確に測定し得るものは之に応じて配賦すべきも，かゝる配賦法を採用することの困難なるか又は不可能なるものは賃銀額，労働時間数，従業者数其の他適当なる標準を設けて之を配賦す」と規定されている（第八，四五）。このとき，補助部門費は実際額での配賦を原則とし，動力部費，修繕部費などは便宜上，用益の予定価格で配賦できる。「製造準則」では補助部門相互間の配賦の項が新しく設けられ，予定価格配賦法（予定価格による相互配賦法），階梯式配賦法，配賦省約法（直接配賦法）のような配賦方法が規定されているが，「基本準則」では巻末の階梯式配賦法の参照のみの記述であった。くわえて，製造部門費の配賦については，「個別原価計算に在りては製造部門費は間接費として取扱ひ，其の部門に於て作業を受けし各指図書に配賦す」，「工程別総合計算に在りては第一次工程の部門費は仕掛品現在高の原価を除き、第二次工程の部門費へ振替ふるものとす」とされ，この場合，「実際額によらずして予定価格を以て計算することもあり」と規定されている（第八，四七）。

実際原価計算を規定した後，「製造準則」では第九　標準原価計算，第十　原価計算と工業会計との関連が論じられているが，これらは「基本準則」にはなかった規定である。

標準原価計算は，標準原価計算の概念，標準原価の計算法，較差分析，部分的標準率から構成される。内容は簡素なものであるが，標準原価計算が規定されたことには大きな意味がある。

まず，標準原価計算の概念が示されている。標準原価計算とは「各製品につきあらかじめ標準たるべき原価を計算し、之を以て一方生産を統制すると共に、他方当該製品の実際原価と比較して経営の能率を吟味し、責任の所在を明瞭な

らしむるものなり」と定義され，目的としては「此の種の計算は事後に於ける原価の内容分析に役立つのみならず、尚前計算に合理的なる基礎を与ふるものとす」と原価管理が挙げられている（第九，四八）。標準原価の計算については，「標準原価は過去の経験及技術的研究を基礎として、当該製品につき物品費、労務費、諸経費等の各原価要素の消費量及価額並に仕上率の標準的なるものを求め、更に標準操業度を考慮して之を算定するものとす」と定義され，厳密性を持った標準原価の設定が示唆されている（第九，四九）。さらに，標準原価計算の特徴としては差異分析があるが，これは較差分析として，「各製品の実際原価は之を標準原価と比較し、其の較差を各原価要素別に、消費量と価格との双方につき分析討究して其の事由を明かにすべきものとす」と規定されている（第九，五〇）。これにより，能率を明示する目的を担っている。標準原価計算の最後の規定として，「標準原価計算は各製品の全原価につきて之を行ふべき」であるが，「各製品に対する原価要素の消費量は実際額によるも、其の価格は標準率を設け、之に基きて計算する場合あり」とされている（第九，五一）。

「製造準則」の最終項は原価計算と工業会計との関連であり，工業会計の勘定体系，原価計算と各勘定との関連，工場会計の独立，月次損益計算から構成されている。

工業会計の勘定体系において，（イ）各原価要素を整理する勘定，（ロ）部門費を集計する勘定，（ハ）製品の原価を集計する勘定，（ニ）製品又は貯蔵中間製品の出納を整理する勘定が説明されている（第十，五二）。

ここで，工業会計が「単に外部に対する営業取引のみならず、内部に於ける経営活動をも記録計算する様勘定組織を設定すべきものとす」と説明され，注意事項として「適当の勘定を設け原価計算との関連を保つに注意すべし」が付帯されている（第十，五二）。

原価計算と各勘定については勘定への記帳手順が説明された後，工場会計独立が「工場の内容複雑にして勘定料目の数夥多なる場合、殊に営業部と工場と分離せる場合には、工場会計を独立せしめ製造に関する前記の諸勘定は工場会計内に設定するを可とす」と規定されている（第十，五四）。その方法として，

工場には営業部勘定，営業部には工場勘定を設けて，物品買入，賃銀，給料，諸経費支払，製品売却により生ずる営業部，工場双互間の関係を整理する。

月次損益計算において，損益計算については「原価計算期末に於ては原価計算関係の諸勘定を整理し，残高試算表を基礎として，月次の損益計算を行ふを可とす」と損益計算への原価計算の役立ちを強調し，「之によりて会計年度の途中に於ける事業遂行の成果を適確明瞭にすることを得べし」と企業業績の明示を規定している（第十，五五）。

以上，「製造準則」は，下記の点で明らかに能率向上に傾倒した構成となっている。

① 製造原価までの計算が規定されており，販売費および一般管理費の規定はない。
② 部門別計算が製造間接費の配賦とは別の枠組みで規定されており，管理の視点からも説明されている。
③ 原価統制のための標準原価計算が規定されている。
④ 経営比較などを可能にする企業業績の明示に裨益する原価計算と工業会計との関連の規定がある。

このように，「製造準則」は序言で提示された「適正な市場競争を担保する販売価格の決定」を実現できる規程ではなかったが，「経営に生じる費用の査閲管理による能率の促進」に関する規定については一定の枠組みが提示されている。「製造準則」は一般会計との有機的結合が示されたことには意味がある。くわえて，他方で「製造準則」の規定では，個別原価計算と総合原価計算の区分が明確になった。個別受注生産を念頭にしているが，業種による原価計算法の違いに配慮されている。

「基本準則」と比較すると，「製造準則」では以下の点が大きく変更された。

① 原価計算対象が製造領域に限定されたこと。
② 原価計算目的が提示されたこと。
③ 原価計算が個別原価計算と総合原価計算とに区分され，総合原価計算についてはさらに仕掛品の評価，各種総合原価計算形態が提示されたこと。

④ 抽象的な表現から具体的な費目の列挙になったこと。
⑤ 標準原価計算が規定されたこと。
⑥ 一般会計との関連が示されたこと。

以上,「基本準則」および「製造準則」を検討してきたが,「基本準則」は価格設定を志向しているが,「製造準則」は能率向上を志向していた。したがって,「基本準則」では総原価までを計算対象としたが,「製造準則」では製造原価に絞り,しかも原価計算と簿記との有機的結合による企業業績の明示が規定されていた。すなわち,価格設定を目的とする原価計算は総原価までの算定が必要であり,他方,能率向上を目的とする原価計算は期間比較や場所比較のために企業業績が明らかにならなければならなく,そのために簿記と有機的に結合する必要性があったと考えられる。

「製造準則」は未決定稿である「基本準則」から4年間を費やして決定稿に至ったものの,産業界への原価計算制度の啓蒙的な効果は認められるが,実務的にはほとんど機能しなかったと考えられる。なぜならば,「製造準則」の公表後,その推進母体であった臨時産業合理局は昭和12年に廃止になり,戦争経済運営のための動員と統制を任務とする統制局が新たに設置され,またその後,企画院が設けられ,時局は明らかに戦時期へと変移したからである。すなわち,「製造準則」の公表時に日中戦争の勃発によって準戦時期に入り,「製造準則」が標榜した個別企業体力強化のための原価統制目的は,すでに当時の国家的な経済要求に適合しなくなったからである。そのかわりに,軍需物資の適正な調達のために法的強制力をもった調弁価格設定のための原価計算規程が切望された。この意味から,「製造準則」は本来的な機能を果たすことができなかったが,原価計算制度を産業界に啓蒙し,その後に作成される原価計算規程の基礎となったことには,大きな存在意義を認めることができる。

## V 『原価計算基礎案』からの影響

ドイツ産業合理局（RKW）は,第1次世界大戦後に実務として普及した原

**図表8-3 ドイツにおける原価計算基礎案の展開**

| 第1案: | Ausschuss für wirtschaftliche Fertigung, Sonderausschuß für Selbstkostenberechnung, *Grundplan der Selbstkostenberechnung*, 1920. |
|---|---|
| 第2案: | Ausschuss für wirtschaftliche Fertigung, Selbstkostenausschuß, *Grundplan der Selbstkostenberechnung*, 1921. |
| 第3案: | Ausschuss für wirtschaftliche Verwaltung, Fachausschuss für Rechungswesen, *Grundplan der Selbstkostenrechnung*, 1930. |

価計算の整備,改良のための共通的な規準を示すために,「原価計算基礎案」(*Grundplan der Selbstkostenberechnung*, 以後,「基礎案」と略称する) を**図表8-3**のとおり公表した[15]。

さらに,「基礎案」第1案,第2案,第3案は,次のような構成であった。

第1案:*Grundplan der Selbstkostenberechnung*, 1st, 1920.
 I Vorbemerkung
 II Die Gliederung der Selbstkosten
 III Selbstkostenrechnung und Buchführung
 IV Zusammenstellung der Rechnungsergebnisse

第2案:*Grundplan der Selbstkostenberechnung*, 2nd, 1921.
 Vorbemerkung
 Erster Hauptabschnitt: Grundlagen der Selbstkostenberechnung
  A Überblick
  B Die Kostenarten
  C Die Kostenstellen
  D Die Kostenträger
  E Übersichtsschema der Kostenarten, Kostenstellen und Kostenträger
 Zweiter Hauptabschnitt: Nachrechnung und Vorrechnung
  A Nachrechnung
  B Vorrechnung

第3案:*Grundplan der Selbstkostenrechnung*, 3rd, 1930.
 Vorwort

　　　　A　Begriff und Gegenstand der Selbstkostenrechnung
　　　　B　Die Zwecke der Selbstkostenrechnung
　　　　C　Die Kosten
　　　　D　Die Arten der Selbstkostenrechnung

　わが国原価計算のドイツ化への１つの要因は，当時ドイツにおいて産業合理化運動の下で成功していた統制経済の導入であった。このために，わが国でも「重要産業統制法」が制定され，競争を抑制する業界内のカルテルにおける価格の設定に原価計算を役立たせなければならなかった。そこで，経済体制のドイツ化が進められているなかで，わが国にもドイツ的な原価計算制度の導入が試みられたが，ドイツのような原価計算実務のベースがなかったために，明確な原価計算に対するビジョンなしに原価計算制度を作成しなければならなかった。

　「基本準則」について，太田は「昭和六年，七年の頃，財管（財務管理委員会－筆者）ではいよいよ原価計算を研究することとなった。そのとき吉田さんが独逸の合理化協会で出したGrundplan d. Kostenrechnung（基礎案）を持って来て，これを抄訳して資料とすることを提案した」[16]と述べている。すなわち，「基本準則」を起案する際に，ドイツの「基礎案」が模範にされたのであり，床井によれば「基本準則」は「基礎案」第１案，第２案を模範にしたという[17]。

　他方，「製造準則」について，黒澤　清は「統一原価計算制度の樹立は今日世界的傾向をなして居り」と述べ，その模範源泉として，「一九三〇年右（上述－筆者）のR，K，Wから公表された原価計算基礎案は，商工省準則（本書では「製造準則」と呼称－筆者）の範をなせるものと思はれる」としている[18]。黒澤の言う1930年の「基礎案」は第３案であり，東京商工会議所から独逸産業合理化協会編『産業合理化資料第44号　原価計算の基礎案』（昭和８年）として翻訳されている。すなわち，「製造準則」を起案する際に，ドイツの「基礎案」第３案が模範にされた。

　総じて，「基礎案」は原価の定義（Begriff der Selbstkosten），材料費（Materialkosten），労務費（Bearbeitungslöhe），経費（Sonderkosten）の費目別分類（Gliederung nach Kostenarten），および直接費と間接費の区分

(Gliederung der unmittelbare Kosten und mittelbare Kosten），費目（Kostenarten）別計算，部門（Kostenstellen）別（場所別）計算，製品（Kostenträger）別（負担者別）計算，原価計算と簿記（Selbstkostenrechnung und Buchführung）という構成であった。

「基礎案」第1案は費目別計算，製造間接費計算，計算結果の集計という構成であり，製品別計算については明確でないという特徴を見出せるが，「基本準則」はこの構成である。「基礎案」第1案，「基本準則」とも，個別原価計算が前提であり，製品別計算が明示されていない。「基礎案」第1案では，原価の区分が販売価格＝原価＋利益，原価＝製造原価＋販売費＋管理費の式で説明されており，計算結果の集計では販売価格の計算が示されている。当時（昭和5年から8年頃），財務管理委員会が意図したのは，産業合理化のための能率向上と価格設定目的の原価計算制度であったが，結局，「基本準則」では価格設定に重点が置かれた構成になっている。

「基礎案」第2案，第3案では，費目別計算，部門別計算，製品別計算の形態をとっている。「製造準則」は，（使用用語には違いがあるが）概ねこの構成である。とくに，「基礎案」第3案では，シュマーレンバッハ（E. Schmalenbach）の*Grundlagen der Selbstkostenrechnung und Preispolitik*, Leipzig, 1925や*Der Kontenrahmen*, Leipzig, 1929が引用されており，シュマーレンバッハの影響が強く見られる。第3案の特筆すべき点は，第1案と第2案で明確ではなかった総合原価計算（Divisionskostenrechnung）と個別原価計算（Zuschlagskostenrechnung）の区分が明確化されたことである。「基本準則」では，総論で個別計算と総合計算に言及していたが，その後は個別原価計算を前提としており，両者の区分は明確ではなかった。しかし，「製造準則」ではこの両者が区分された。これは「基礎案」第1案，第2案から第3案への流れと合致する。しかも，「基礎案」第3案では，製品別計算は総合原価計算，個別原価計算の順に規定が進行するが，「製造準則」の順も同様である。このように見ていくと，第1案，第2案と「基本準則」，第3案と「製造準則」の相似性が高い[19]。以上の流れは，**図表8-4**にまとめることができる。

図表8-4 「基礎案」に基づいた「基本準則」,「製造準則」の系譜

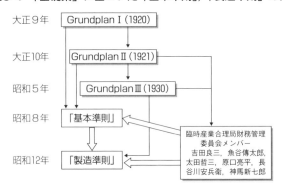

「基本準則」は「基礎案」第1案および第2案の影響を受け,「製造準則」はおもに「基礎案」第3案の影響を受けた。また,財務管理委員会のメンバーを見ると,この分野に精通していたのは委員としては吉田良三,魚谷傳太郎,太田哲三,臨時委員としては原口亮平,長谷川安兵衛,神馬新七郎である。「製造準則」の構成は,吉田良三『工業会計』(千倉書房,昭和10年)それと酷似している[20]。吉田は昭和5年前後からそれまでの英米志向からドイツ志向の原価計算にシフトしており,財務管理委員会が作成したこれら規程の制定においては,吉田が大きく関与したと思われる。

# VI おわりに

「財政会計制度を源流とする系譜」では財政会計制度の進展のなかで,いかに原価計算制度の思考が形成されたかを明らかにするために,原価計算制度における費目別計算思考,製品別計算思考,製造間接費計算思考,部門別計算思考に焦点を当てて,当該系譜における原価計算制度を先行要件の形成,誕生,成長,成熟の各形態に評価した。本系譜においても,政策実現を目的としてドイツ原価計算制度からわが国の原価計算制度に必要な思考が移植されていったので,同様な発展段階的なステップを呈する。「財政会計制度を源流とする系譜」

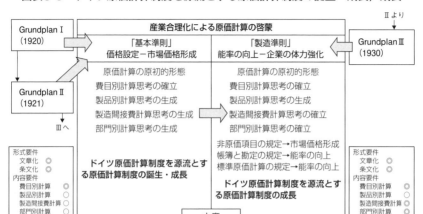

図表8-5　ドイツ原価計算制度を源流とする原価計算制度の誕生・成長，成長

と同じ基準を用いた「基本準則」，「製造準則」の評価は，**図表8-5**のとおりである。

　費目別計算思考については，「基本準則」，「製造準則」とも製造目的で支出した費用を材料費，労務費，経費の費目別に期間集計し，かつそれらを直接費と間接費とに分けて集計する思考が存在しているので，確立形態にあると評価できる。

　製品別計算思考については，「基本準則」では「個別計算と総合計算」の区分はあるが，必ずしも両者の区分は明確ではないので，生成形態にあると評価できる。他方，「製造準則」では個別原価計算と総合原価計算の区分がなされ，別々に規定されているが，総合原価計算，個別原価計算の順になっているので，やはり生成形態にあると評価できる[21]。

　製造間接費計算思考については，「基本準則」では製造間接費計算は部門費計算のなかで説明されており，単独の規定ではなく説明が不十分であるが，目に見えない価値消費を製造間接費として認識し，製品へ合理的な基準で配賦率を用いて配賦する思考が存在しているので，生成形態にあると評価できる[22]。他方，「製造準則」では個別原価計算規定のなかで製造間接費計算が規定されており，製品へ合理的な基準で部門を通して，実際配賦ないしは予定配賦する

思考が存在しているので，確立形態にあると評価できる。

部門別計算思考については，「基本準則」では製造間接費計算の前提として部門別計算が規定されており，製造間接費を製造部門，補助部門で集計する思考が存在するので，生成形態にあると評価できる。他方，「製造準則」では独立した項目「第八　部門費計算」のなかで部門別計算がそれぞれ規定されており，部門費そのものを認識し，それをすべての部門（製造部門および補助部門）で集計し，補助部門費を製造部門に配賦する思考が存在しているので，確立形態にあると評価できる。

こうした状況から，「基本準則」を「ドイツ原価計算制度を源流とする原価計算制度の誕生・成長」，「製造準則」を「ドイツ原価計算制度を源流とする原価計算制度の成長」と評価したい。この社会経済的背景としては，産業合理化運動，不況対策，統制経済への移行が挙げられる。

「基本準則」の規定はドイツからの輸入概念なので，制度の原型が出現する「誕生」，未完成ながらある制度が機能し始める「成長」が同時に実現されている。そこで，「誕生・成長」という表現をとっている。「ドイツ原価計算制度を源流とする系譜」では，まず，産業合理化運動の下で能率向上と価格設定が目指されていたが，「基礎案」をもとに「基本準則」は価格設定志向の原価計算制度，「製造準則」は能率向上志向のそれとしてそれぞれ作成された。「財政会計制度を源流とする系譜」においては，大変長い時間を要して経費・支出，費用，原価への認識と順を追って制度は高度化されていったが，「ドイツ原価計算制度を源流とする系譜」では，完成度の高い原価計算思考がすでに原価計算制度に組み込まれている。これは日本の後進性がもたらした優位性として位置付けられる。

注

1）拙稿「ドイツ原価計算制度を源流とする原価計算制度の系譜に関する一考察」『會計』第188巻第1号，平成27年7月，29-41頁。
2）拙著『日本原価計算理論形成史研究』同文舘出版，平成15年，34-44頁。
3）拙稿「研究ノート：わが国原価計算制度のドイツ化に関する一考察」『専修商学論集』第95号，平成24年7月，105-121頁。

4) 拙稿「わが国原価計算のドイツ化に関する一考察」『日本会計史学会年報』第33号，平成27年9月，80頁。
5) 柳澤 治『戦前・戦時日本の経済思想とナチズム』岩波書店，平成20年，10-11頁。
6) 『上掲書』11頁。
7) 拙著『前掲書』「第5章 ドイツ原価計算論と伝統的原価計算論の形成」223-266頁。
8) 臨時産業合理局財務管理委員会編「原価計算基本準則（未決定稿）」臨時産業合理局財務管理委員会，昭和8年，「原価計算基本準則」序言および同委員会編「製造工業原価計算準則」商工省財務管理委員会，昭和12年，「製造原価計算準則」序言。
9) 拙稿「ドイツ原価計算制度を源流とする原価計算制度の系譜に関する一考察」32-33頁。
10) 岩田 巌「「アカウント」・「アカウンタビリティ」・「アカウンティング コントロール」」『産業経理』第13巻第1号，昭和28年1月，12-19頁。
11) 神戸大学付属図書館デジタルアーカイブ新聞記事文庫「原価計算基本準則：臨時産業合理局財務管理委員会案（1）-（5）」（会計2-54）中外商業新報，昭和8年7月13日〜19日（平成28年9月20日取得）。
12) 臨時産業合理局財務管理委員会編「原価計算基本準則」，第一，一〜七。以後，同準則の引用は，本文中にカッコ書で条数を示す。
13) 原口亮平「＜時論＞産業合理局案原価計算基本準則について」『国民経済雑誌』第55巻第4号，昭和8年10月，85頁。
14) 商工省臨時産業合理局財務管理委員会編「製造原価計算準則」商工省臨時産業合理局財務管理委員会，昭和12年11年，「製造原価計算準則」第一。以後，同準則の引用は，本文中にカッコ書で条数を示す。
   また，下記の黒澤の論文において「製造原価計算準則」が解説されている。
   黒澤 清「製造原価計算準則解説」『會計』第43巻第4号，昭和13年10月，85-98頁。
   黒澤 清「製造原価計算準則解説（其二）」『會計』第43巻第5号，昭和13年11月，103-136頁。
   黒澤 清「製造原価計算準則解説（其三完）」『會計』第43巻第6号，昭和13年12月，97-122頁。
15) 拙稿「わが国における原価計算制度の進展—生産力拡充，低物価抑制の側面からの考察」『経営論集』第61巻第1号，平成26年2月，351-352頁。
16) 太田哲三『近代会計側面誌』中央経済社，昭和43年，102頁。
17) 床井睦子「日本会計制度史の一断章—ドイツ原価計算との関連において—」『研究論集』第8号，昭和55年3月，125頁。
   なお，ドイツと日本の原価計算制度の関係については，下記の論文も参照した。
   床井睦子「原価計算統一化の諸側面」『産業経理』第40巻第11号，昭和55年11月，81-87頁。
   床井睦子「日本原価計算制度小史—戦時期を中心として—」『研究論集』第9号，昭和56年3月，1-34頁。
   床井睦子「原価計算「統一・制度化」の歴史的意義」『會計』第120巻6号，昭和56年12月，83-105頁。
18) 黒澤「製造原価計算準則解説」85-86頁。

19) 床井「日本会計制度史の一断章」125頁。
20) 吉田良三『工場会計』千倉書房,昭和10年,目次。
21) 製品別計算の規定順は個別原価計算から総合原価計算が正順であると考える。原価計算規定の心臓部は製造間接費計算や部門別計算にあり,この観点からは個別原価計算とともにこれらが先に規定され,その後,総合原価計算の規定が続く方が合理的である。
22) 第五 製造間接費配賦手続は部門別計算がその内容であり,製造間接費計算の規定としてはその不充分さから生成と評価した。

# 第9章

# 陸軍側からの国家総動員体制における原価計算制度の構築
―ドイツ原価計算制度を源流とする原価計算制度の成熟

## I　はじめに

　前章では,「原価計算基本準則」(以後,「基本準則」と略称する)や「製造原価計算準則」(以後,「製造準則」と略称する)をドイツ原価計算制度を源流とする原価計算制度の誕生・成長および成長と評価し, それらがいかなる構造であるかを論じた。臨時産業合理局財務管理委員会は, 不況を乗り切るための産業合理化運動の一環として実施すべき原価計算のモデルとして,「基本準則」や「製造準則」を提示したのであった。「基本準則」,「製造準則」はともに統制経済の産物であり, 前者は「重要産業統制法」によるカルテル結成に際して生じる原価計算によるカルテル価格の設定を, 後者は価格設定よりもむしろ, 能率向上を志向していた。これは中国大陸における戦況の拡大を背景として次第に戦時色が高まるなかで, 軍需物資の生産力拡充のために能率の向上が強く打ち出されたからであった。

　その後, 日中戦争の勃発(昭和12年)に伴って増大する軍需品の調達に対応するために, 陸軍は昭和14年10月に「陸軍軍需品工場事業場原価計算要綱」(以後,「陸軍要綱」と略称する)を制定した。これはドイツの原価計算制度を基礎に,「基本準則」や「製造準則」をモデルにして作成されたと言われている。

　本章では,「ドイツ原価計算制度を源流とする原価計算制度の成熟」という視点から, 陸軍が制定した「陸軍要綱」を通じて, ドイツ原価計算制度を源流とする原価計算制度がいかに展開したか, それがどのような特徴を有していた

199

か，いかに成熟したのかを考察していきたい。

## Ⅱ　戦時経済の構想からもたらされたドイツ化

　前章で提示したように，わが国原価計算のドイツ化を示すシナリオでは「第1次世界大戦の被害を調査した陸軍将校に，将来起こる戦争をイメージしてドイツに学んだ総動員思想が芽生えた」を挙げたが，満州事変を経て日中戦争に至り，戦時経済の構想が次第に具体化されていく[1]。やがて，「国家総動員法」が制定され，戦時経済への道を歩み始める。これらの一連の展開は，以下のとおりである[2]。

| | | |
|---|---|---|
| 昭和12年 | 軍需工業動員法ノ適用ニ関スル法律 | 9月9日法律第88号 |
| | 工場事業場管理令 | 9月25日勅令第528号 |
| 昭和13年 | 陸軍軍需監督官令 | 1月14日勅令第30号 |
| | 軍需品工場ノ監督ニ関スル件 | 2月1日陸達第4号 |
| | 国家総動員法 | 4月1日勅令第315号 |
| | 工場事業場管理令 | 5月4日勅令第318号 |
| 昭和14年 | 軍需品工場事業場検査令 | 10月16日勅令第707号 |
| | 価格等統制令 | 10月18日勅令第703号 |
| | 軍需品工場事業場検査令施行規則 | 10月19日陸軍省令第53号 |
| | 別冊陸軍軍需品工場事業場原価計算要綱 | |
| 昭和15年 | 陸海軍工場事業場管理令施行規則 | 5月3日陸軍省、海軍省令第2号 |
| | 会社経理統制令 | 10月19日勅令第680号 |

　第1次世界大戦を契機に，いかに戦争経済を運営していくかの議論が陸軍を中心に起こり，平時から戦時への移行，戦時における軍事関係の民間設備の使用（これを動員と称している）に関する法律が公布された。これが「軍需工業動員法」（大正7年4月16日法律第38号），および「軍需品供給ニ関スル工業動員ノ件」（大正7年6月5日内閣訓令第1号）である。これに伴い，「軍需工業動員法」の運営実行組織である軍需局（「軍需局官制」大正7年6月1日勅令第178号）が設置された。

「軍需工業動員法」の要旨は「政府ハ戦時ニ際シ軍需品ノ生産又ハ修理ノ為必要アルトキハ左ノ各号（3項目を列挙している－筆者）ニ掲クル工場及事業場並其ノ附属設備ノ全部又ハ一部ヲ管理シ、使用シ又ハ収用スルコトヲ得」に凝縮されており，有事における工業能力の増進，軍需品の自給自足を目的としている[3]。昭和12年には，日中戦争勃発に伴い，大正7年に制定した「軍需工業動員法」で規定された「戦時」を日中戦争に適用する「軍需工業動員法ノ適用ニ関スル法律」（昭和12年9月10日法律第88号）が公布された。

　さらに，上記の「軍需工業動員法」を根拠として，「工場事業場管理令」（昭和12年9月24日勅令第528号）が公布された。当該管理令の目的は「軍需工業動員法第二條ノ規定ニ依ル工場及事業場並ニ其ノ付属設備ノ管理」にある[4]。ここでの管理とは，主務大臣が「工場事業場ニ於ケル軍需品又ハ軍需品ノ生産若ハ修理ニ要スル原料，燃料，電力若ハ動力ノ生産，修理又ハ発生ニ関シ当該工場事業場ノ業務ニ付事業主ヲ指揮監督スル」ことである[5]。

　こうして，大正7年から日中戦争までの期間には，総力戦を想定した国防経済体制の理論的な構築が試みられ，そのために必要な法律である「国家総動員法」（昭和13年4月1日法律第55号）が制定され，次のような規定が盛り込まれた[6]。

　　「第十九條　政府ハ戦時ニ際シ国家総動員上必要アルトキハ勅令ノ定ムル所ニ依リ価格、運送賃、保管料、保険料、賃貸料又ハ加工賃ニ関シ必要ナル命令ヲ為スコトヲ得」
　　「第三十一條　政府ハ国家総動員上必要アルトキハ命令ノ定ムル所ニ依リ報告ヲ徴シ又ハ当該官吏ヲシテ必要ナル場所ニ臨検シ業務ノ状況若ハ帳簿書類其ノ他ノ物件ヲ検査セシムルコトヲ得」

　第十九條は原価計算の実施，第三十一條はその結果の報告および検査を示唆しており，この2つの規定に基づいて，「軍需品工場事業場検査令」（昭和14年10月18日勅令第707号－以後，「検査令」と略称する）が発布された。「検査令」には，次のような規定がある[7]。

　　「第四條　陸軍大臣又ハ海軍大臣必要アリト認ムルトキハ命令ノ定ムル所ニ依リ工場事業場ノ事業主ニ対シ軍需品又ハ其ノ原料若ハ材料ノ原価ニ関シ計算ヲ為サシムルコトヲ得」

ここで，軍需品は「軍ノ命令又ハ契約ニ基キ生産又ハ修理ヲ為ス兵器其ノ他ノ軍用ニ供スル物資」を言い，軍需品調達の適性を図るために，軍需品工場事業場は原価計算を実施し，これを報告し，これに関する検査が行われる旨が規定されていた[8]。

　さらに，「検査令」に呼応して，陸軍は昭和14年10月に「陸軍軍需品工場事業場検査令施行規則」，同時に別冊として「陸軍要綱」を制定した。

　わが国原価計算のドイツ化は，統制経済への転換と戦時経済の構想からもたらされたものであり，前章で考察した「基本準則」，「製造準則」は，統制経済への転換に至るきっかけとなった産業合理化運動の所産であった。他方，本章で考察する「陸軍要綱」は，戦時経済の構想からもたらされたものである。

## Ⅲ　戦時経済の構想がもたらした「陸軍要綱」の概要

　太田によれば，陸軍において要綱が設定されるに至ったきっかけは，当時陸軍大将であった山下奉文がドイツ視察に赴いた折りに，ドイツでは軍需品の調弁に原価計算を非常に合理的に運用していることを知り，わが国においても同様の規程を作成するよう命令したことにあるという[9]。この命令を受けて，軍需品工場の原価計算に規準を与えるため，「基礎案」や「製造準則」に基づいて，陸軍の嘱託であった中西寅雄らの手によって「陸軍要綱」が立案された。

　「陸軍要綱」は4章全100条から構成されており，陸軍の軍需品工場事業場が実施するべき原価計算の手順が詳細に規定されている。「陸軍要綱」の構成は，以下のとおりである。

「陸軍要綱」

第一章　総則
第二章　原価ノ構成
　第一節　製造原価ノ要素
　　第一款　材料費
　　第二款　労働費
第三章　原価計算ノ方法
　第一節　個別原価計算方法
　　第一款　製造原価ノ計算
　　第二款　一般管理費及販売費ノ計算
　第二節　総合原価計算ノ方法

第三款　経　費　　　　　　　　第四章　工業会計ノ勘定及帳簿組織
第二節　一般管理費及販売費ノ要素　　第一節　勘定組織
第三節　原価ニ算入シ得ザル項目　　　第二節　帳簿組織

　「陸軍要綱」は一瞥したところ，原価要素の把握・直接費と間接費との区分（費目別計算），製造間接費計算，部門の区分・部門費計算（部門別計算），非原価項目の提示を通じて，生産で消費したすべての価値を個別原価計算や総合原価計算を用いて製品へ割当てる仕組み（製品別計算）が整えられており，これを基礎に販売費・一般管理費の区分と配賦が規定されている。この面からは価格設定に傾倒した構成になっていると考えられる[10]。陸軍では，「陸軍適正利潤率算定要領」（昭和15年4月6日陸支密第1094号）が制定されており，「陸軍要綱」において計算した原価をもとに調弁価格が設定された[11]。くわえて，「製造準則」でも見られた「工業会計ノ勘定及帳簿組織」が企業業績算定のために導入されている。これは陸軍による軍需品工場事業場の監督のための証拠資料を形成するものであり，能率の向上ひいては生産力拡充のためであった。この面からは，能率の向上を意識した構成になっているとも考えられる[12]。

　「陸軍要綱」総則では，最初に「軍需品工場事業場検査令施行規則第一條ニ依リ軍需品工場事業場検査令第三條ニ定ムル工場事業場其ノ他ノ場所ニ於テ施行スベキ軍需品ニ関スル原価計算ニ付定ム」とされ，調弁価格設定のための原価計算が規定されている（第一條）。実施すべき原価計算としては「見積原価計算」の準用も認められているが，原則としては事後原価計算が規定されている。また，原価計算期間は「一箇月」，原価の計算は「実際ニ発生シタル全部ノ原価ヲ計算スルヲ原則トス」，原価の評価は「原則トシテ実際ノ取得価格ヲ以テス」とされ，くわえて「予定価格其ノ他ノ計算価格」も使用できる（第四條，第五條）。

　このように，総則で「陸軍要綱」の大枠および原価計算の方向性が規定された後，「原価ノ構成」が示されている。ここで，原価は「事業ノ目的タル製品ノ製造及販売ノ為ニ生産諸要素ノ購入ヨリ製品ノ販売ニ至ル迄ニ其ノ製品ニ関シテ実際ニ費消セラルル経済価値ノ合計ヲ謂フ」と定義されている（第六條）。原価は製造業における職能に応じて，「製造原価，販売費，一般管理費」に分

### 図表9-1 「陸軍要綱」における原価構成

出典:「陸軍要綱」第七條,原価要素の条文より作成

けられている。さらに,製造原価は「生産諸要素ノ購入ヨリ製品ノ完成ニ至ル迄ニ其ノ製品ノ製造ニ関シテ費消セラルル経済価値」であるとされ,材料費,労働費,経費に分類されている(第七條)。原価構成は,**図表9-1**のとおりである。

材料費は「製品ノ製造ノ為ニ費消セラルル物品ノ価値」,労働費は「製品ノ製造ノ為ニ費消セラルル労働力ノ価値」,経費は「製造原価ノ構成要素ニシテ材料費ト労働費ノ二者ヲ除キタル一切ノ費用」,販売費は「製品ノ販売ニ関シテ費消セラルル経済価値」,一般管理費または総係費は「事業全体ノ管理即チ事業全般ニ係ル人事,財務,会計,調査,庶務ノ事項ニ関シテ費消セラルル経済価値」とそれぞれ定義されている(第七條)。材料費,労働費,経費の合計である製造原価に販売費及一般管理費(総係費)を加えたものは総原価であり,これは価格設定の基礎になると規定されている。

材料費は主要材料費,買入部分品費,補助材料費,消耗工具器具費,工場事務用消耗品費の各原価要素から構成されている(第八條)。

材料の計算は消費量要素の面からと価格要素の面から行われる。

消費量要素の計算は,基本的に継続記録法が用いられる。もし,各消費ごとに区別計算する必要がない場合には棚卸計算法,材料の消費量が製品の生産量に比例して増減する場合には逆計算法が適用できる(第九條)。

価格要素の計算は,購入価格を用い,これは購入代価に「買入手数料、引取運賃、荷役費、保険料、関税等買入ニ要シタル引取費用」を加算したものである(第十條)。しかし,「材料購入ニ際シテ割引又ハ値引若ハ割戻ヲ受ケタルトキハ之ヲ材料価格ヨリ控除スル」,「材料ノ購入事務費、検収費、整理、選別、

手入等ニ要シタル費用及材料保管費等ノ材料副費ハ之ヲ経費トシ」とされ、これらは材料費としない（第十條）。いわば内部材料副費については、材料費の計算から除外している。同種材料を異なる価格で買入れた場合には買入順法（先入先出法）や移動平均価格法が用いられる。

　労働費は主要労働費（「製品ノ製造ノ為ニ直接ニ費消セラルル労働力ノ価値」）、補助労働費（「製品ノ製造ノ為ニ間接ニ費消セラルル労働力ノ価値」）に区分され、後者はさらに、給料（管理労働ニ従事スル者ノ労働費）、補助賃金（補助的作業ニ従事スル労働者ノ賃金）、雑役賃金（雑役ニ従事スル者ノ労働ノ賃金）に区分される（第十一條）。

　労働費の計算も支払賃金と消費賃金の両面から規定されている。

　支払賃金は「基本賃金ト加給金即チ時間外賃金其ノ他ノ割増賃金ヲ含ム」と規定されている（第十二條）。消費賃金は数量要素×価格要素で算定するが、数量要素である作業時間や作業量（出来高）は出勤票、作業時間報告書などにより部門別ないしは製造指図書別に分類集計し、価格要素については時間払賃金制度では実際平均賃率、出来高払賃金制度では実際出来高賃率を使用する（第十二條）。

　なお、従業員の管理および福利施設に関する費用などの労働副費（工場法、健康保険法、退職積立金及退職手当法等ニ依ル事業主負担額、従業員募集費、従業員訓練費、従業員福利施設費）は経費とし、労働費に算入しない。従業員賞与および手当金は労働副費と見なす（第十三條）。

　経費は当該原価計算期間の負担に属する額のみを計算する。それは経費の種類により、月割経費（減価償却費、地代など）、測定経費（買入動力費、暖房費など）、支払経費（旅費、通信費など）となる。

　経費としては、24項目が列挙され、主たる経費である減価償却費、特許権使用料、保険料、租税・課金、修繕費、福利施設費、減耗費、仕損費に関する処理が、以下のように続く（第十四條）。

　減価償却費については、償却すべき資産（有形固定資産、無形固定資産）、耐用年数、償却方法（定額法）などが示された（第十六條）。

　特許権使用料については、生産量または売価に比例して支払う場合、利益に

比例して支払う場合，どちらのケースも原価に算入する（第十七條）。

保険料は建物，機械，貯蔵物品などの火災保険料，その他の損害保険料の他，自家保険料を含む（第十八條）。

製造にかかわる地租，付加税，租税や租税以外の公共的出費は，製造原価とする（第十九條）。

工場建物，機械及装置，工具等の修繕費は，経費とする（第二十條）。

福利施設費は従業員に関する医務衛生費，慰安費，修養費等から構成され，「適当ノ額」に限り製造原価にできるが，これを超えるものは損失とする（第二十一條）。

材料，部品，半製品の保管中に生じた破損，腐敗，漏洩，蒸発，変質に基づく減耗は正常なものに限り，保管費として製造原価に算入する。ただし，偶発的事故に基づく巨額な臨時的損失は原価に算入できない（第二十二條）。

仕損費は経費として製造原価に算入する。ただし，その仕損は正常な仕損であり，過当な仕損は損失とする。なお，仕損が手直しまたは補充によって回復できるときは，これに要した費用のみを仕損費とする。さらに，仕損品が売却価値または利用価値を有する場合にはその見積価額は仕損費に算入しない。官給材料にかかわる仕損品は，別記しなければならない（第二十三條）。

一般管理費と販売費は，原則として区別する。しかしながら，一般管理および販売に共通して発生し，一般管理費と販売費とに明確に区別できないものは，計算上一般管理費に算入する。販売費としては「特ニ販売ニ関シテ発生シ直接ニ捕捉シ得ル原価要素」のみを計上し，主として軍需品製造業では「販売費ハ之ヲ一般管理費ト一括」して処理できる（第二十四條）。一般管理費を構成する原価要素は，重役俸給，営繕費，交際費など16項目が挙げられている（第二十五條）。

重役俸給は一般管理費を形成するが，他方，重役賞与金は利益処分とし，原価に算入しないとされている。また，営繕費として計上できる額は修繕維持に限っており，改良や拡張は含まない。さらに，交際費の原価性は種類や額について通常の支出に限り，原価として不当と見なされる交際費は原価に算入してはいけない。販売費を構成する原価要素は，給料賞与及手当金など11項目があ

げられている（第二十六條）。

以上のとおり，材料費，労務費，経費，販売費および一般管理費が規定されており，それらの大部分が原価に算入すべき費目，一部がすべきでない費目として明確に規定されていた。

次に，非原価項目が「原価ニ算入シ得ザル項目」として，下記のとおりに規定されている（第二十七條）。

　一　偶発的事故ニ因ル損失ハ之ヲ原価ニ算入スルコトヲ得ズ
　二　利益処分項目及之ニ類似ノ項目ハ之ヲ原価ニ算入スルコトヲ得ズ
　三　事業本来ノ目的ニ非ズシテ利殖，統制其ノ他ノ目的ヲ以テ長期ニ亘リテ所有スル投資資産ニ関スル費用及損失ハ之ヲ原価ニ算入スルコトヲ得ズ
　四　将来ノ経営拡張ノ為ニ予備的ニ保有シ又ハ建設中ニ係ル拡張用資産ニ関スル費用ハ其ノ資産ガ営業ノ用ニ供サルルニ至ル迄ハ原価ニ算入スルコトヲ得ズ
　五　次ノ計算期間ニ属スベキ費用ノ前払金及数多ノ計算期間ニ亘リ分割償却サルベキ繰延費用ハ之ヲ当該期間ノ原価ニ算入スルコトヲ得ズ
　六　消耗工具、工場用及事務用消耗品等ノ期末在高ハ之ヲ資産トシ当該期間ノ原価ニ算入スルコトヲ得ズ
　七　貸倒損失及貸倒危険ハ之ヲ原価ニ算入スルコトヲ得ズ
　八　廃残設備売却損、延滞償金ハ之ヲ原価ニ算入スルコトヲ得ズ
　九　当該事業ノ目的タル製品ノ製造及販売ニ関連ヲ有スルモ軍需品ノ製造及販売ニ関連ナキ費用ハ之ヲ軍需品ノ原価ニ算入スルコトヲ得ズ
　一〇　自己資本ニ対スル計算上ノ利子タルト他人資本ニ対スル支払利子タルトヲ問ハズ利子ハ之ヲ原価ニ算入セザルモノトス

非原価項目の提示は価格設定には重要であり，これに対する共通認識がないと算定される原価は適正価格とはなりえない。

このように，各原価費目の説明が行われた後，原価計算ノ方法において，原価計算は「製品ノ製造及販売ノ為ニ費消セラルル原価要素ヲ一定ノ製品単位ニ付集合計算スル手続ヲ謂フ」と定義されている（第二十八條）。さらに，原価計算は個別原価計算（「生産ヲ製造指図書又ハ製作伝票ニ依リ区別統制シ指図書毎ニ原価要素ノ費消ヲ集合算定スル方法」）と総合原価計算（「一期間ニ於ケ

ル総費用ヲ総合算定シ之ヲ生産量ニテ除シテ単位原価ヲ計算スル方法」）に区分されている（第二十九條）。この区分に従って，製品別計算の規定が進行する。

　個別原価計算ノ方法において，個別原価計算では製造原価は直接費と間接費に区別され，前者は「直接材料費、直接労働費及直接経費」，後者は「間接材料費、間接労働費及間接経費」から構成されている（第三十一條）。直接費は直接に製造指図書に賦課し，間接費は 1 原価計算期間に生じた金額を集計して指図書に配賦する。

　間接費の配賦については原則として工場を多数の原価部門に区分し，間接費を各部門に配賦し，次いでその部門の作業や用益を受けた各指図書に配賦する。なお，これには次のような規定が附則されている（第三十四條）。

「作業単純ニシテ間接費ノ少額ナル場合又ハ工場ノ規模小ナル場合ニハ工場事業場ノ事業主ハ関係官衙ノ長ノ認可ヲ受ケテ部門費計算ヲ省略シ間接費ヲ一括シテ各指図書ニ配賦スルコトヲ得」

　これは例外規定であり，原則的には間接費の計算に際しては原価部門を設定する。このとき，原価部門は「製品ノ原価ヲ正確ニ計算シ経営能率ヲ増進センガ為ニ工場ニ於テ設定セラルル計算組織上ノ区分ニシテ各種原価要素ガ直接又ハ間接ニ其ノ発生セシメラレタル特定ノ経営機能ニ従テ集計セラルル計算上ノ区分ヲ謂フ」と定義され，管理，計算のために用いられる（第三十五條）。

　原価部門は製造部門，補助部門に分けられ，後者は補助経営，工場管理部門に区分されている。工場事業場の事業主は原価部門を関係官衙の長の認可を受けて，業種，経営規模，生産および管理組織などの実情を考慮し，設定できる。

　部門を介した製造間接費の配賦は，原則として下記の手順による（第三十七條）。

　　一　製造間接費ヲ製造部門及補助部門ノ関係各部門ニ賦課又ハ配賦ス
　　二　一部ノ補助部門費即チ補助経営ニ属スル諸部門ノ部門費ハ原則トシテ之ヲ直接ニ製造部門ニ配賦シ以テ製造部門費ヲ計算ス
　　三　製造部門費ハ之ヲ指図書ニ配賦ス
　　四　他ノ一部ノ補助部門費即チ工場管理部門ニ属スル諸部門ノ部門費ハ之ヲ製造部門ニ配賦セズシテ直接ニ指図書ニ配賦ス

部門別計算に際して，製造間接費は部門配賦手続上，部門個別費と部門共通費に分けられる。部門個別費は各部門における発生額に応じて関係各部門に直接に賦課する。他方，部門共通費はその各原価要素ごとに各部門が受ける用益に応じて適当な配賦基準を定めて関係各部門に配賦する。このとき配賦基準として，部門の面積，容積，従業員数，労働時間数などの数量的尺度などが用いられる。各部門に製造間接費を配賦した後，補助部門費は製造部門に配賦される（第三十八條〜第四十條）。

　次の手順としては，各製造部門に集計された間接費は，当該製造部門を通過する各製造指図書に配賦する。その配賦は原則として直接労働時間法によるが，機械作業を主とする製造部門には機械作業時間法を採用し，材料費または賃金が製造原価の主たる部分を構成する場合には製造部門費配賦の基準として直接材料費または間接賃金もしくは直接原価を使用する（第四十二條）。

　工場管理部門費は製造部門に配賦を行わずに，製造指図書に直接配賦を行う。したがって，各工場管理部門の部門費の指図書への配賦は，下記のとおりとなる（第四十三條）。

　　一　材料部費—材料部ノ部門費ハ各指図書ノ直接材料費ヲ基準トシテ配賦ス
　　二　労務部費及福利施設部費—労務部及福利施設部等労務管理ニ関スル部門ノ部門費ハ各指図書ノ直接賃金又ハ労働時間ヲ基準トシテ配賦ス
　　三　企画設計部費、試験研究部費、工場事務部費—企画設計部、試験研究部、工場事務部等材料管理及労務管理以外ノ工場管理部門ノ部門費ハ各指図書ノ基礎原価ヲ基準トシテ配賦ス

　なお，試験研究費は経常の性質を有するものに限り指図書に配賦するが，そうでないものについては繰延資産として関係資産勘定で処理する。

　個別原価計算では，直接費（直接材料費，直接賃金，直接経費）を指図書に集計して直接原価を計算し，間接費はまず関係各部門に配賦し，次いで動力部，修繕部，運搬部，検査部等補助経営の部門費を直接に製造部門に配賦して製造部門費の計算を行う。材料部，労務部，福利施設部等材料及労務の管理に関する補助部門費及各製造部門の部門費は指図書に配賦し，これを直接原価と合計して基礎原価を計算する。最後に，企画設計部，試験研究部，工場事務部など

の材料及労務管理以外の工場管理に関する補助部門費を指図書に配賦し,これを基礎原価と合計して製造原価を計算する。

また,上記の手順によらずに,「全テノ補助部門費ヲ製造部門ニ配賦シテ製造部門費ヲ計算シ之ヲ指図書ニ配賦スル方法ヲ採ルコトヲ得」ともされている(第四十五條)。この場合には,補助部門費配賦の方法として直接配賦法を推奨するが,階梯式配賦法によってもかまわない。なお,階梯式配賦法または直接配賦法によって,各補助部門費を他の補助部門または製造部門に配賦するとき,他の部門の受けた用益の程度を表示する適当な配賦基準を設けて配賦する。

部門費の指図書への配賦は,「原則トシテ予定率」で行い,予定率は「間接費及配賦基準タル事項ヲ見積リテ算定スルモノニシテ其ノ見積ハ工場ガ正常ノ操業度ノ下ニ正常ノ経営能率ヲ以テ活動スル場合ヲ標準」として設定する(第四十六條)。

予定率を用いた場合,原価計算期間末に計算された部門費の実際額と予定率による配賦額との差額は,配賦漏間接費または配賦超過間接費となる。配賦漏間接費は「原価計算外ノ損益勘定ニ振替ヘ整理」,配賦超過間接費はその発生が工場の経営能率増進に基づくと認められるものは利益に算入し,そうでないものは製品の総原価から差し引く(第四十六條)。

以上のように,間接費配賦法は個別原価計算のもとで,その手続きが説明されており,概略は次のとおりである。

まず,個別原価計算において,原価要素は直接費と間接費とに分類がなされ,間接費は原価計算期間に生ずる金額を集計し,間接的に指図書に配賦する。間接費の配賦にあたっては,原価部門(製造部門および補助部門)が設定され,間接費はこれら各部門へ用役の提供割合に従って配賦される。この場合,補助部門から製造部門への間接費配賦には直接配賦法,階梯式配賦法の使用が推奨されている。製造部門から各指図書への配賦は予定率が用いられ,配賦基準は原則として直接労働時間法が挙げられている。事情によっては,例えば機械作業を主体とする製造部門では機械作業時間法,材料費や賃金が原価要素に占める割合が多いときには直接材料費法,直接賃金法,直接原価法なども使用可能である。もし実際配賦額と予定率による配賦額に差が生じた場合,配賦漏間接

費は損失として処理するが，配賦超過間接費は経営能率の増進によって生じたと認定できるときのみ利益とし，それ以外は総原価から控除すると規定していた。これは調弁価格設定に高い予定率を使用し，高い価格の設定を防止する意図があったと思われる。

　一般管理費の要素は先に提示した分類を用い，「製品ノ製造原価ヲ基準トシテ製品ニ配賦」する（第四十八條）。その配賦は原則として予定率による。このとき，予定率の算定および配賦差額の処理は「第四十六條ノ規定」を準用する。

　販売費の要素は，販売直接費と販売間接費に区別する。販売直接費は「特定売上品ノ販売ニ要シタル費用ニシテ当該売上品ニ直接ニ負担セシメ得ル原価要素」である（第四十九條）。販売直接費は，当該売上品に直接に賦課する。

　他方，販売間接費は「販売費要素ノウチ多数ノ売上品ニ対シ共通シテ発生シ売上品ニ間接的ニ負担セシムル原価要素」である（第四十九條）。なお，軍需品および民需品に共通に負担させるべき販売間接費と民需品のみに負担させるべき販売間接費に，区別する必要がある。販売間接費は，売上品の製造原価に一般管理費を加えたものを基準として売上品に配賦する。その配賦は原則として予定率による。また，主として軍需品を製造する事業では販売費を一般管理費と一括して処理ができ，この場合，販売間接費は一般管理費と一括して製品の製造原価を基準として製品に配賦する。

　総合原価計算ノ方法では，総合原価計算が適用されるべき生産形態に応じて，下記のとおりに区分される（第五十條）。

　　一　単純総合原価計算（石油採取、石炭採掘、その他の鉱業などに適用）
　　二　等級別総合原価計算（鉄鋼業、紡績業、製材業などに適用）
　　三　工程別総合原価計算（鉄鋼業、鋳物業、石油精製業、石炭化学工業、紡績業、織布業などに適用）
　　四　組別総合原価計算（鋳物業などに適用）

　単純総合原価計算では，部門別計算を行わずに原価計算期間における諸製造費用を直接に原価計算表に集計し，総合原価を計算する。このとき，主要材料消費は期末仕掛品数量からそのなかに含まれる材料消費量を推定して価額を算

定する。加工費はまず仕掛品の仕上程度の完成品に対する比率を定め，これを仕掛品現在量に乗じて仕掛品の完成品換算数量を算定し，当期加工費総額を期末仕掛品の完成品換算数量と当期における完成品数量との比例によって仕掛品と完成品とに按分して仕掛品の加工費を算定する（第五十二條，第五十三條）。

仕掛品の仕上程度の完成品に対する比率は，その算定が困難な場合には原則として50%とする。仕掛品の数量が毎期おおよそ等しい場合には，計算をしなくともよい。

等級別総合原価計算は，「製品ヲ等級ニ区別シ各等級別ニ其ノ製品原価ヲ計算スル場合ニ適用サルル」と定義され，計算法は「各等級ノ製品ニ付予メ等価比率ヲ定メ之ヲ各等級ノ生産量ニ乗ジ其ノ積数ノ合計ヲ以テ総製造費ヲ除シタル商ヲ等価単価トシ之ヲ基礎トシテ等級別製品ノ原価ヲ計算ス」とされている（第五十五條）。なお，連産品原価の計算は，等級別総合原価計算の方法に準拠する。連産品の計算においては「各種連産品ノ等価比率ヲ定メ之ヲ基準トシテ各種連産品ノ原価」を計算し，このとき連産品の等価比率は原則として正常市価比を用いる（第五十五條）。連産品のうち加工の上売却するものは，加工製品の売価予想額から加工費，貯臓および販売費や通常の利益の見積額を控除した額を価額とする。

副産物は「主産物ノ純化工程ヨリ不可避的ニ派生セル物品ヲ謂フ」とされ，その評価額は「主産物ノ製造費用ヨリ控除」とされている（第五十六條）。

工程別総合原価計算は「同種製品ヲ連続生産スルモ製品ガ数箇ノ工程ヲ段階的ニ経過スル場合ニ適用スル方法」であると定義され，その計算法は「各工程ヲ一ノ製造部門トシテ各製造部門費ヲ計算シ第一次工程ニ於テ完成セル製品即チ半製品ノ原価ヲ第二次工程ノ製造原価ニ振替ヘ斯クシテ工程原価ヲ算定スルモノトス」とされている（第五十七條）。このとき，工程原価は「各工程ニ於ケル期始繰越仕掛品原価ニ当期製造費用ヲ加ヘ之ヨリ期末仕掛品現在高ノ原価ヲ控除シタルモノヲ云ヒ之ヲ其ノ部門ニテ完成セル製品ノ総合原価」である（第五十七條）。

また，次のような規定があることから，累加法が規定されている（第六十一條）。

「主要材料費ハ当該主要材料ノ通過スベキ第一ノ製造部門ニ賦課ス。第一部門ノ製品ニシテ第二部門ニ引渡サレタルモノハ其ノ原価ヲ第一部門ヨリ第二部門ニ振替ヘ之ヲ第二部門ノ主要材料費ト為ス」

　工程別総合原価計算における原価の集計は，各工程ごとに原価計算表を作成し，当該工程の製造費を集計し工程原価を算出する。工程原価は原価計算期間における当該製造部門の「(一) 主要材料費 (二) 其ノ他ノ部門個別費 (三) 部門共通費負担額 (四) 補助部門費負担額」を集計し，その期間の総製造費用を計算し，これに期首仕掛品原価を加算し，期末仕掛品原価を差し引いて算出する（第六十三條）。

　主要材料が各工程を通過し，各工程はこれに加工を施すに過ぎない種類の事業，例えば紡績業などでは主要材料費と加工費（補助材料費，労働費，製造経費）とを別途に計算し，加工費を各工程別に算定する（第六十四條）。

　組別総合原価計算は「同一工場又ハ同一工程ニ於テ製品ヲ組別ニ連続生産スル場合ニ適用スルモノ」と定義されている（第六十五條）。同一工場または同一工程における各組の組別原価の算定には組個別費と組共通費を分け，前者は各組に直接に賦課し，後者は一定の配賦基準を設けて各組に配賦する。なお，組共通費の配賦は，個別原価計算の規定を準用する。

　総合原価計算を採用する事業では，一般管理費の要素は原価ノ構成における一般管理費の規定によって分類する。一般管理費は原価計算期間におけるその総額を単純総合原価計算ではその期における製品に均分し，等級別総合原価計算や組別総合原価計算では各等級または各組の総製造原価を基準として各等級や各組の総製造原価に配賦し，工程別総合原価計算では工程原価より主要材料費を差し引いたものを基準として各工程の製造原価に配賦する（第六十六條）。

　総合原価計算を採用する事業では，販売費の要素は原価計算ノ方法における販売費の規定によって分類する。販売費は売上品の製造原価に一般管理費を加えたものを基準として売上品に配賦する。民需品についてのみ発生する販売費要素は，これを軍需品に負担させてはいけない（第六十七條）。

　「陸軍要綱」では，工業会計における勘定や帳簿が勘定組織と帳簿組織に分けられ，詳しく規定されている。

外部取引と同様に内部取引も記録できるシステムが「事業ノ会計ハ単ニ外部ニ対スル営業取引ノミナラズ外部ニ於ケル経済活動ヲモ計算記録スル如ク勘定組織ヲ設定シ特ニ月次損益計算ト原価計算トノ関連ヲ保ツコトヲ要ス」と提案されている（第六十八條）。勘定は，下記の勘定群に大別されている（第六十八條）。

一　静止勘定
二　財政勘定
三　経営外損益要素勘定
四　製造原価要素勘定
五　部門費勘定
六　製造勘定
七　一般管理費要素勘定及一般管理費勘定
八　半製品、製品、仕損品、副産物、作業屑ノ勘定
九　販売費要素勘定及販売間接費勘定
一〇　売上品総原価勘定
一一　間接費差額勘定
一二　売上勘定
一三　月次損益勘定
一四　年次損益勘定

　このうち，原価計算にかかわる勘定群は，製造原価要素勘定，部門費勘定，製造勘定，半製品・製品・仕掛品・副産物・作業屑ノ勘定，販売費要素勘定及販売間接費勘定，売上品総原価勘定，間接費差額勘定である。

　帳簿組織については「事業ハ原価ノ計算ニ関シ原則トシテ本節ニ定ムル帳簿書類ヲ設ケテ計算記録スルモノトス」と規定され，それは下記のとおり大別されている（第八十二條）。

一　製造命令ニ関スル書類
二　材料費ニ関スル帳簿書類
三　労務費ニ関スル帳簿書類
四　経費ニ関スル帳簿書類
五　補助部門費ノ部門配賦ニ関スル帳簿書類
六　製造原価ノ集計ニ関スル帳簿書類
七　一般管理費要素及其ノ集計ニ関スル帳簿書類
八　半製品、製品、仕損品、副産物、作業屑ニ関スル帳簿書類
九　販売費及総原価ニ関スル帳簿書類
一〇　売上ニ関スル帳簿書類

　事業は製造命令に関する書類として製造指図書，製作図面および仕様書を作成する。製造指図書は個別原価計算では特定製造指図書，総合原価計算では継続製造指図書とする（第八十三條）。個別原価計算では，一製造指図書による生産を数個の作業に区分するときは各区分作業に対して副指図書を発行する。

なお，一指図書に包含される製造作業数が多く，すべての製造作業が一原価計算期間内に完了しない場合，指図書を工場の製造能力に応じて一原価計算期間内に完了予定の製造作業に割当て分割発行する。

　材料費に関する帳簿組織は，「材料ノ購入、消費、棚卸ヲ記録スル帳簿及伝票」を言い，当該の帳簿組織を設けて材料費を計算記録する（第八十四條）。

　労働費に関する帳簿書類は，労働費の支払および消費を記録する帳簿および伝票を言い，当該の帳簿書類を設けて労働費を計算記録する（第八十六條）。

　経費に関する帳簿書類は，経費の支払および発生を記録する帳簿および伝票を言い，当該の帳簿書類を設けて経費を計算記録する（第八十七條）。

　補助部門費の製造部門への配賦については，特殊仕訳帳である補助部門費部門配賦仕訳帳を設けてその仕訳を行う（第八十八條）。

　製造原価の集計に関しては，個別原価計算では下記の帳簿書類を設定する（第九十條）。

　　一　部門別作業時間報告書　　　三　製造間接費仕訳帳
　　二　原価計算票　　　　　　　　四　部門費差額仕訳帳

　部門別作業時間報告書は，各製造部門で各指図書に要した作業時間を記入するので，直接労働時間法を用いる際の間接費配賦の基礎となる。

　原価計算票は指図書別に製造原価を計算するために各指図書ごとに作成され，「部門費ノ指図書ヘノ配賦基準事項及配賦率」が明記され，陸軍軍需品，海軍軍需品，民需品別に直接材料費，直接賃金，直接経費，各部門費が当該指図書に集計される（第九十條）。

　製造間接費仕訳帳は，部門費を各部門費勘定から製造勘定へ振替えるための特殊仕訳帳である。

　部門費差額仕訳帳は「部門費ヲ予定率ニ依リ指図書ニ配賦スル場合ニ於ケル配賦差額ヲ部門費勘定ヨリ部門費差額勘定ニ振替フル為ノ特殊仕訳帳」をいう（第九十條）。

　総合原価計算においては，原価集計に関する明細表として原価計算表を作成する。これは，以下のとおりである（第九十條）。

「原価計算表ニハ単一工程総合原価計算ニアリテハ材料費、労働費、経費ヲ各々原価要素別ニ記入シ工程別総合原価計算ニアリテハ主要材料費、部門個別費及部門共通費負担額ヲ各々原価要素別ニ、補助部門費負担額ヲ各補助部門費目別ニ記入ス」

なお，等級別総合原価計算では「原価計算表ニ於テ更ニ総製造原価又ハ工程原価ノ各等級ヘノ分割計算ヲ一覧表」とし，「等級率及其ノ基準事項」を明記する（第九十條）。

一般管理費の支払や発生を記録する帳簿および伝票は，個別原価計算で規定された製造間接費の支払や発生に関する帳簿および伝票に準じて設定する。一般管理要素の一般管理費勘定への集計は，一般管理費仕訳帳による（第九十一條）。

半製品，製品の会計処理に際しては，半製品や製品の製造完了報告書（倉入票），半製品または製品の倉出票，半製品元帳および製品元帳，半製品仕訳帳や製品仕訳帳を設定する（第九十二條）。

仕損品の会計処理に際しては，仕損品報告書，仕損品仕訳帳の帳簿書類を設定する（第九十三條）。

副産物，作業屑の会計処理に際しては，副産物報告書，作業屑報告書，副産物及作業屑仕訳帳を設定する（第九十四條）。

販売費要素の支払や発生，販売間接費要素の販売間接費勘定への集計，販売直接費および販売間接費の売上半製品総原価勘定または売上製品総原価勘定への集計に際しては，販売費要素の支払および発生に関する帳簿書類，販売費仕訳帳を設定する（第九十五條）。

売上半製品または売上製品の総原価に関しては，総原価票や総原価元帳を設定する。総原価票や総原価元帳は，半製品や製品の種類，規格等の別に売上品の総原価を計算するために設定され，売上品の製造原価および一般管理費，販売直接費，販売間接費を集計する。また，これには販売間接費の配賦基準事項および配賦率を明記しなければならなく，陸軍軍需品，海軍軍需品，民需品に区別する（第九十六條）。

半製品，製品，副産物等の売上に関しては，売上伝票，売上帳，得意先元帳

を設定する。売上帳は売上に関する特殊仕訳帳であるので，半製品，製品の売上は陸軍軍需品，海軍軍需品，民需品の別に記入する（第九十七條）。

　以上のとおり，「陸軍要綱」は総則，原価ノ構成，原価計算ノ方法，工業会計ノ勘定及帳簿組織を通じて，行うべき調弁価格設定のための原価計算手続きを規定している。

## Ⅳ　「基本準則」や「製造準則」と「陸軍要綱」の相似性

　太田は「陸軍要綱」について，「大体の骨子は財管準則（本書では「製造準則」と呼称－筆者）に類似しているが，さらに理論的であり，かつ明確にされている」と述べ，「陸軍要綱」の特徴として次の4点を挙げている[13]。

① 資本利子は借入金利子を初め、割引料その他利子の性質を有する費用は全部原価外の項目とした。
② 相互配賦法について2段に配賦する方法が採用された。
③ 補助部門費のうち材料部門費は直接材料費を基準とし，労務管理部門費は直接労務費を基礎とし，製造指図書に直接賦課し、製造部門費としないこととした。
④ 個別原価計算において製造間接費は標準率を以って配賦することを認めている。

　この他に，「陸軍要綱」は「製造準則」とは違って，個別原価計算，総合原価計算の順であり，個別原価計算における部門別計算は総合原価計算への準拠規定になっている。

　日中戦争の開戦に伴って，軍は膨大な量の軍需物資を調達しなければならなかった。このとき，安価な物資の調達かつ安定的な生産力を維持するために，適正な調弁価格の設定が急務であった。すなわち，調達側では安価な調達のために原価である限界をはっきりさせ，業者に何もかも原価とさせないことであった。他方，納入側では継続的な生産力の維持のために全部の原価が回収可能であり，しかもそこから利益が得られることであった。

「陸軍要綱」は法的根拠（「検査令」）のもとに制定されたが，これが「基本準則」や「製造準則」とはもっとも異なる部分である。「検査令」は調弁価格の設定を指示しており，これが「陸軍要綱」の規定そのものを性格付けている。「陸軍要綱」の主たる目的は価格設定であったが，他方で「工場事業場管理令」や「検査令」による工場監督にも役立たせる必要性があった。したがって，「陸軍要綱」は実際に適用し，調弁価格設定に機能しなければならなかったし，さらに工場監督のもとになる数値を提供しなければならなかった。そこで，「陸軍要綱」は基本的には「製造準則」に依拠しながらも，条数を増やしてより具体的に原価計算手続きを規定していた。これらの規程の構成を比較すると，**図表9-2**のとおりである。

上記のように，「陸軍要綱」を検討してきた。本研究では，それがドイツ原価計算制度を基礎として作成された「基本準則」や「製造準則」と同一系譜であると考えている。しかも，直接的には「製造準則」を基礎としていると思われる。原価構成は「基本準則」であり，若干の構成上の違いはあれ，その基本的枠組みは「製造準則」と相似しており，「陸軍要綱」は「製造準則」の思考を継承している。しかしながら，「製造準則」よりも「陸軍要綱」のほうが，より詳細な原価計算手続きが規定されており，いわば「陸軍要綱」は「基本準則」や「製造準則」の進化版となっている。

**図表9-2**のとおり，「基本準則」，「製造準則」，「陸軍要綱」は総則（総論）で全体を概観し，原価の構成，原価計算の方法がベースになり，「製造準則」のみが標準原価計算を規定し，「製造準則」や「陸軍要綱」では一般会計と原価計算の関連が規定されている。「基本準則」や「製造準則」は啓蒙的な意味で作成されたが，「陸軍要綱」は法的根拠（「検査令」）のもと制定された。「検査令」は調弁価格の設定を指示しており，「基本準則」でも取り上げられていたが，「陸軍要綱」には第2章第2節「一般管理費及販売費ノ要素」，第3節「原価ニ算入シ得ザル項目」，第三章第二款「一般管理費及販売費ノ計算」がある。「製造準則」は製造原価のみの規程である。これは「基本準則」，「陸軍要綱」が調弁価格の設定を主旨としているに対して，「製造準則」は原価の統制を主旨としているからである。また，産業合理化を念頭に置いている「製造準則」には，

**図表9-2 「基本準則」および「製造準則」と「陸軍要綱」との構成比較**

| 「基本準則」 | 「製造準則」 | 「陸軍要綱」 |
|---|---|---|
| 序言 | 序言 | |
| 第一　総論 | 第一　総論 | 第一章　総則 |
| | | 第二章　原価ノ構成 |
| | 第二　原価要素 | 第一節　製造原価ノ要素 |
| 第二　物品費 | 第三　物品費 | 第一款　材料費 |
| 第三　労働費 | 第四　労務費 | 第二款　労働費 |
| 第四　費用 | 第五　経費 | 第三款　経費 |
| | | 第二節　一般管理費及販売費ノ要素 |
| | | 第三節　原価ニ算入シ得ザル項目 |
| | 第六　総合原価計算 | 第三章　原価計算ノ方法 |
| 第五　製造間接費配賦手続 | 第七　個別原価計算<br>第八　部門費計算 | 第一節　個別原価計算ノ方法<br>第一款　製造原価ノ計算 |
| 第六　販売費，総係費配賦手続 | | 第二款　一般管理費及販売費ノ計算 |
| | | 第二節　総合原価計算ノ方法 |
| | 第九　標準原価計算 | |
| | 第十　原価計算と工業会計との関連 | 第四章　工業会計ノ勘定及帳簿組織<br>第一節　勘定組織<br>第二節　帳簿組織 |

簡素ながら標準原価計算の規定があった。さらに,「陸軍要綱」に直接影響を与えたと言われる「製造準則」と「陸軍要綱」の特徴を**図表9-3**にまとめた。

図表9-3 「製造準則」と「陸軍要綱」との内容比較

| | 「製造準則」 | 「陸軍要綱」 |
|---|---|---|
| 原価計算目的 | 原価の管理統制、売価設定、損益計算 | 調弁価格設定（「検査令」から） |
| 法的強制力 | 強制力はない（啓蒙的色彩） | 「検査令」に基づく強制力（啓蒙的な意図はない） |
| 原価の定義 | 費消セラルル経済価値ノ合計 | 費消セラルル経済価値ノ合計 |
| 原価の種類 | 実際原価及見積原価、主観原価及客観原価、標準原価、平均原価及正常原価 | 規定なし |
| 原価の評価 | 原則として後計算、前計算も可 | 実際に発生した全部の原価 |
| 原価の構成 | 物品費、労務費、経費 | 材料費、労働費、経費 |
| 販管費の取扱 | 規定なし（製造領域のみを対象） | 規定あり（第24条～第26条） |
| 非原価項目の列挙 | 特殊の経費種目において規定（明確な列挙はない） | 10項目（第27条）を規定 |
| 原価計算の方法 | 総合原価計算、個別原価計算 | 個別原価計算、総合原価計算 |
| 総合原価計算の種別 | 単純総合計算<br>等級別総合計算<br>工程別総合計算<br>組別総合計算<br>連産品原価計算 | 単純総合原価計算<br>等級別総合原価計算<br>工程別総合原価計算<br>組別総合原価計算 |
| 標準原価計算 | 規定あり（第48条～第51条） | 規定なし |
| 工業簿記との関連 | 勘定体系および帳簿体系が規定 | 勘定体系が規定の主体 |

　「陸軍要綱」の行うべき原価計算としては「見積原価計算」の準用も認められているが，原則としては事後原価計算を規定しており，「原価ノ計算ハ実際ニ発生シタル全部ノ原価ヲ計算スルヲ原則トス」とされている。また，原価の評価は「原則トシテ実際ノ取得価格ヲ以テス」とされているが，「予定価格其ノ他ノ計算価格」も使用できる。

　「製造準則」では，原価は実際原価および見積原価，主観原価および客観原価，標準原価，平均原価および正常原価と区分されたが，「陸軍要綱」にはこの区分はない（下線は原価の組み合わせを示すために筆者がつけた）。なぜならば，

原価統制を中心概念に据え，原価計算の啓蒙を図るという目的が「製造準則」にはあり，他方「陸軍要綱」では調弁価格設定には実際原価で十分であったからである。

材料費の区分については，「製造準則」では原料，買入部分品，消耗品，事務用消耗品であったが，他方「陸軍要綱」では主要材料費，買入部分品費，補助材料費，消耗工具器具費，工場事務用消耗品費の各原価要素から構成されている。「製造準則」は消耗品のなかに，補助材料費と消耗工具器具費が内包されていたが，「陸軍要綱」ではこれが補助材料費，消耗工具器具費に2区分され，分類が精緻化した。

労務費（「陸軍要綱」では労働費）の区分については，「製造準則」では賃金，給料，事業主報酬であったが，「陸軍要綱」では主要労働費，補助労働費に，さらに後者は給料，補助賃金，雑役賃金に区分されている。「陸軍要綱」では評価を必要とする事業主報酬は除外され，客観的な金額が明らかな賃金，給料という区分となった。

経費については，「製造準則」では支払経費，測定経費，発生経費，そして月割経費を規定し，その後，11項目にわたる経費を列挙していたが，「陸軍要綱」では24項にわたる経費を列挙した後に，月割，測定，支払を提示して各費目の計算方法を規定している。

経費の規定の後，「陸軍要綱」には一般管理費と販売費の規定があるが，「製造準則」にはこれらの規定はない。これは後者が製造のみを対象としているに対して，前者は製造・販売を対象にしているからである。そこで，「陸軍要綱」では，原価は製造業における職能に応じて「製造原価、販売費、一般管理費」に分けられている。

製品別計算については，「製造準則」が総合原価計算，個別原価計算の順であるに対して，「陸軍要綱」は個別原価計算，総合原価計算の順である。両規程とも個別原価計算と総合原価計算の定義や形態はほぼ同一である。しかしながら，「製造準則」では総合原価計算の項が先なので，そこでは定義・形態や仕掛品の評価を提示し，個別原価計算の項では定義・形態や製造間接費の配賦法が規定されている。他方，「陸軍要綱」では個別原価計算が先であり，ここ

で再び各費目の説明が行われ，その後，部門別計算を前提とした製造間接費の計算が規定されている。

　工業簿記との関連については，「製造準則」では勘定体系が中心であるが，「陸軍要綱」では勘定組織，帳簿組織が詳細に説明されている。規程の目的が前者は個別企業への原価計算（原価統制）の啓蒙，後者は調弁価格の設定であったところから，それがゆえに全体の構造，規定範囲，規定数の相違が生じた。

　冒頭で言及したように，「陸軍要綱」は中西寅雄が大きく関与していた。中西は自著である『経営費用論』に見られるようなドイツの原価計算思考を有していた。中西によって，「陸軍要綱」は「製造準則」をかなり改善した規程となっている。その反面，学者が作成したものであったことを物語るように，詳細過ぎる傾向があり，費目の規定については費目別計算と製品別計算である個別原価計算の2ヶ所にあるが，これがダブリ，時として齟齬が生じていた。

## V　おわりに

　Ⅳでは「製造準則」と「陸軍要綱」の相違についておもに考察したが，「違い」を強調したかったのではなく，「陸軍要綱」は「基本準則」や「製造準則」をベースにしてより詳細化したり，不完全な部分を修正したりしたことを強調したかった。ドイツ原価計算制度の大きな特徴は，原価計算それ自体が会計制度の一分枝として捉えられていることである。「陸軍要綱」もこうした特徴を有している。図表9-4では，「陸軍要綱」における原価計算の基本的な構成要素の進展を示した。

　「基本準則」および「製造準則」では，費目別計算思考，製品別計算思考，製造間接費計算思考，部門別計算思考から制度の完成度を評価したが，「陸軍要綱」の評価は，以下のとおりである。

　費目別計算思考は，原価の分類および直接費と間接費の区分が規定されているので，「基本準則」，「基本準則」と同様に確立形態にある。

　製品別計算思考は規定中に個別原価計算と総合原価計算の区分があるので，

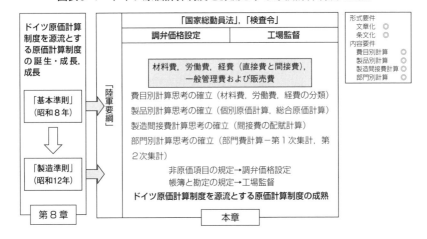

図表9-4 ドイツ原価計算制度を源流とする原価計算制度の成熟

確立形態にある。

製造間接費計算思考は，製造間接費計算が細かく規定されており，しかも部門別計算が前提とされているので，確立形態にある。

部門別計算思考は，部門費そのものを認識し，それをすべての部門（製造部門および補助部門）で集計し，補助部門費を製造部門に配賦する思考が存在しているので，確立形態にある。

結局，「陸軍要綱」には費目別計算思考，製品別計算思考，製造間接費計算思考，部門別計算思考のすべてに確立形態が存在するので，これをもって「陸軍要綱」を「ドイツ原価計算制度を源流とする原価計算制度の系譜の成熟」と評価する。この社会経済的背景としては，「国家総動員法」，「検査令」，戦時経済への移行が挙げられる。

注

1）拙稿「わが国原価計算のドイツ化に関する一考察」『会計史学会年報』第33号，平成27年9月，80-81頁。
2）本年表はおもに下記の拙稿の年表Ⅰ「わが国における軍需工場監督に関する諸法令」および国立国会図書館のWebsiteを参照のうえ作成した。
　　拙稿「陸軍経理組織の変遷と内部監査制度Ⅱ」『経理知識』第77号，平成10年9月，69頁。

国立国会図書館「日本法令索引」http://hourei.ndl.go.jp/SearchSys/（平成28年2月24日取得）。
3）「御署名原本・大正七年・法律第三十八号・軍需工業動員法」JACAR（アジア歴史資料センター），Ref. A03021123900，御署名原本・大正七年・法律第三十八号（国立公文書館），「軍需工業動員法」第二條。
4）「工場事業場管理令ヲ定ム」JA（国立公文書館），Ref. 2A01200・類02080100，公文類聚・第六十一編・昭和十二年・第七十七巻・産業四・工業・鉱業・博覧会・雑載，昭和12年9月25日，「工場事業場管理令」第一條。
5）JA，Ref. 2A01200,「工場事業場管理令」第六條。
6）「御署名原本・昭和十三年・法律第五五号・国家総動員法制定軍需工業動員法及昭和十二年法律第八十八号（軍需工業動員法ノ適用ニ関スル件）廃止（勅令第三百十五号参看）」JACAR，Ref. A03022164500，御署名原本，昭和（～昭和21年），昭和13年，法律（国立公文書館），「国家総動員法」第十九條および第三十一條。
7）「御署名原本・昭和十四年・勅令第七〇七号・軍需品工場事業場検査令」JACAR，Ref. A03022405400，御署名原本・昭和十四年・勅令第七〇七号（国立公文書館），「軍需品工場事業場検査令」第四條。
8）JACAR，Ref.A03022405400「軍需品工場事業場検査令」第二條。
9）太田哲三『近代会計側面誌』中央経済社，昭和43年，154頁。
10）拙稿「ドイツ原価計算制度を源流とする原価計算制度に関する考察」『會計』第188巻第1号，平成27年7月，36-38頁。
11）「適正利潤率算定要領に関する件関係陸軍一般ヘ通牒」JACAR，Ref. C01007794400，陸軍省大日記，陸密・陸普，陸密（防衛省防衛研究所），「適正利潤率算定要領」。
12）陸軍省経理局監査課編『軍需品工場事業場検査令・軍需品工場事業場検査令施行規則：附・陸軍軍需品工場事業場原価計算要綱，軍需品工場事業場検査令解説』川流堂，昭和14年，「陸軍軍需品工場事業場原価計算要綱」第六十八條～第百條。以後，同要綱の引用は本文中にカッコ書で条数を示す。
13）太田哲三ほか監修『原価計算辞典』中央経済社，昭和43年，661-662頁。

# 第10章

# 概念フレームワークとしての「製造工業原価計算要綱」
―わが国統一原価計算制度の形成

## I はじめに

　前章までに，わが国の原価計算制度には2つの系譜があることを主張してきた。それが「財政会計制度を源流とする原価計算制度の系譜」と「ドイツ原価計算制度を源流とする原価計算制度の系譜」（以後，それぞれ「財政会計制度を源流とする系譜」，「ドイツ原価計算制度を源流とする系譜」と略称する）である。前者は明治維新後，政府の直営作業場で形成されてきた原価計算制度の系譜であり，後者は統制経済への転換や戦時経済の構想のもとでドイツ原価計算制度を模範に形成されてきた原価計算制度の系譜である[1]。

　準戦時下に至り，「国家総動員法」（昭和13年4月1日法律第55号）の規定に基づいて「軍需品工場事業場検査令」（昭和14年10月18日勅令第707号，以後，「検査令」と略称する）が軍需品調達価格の適正を図るために制定施行されると，両系譜からは別々の原価計算規程が作成された。すなわち，「ドイツ原価計算制度を源流とする系譜」からは陸軍が「軍需品工場事業場検査令施行規則」（昭和14年10月19日陸軍省令第53号）を発令し，陸軍軍需品工場および協力工場に対して「陸軍軍需品工場事業場原価計算要綱」（陸軍省令第53号別冊，以後「陸軍要綱」と略称する）を，「財政会計制度を源流とする系譜」からは海軍が「海軍軍需品工場事業場検査令施行規則」（昭和15年1月16日海軍省令第1号）を発令し，海軍購買名簿に登録された工場および事業場に対して「海軍軍需品工場事業場原価計算準則」（昭和15年1月20日，以後「海軍準則」と略称する）

を，それぞれ制定した[2]。

したがって，陸軍に物資を納入する場合には「陸軍要綱」，海軍に物資を納入する場合には「海軍準則」に依拠した原価計算を実施しなければならなかった。当然のことながら，軍需品工場事業場主にとっては，政府契約に基づく軍需物資の納入は煩雑を極める。そこで，企画院は「陸軍要綱」と「海軍準則」を一本化すべく，昭和16年7月には「製造工業原価計算要綱草案」（以後，「企画院要綱草案」と略称する），昭和17年4月には「原価計算規則」および別冊「製造工業原価計算要綱」（以後，「企画院要綱」と略称する）を公表した。これは，わが国における統一原価計算制度であるとされる。

本章では，「わが国統一原価計算制度の形成」という視点から，これまでに論じた「ドイツ原価計算制度を源流とする系譜」と「財政会計制度を源流とする系譜」を基礎に，わが国の統一原価計算制度である「企画院要綱」がいかに作成されたか，いかなる性格の規程であったかを考察していきたい。

## II 統一原価計算制度への道

### 1．「ドイツ原価計算制度を源流とする系譜」からのアプローチ

「ドイツ原価計算制度を源流とする系譜」では，不況克服のために繰り広げられた産業合理化運動のもとで能率の向上と適正価格の設定が標榜されていたので，当時ドイツで運用されていた「原価計算基礎案」（*Grundplan der Selbstkostenrechnung*, 以後，「基礎案」と略称する）を参考に，昭和8年には価格設定志向の「原価計算基本準則」（以後，「基本準則」と略称する）が未決定稿として，昭和12年には能率向上志向の「製造原価計算準則」（以後，「製造準則」と略称する）が決定稿としてそれぞれ公表される[3]。

日中戦争の開戦（昭和12年）に伴って，陸軍は膨大な量の軍需物資を大量にしかも安価で調達しなければならなかったので，大正7年「軍需工業動員法」で規定された「戦時」を日中戦争に適用する法律「軍需工業動員法ノ適用ニ関スル法律」が昭和12年に公布された[4]。さらに，同年「工場事業場管理令」も

公布された。こうして，大正7年から日中戦争までの期間には，総力戦を想定した国防経済体制の構築が試みられ，そのために必要な法律である「国家総動員法」が制定される。これに基づいて，陸軍に物資を納入している軍需品工場に陸軍の原価計算制度を法的拘束力の下で実施させなければならなかったので，調弁価格設定の規程として軍需品工場の原価計算に規準を与えるため，中西寅雄らによって「基本準則」，「製造準則」を基礎に「陸軍要綱」が立案された[5]。このとき，「検査令」は原価計算の実施と報告や検査を指示していたので，これが「陸軍要綱」の規定そのものを性格付けることになる。このように，「陸軍要綱」の主たる目的は価格設定であったが，他方で工場監督にも役立たせる必要性があった。したがって，「陸軍要綱」は実際に適用し，調弁価格設定に活用できなければならなかったし，さらに工場監督のもとになる数値を提供しなければならなかった。これは「基本準則」や「製造準則」を基礎に「陸軍要綱」が作成された際にもっとも留意された部分であり，現場に適用できるように，詳細な原価計算手続きが規定されていた。このように，「陸軍要綱」は「製造準則」，「基本準則」ひいては「基礎案」の思考を継承しており，若干の構成上の違いおよび詳細性の精粗はあれ，その基本的枠組みは「製造準則」と相似していた[6]。

## 2．「財政会計制度を源流とする系譜」からのアプローチ

「財政会計制度を源流とする系譜」では，国家予算を効率的に運用していくために整備された財政会計制度のもとで，製品別，注文別，工事別の原価を明確にするために原価計算制度が形成されていった。それは一般会計のためには割り当てられた予算を効率的に執行するための情報を，特別会計のためには定められた資金を運転によって管理するための情報をそれぞれ提供した[7]。

当初，政府直営の作業場には別途会計が適用され，独立採算のために損益計算が志向されていた。このために，印刷工場，海軍工廠，鉄道工場には，作業会計が適用されていた。そのなかでも印刷工場では，作業場を効率的に運営し独立採算を果たすために，「簿記順序」（明治15年）が独自に制定されていた。印刷工場では，収入や費用（原価）の計算を通じた損益計算が会計処理の主眼

であり，そのために「簿記順序」には固定資本への投下資金や営業資本（事業運営資金）の処理に関する詳細な計算規程とともに，注文品の原価の計算法が示されていた。

明治22年「会計法」制定以降，印刷工場，鉄道工場は特別会計にとどまったが，印刷工場は欠損が出れば一般会計から補填される不完全な特別会計に属し，鉄道事業は完全な独立採算を目指していた。そこで，鉄道工場ではそれに即した会計規程である「工場経理規程」（明治43年，大正12年）が制定された。この規程では工場全体の収支を明らかにするために工場勘定が用いられており，鉄道局から発注された車輌の工事費の計算法が示されていた。他方，海軍工廠では材料物品資金は特別会計にとどまり，艦船建造費などは一般会計に移行する。このとき，艦船建造費の概算や工廠ごとの能率を測定する目的で，工事費の計算は系統化される必要性が生じ，「海軍工作庁工事費整理規則」（大正14年，以後，「規則」と略称する）が作成された。したがって，海軍工廠における艦船建造費は「規則」に基づいて計算され，管理された[8]。

「国家総動員法」および「検査令」が公布されると，戦時統制経済の一翼を担うために，昭和15年「海軍準則」が制定された。これは青木大吉（海軍主計）が古くから海軍で行われていた原価計算制度である「規則」をベースに作成したものである[9]。「海軍準則」には海軍工廠内部ではなく民間の軍需品工場へ適用するために，個別原価計算に加えて総合原価計算，非原価項目，一般会計との結合が盛り込まれた（依然として，個別原価計算に重点が置かれている）。このように，「海軍準則」は「規則」をベースに「陸軍要綱」の後に，しかも「国家総動員法」および「検査令」の影響下で作成されたので，「規則」の原価構成などの構成要素を内包しながらも，「陸軍要綱」に近接することとなった[10]。

## 3．「陸軍要綱」と「海軍準則」の一本化へ

上述のように，「ドイツ原価計算制度を源流とする系譜」からは「陸軍要綱」，「財政会計制度を源流とする系譜」からは「海軍準則」が作成され，いずれも「検査令」に基づいていたが，準戦時下における政府の政策に別個の対応をなした。青木倫太郎は『原価計算の方法』（昭和15年）のなかで，「陸軍要綱」と「海軍

準則」について，次のようにコメントしている[11]。

> 「両規定共其の特徴を有してゐるが、一利一害であつて、孰れが優れるものであると断定することは軽々に出来ぬ。たゞ陸軍が詳細に過ぎ條文の順逆、重複等が見られるに比して、海軍は簡潔であり、條文の順序も整つてゐるやうであるが、あまり簡単に過ぎ、海軍の準則のみでは疑問の箇所が多々存するのである。」

もともと陸軍と海軍で資源の奪い合いが起きないように，軍需品工場は陸軍系列工場と海軍系列工場にある程度線引きがなされていたが，大規模軍需品工場やその協力工場となると，陸軍と海軍の両方に物資を納入するケースが生じ，これらに対してもそれぞれの規程に即した原価計算の実施が強制された。

「陸軍要綱」は陸軍が嘱託した外部の研究者（中西寅雄など）が，他方「海軍準則」は海軍内部の会計実務担当者（青木大吉など）が作成し，作成者のスタンディング・ポイントに相違が生じていたが，国家戦略の下で作成されたため，上述のとおり両者は近接する内容となった。両規程の構成は，**図表10-1**のとおりである[12]。

両規程は青木（倫）が指摘するような一長一短をもつが，準戦時下において「陸軍要綱」，「海軍準則」が調弁価格設定のために，工場への適用を念頭に作

**図表10-1 「陸軍要綱」と「海軍準則」の構成比較**

| 「陸軍要綱」 | 「海軍準則」 |
|---|---|
| 第一章　総則（1－5條） | 第一章　総則（1－6條） |
| 第二章　原価ノ構成（6－27條） | 第二章　個別原価計算（7－36條） |
| 　第一節　製造原価ノ要素（8－23條） | 　第一節　製造原価（9－31條） |
| 　第二節　一般管理費及販売費ノ要素（24－26條） | 　第二節　一般管理費及販売費（32－36條） |
| 　第三節　原価ニ算入シ得ザル項目（27條） | 第三章　綜合原価計算（37－41條） |
| 第三章　原価計算ノ方法（28－67條） | 第四章　原価ニ算入スルコトヲ得ザル費用（42－43條） |
| 　第一節　個別原価計算ノ方法（30－49條） | |
| 　第二節　綜合原価計算ノ方法（50－67條） | |
| 第四章　工業会計ノ勘定及帳簿組織（68－100條） | 第五章　工業会計（44－46條） |

成されたことには大きな意味があろう。名西は「我国の統一原価計算制度」のなかで,「陸軍要綱」と「海軍準則」の併存について,次のように述べている[13]。

「陸海軍の各規定は夫々独自の立場から制定され,原価計算制度の構成並其手続に於ける相違は,民間事業経営に対して計算手続並附属書式等の二重化により稍々過重負担を惹起する傾向もあり,両者の統一は経営計算手続の簡易経済化の立場から予て要望さるる処であつた。」

「陸軍要綱」,「海軍準則」は近接したとは言え,名西が指摘するように,細部においてはその手続きにかなりの違いが見出される。そこで,陸軍と海軍の両方に物資を納入している工場事業場から「陸軍要綱」と「海軍準則」を一本化(統一)せよとの声が高まり,これに即応して統一的な原価計算規程の作成が始められた。また,国家総動員計画の見地からも,両規程の統一は不可欠であった。

「陸軍要綱」と「海軍準則」の統一作業は企画院が担当し,第1案が昭和16年に「企画院要綱草案」,これに引き続いて,その成案が昭和17年に「原価計算規則」および「企画院要綱」として公表された。企画院では官民の委員からなる財務諸準則統一協議会を設置し,そこでは「企画院要綱」の作成を進めていた。昭和16年の大阪朝日新聞(8月17日版)には,次のような作成メンバーに関する記述がある[14]。

「…統一原価計算要綱の決定はますます必要となつたのでその立案のため本年二月企画院に財務諸準則統一協議会が設けられた,委員には各省の関係官,学界から中西寅雄,太田哲三,吉田良三,長谷川安兵衛,黒澤清,産業界から佐倉重夫(三菱)栗栖魁夫(興銀)菊地一夫(住友)神馬新七郎(川崎造船)の諸氏が選ばれた」

くわえて,上掲の新聞記事では,次の記述もなされていた[15]。

「すでに公表または制定せられた商工省財務管理委員会の「製造原価計算準則」陸軍の「陸軍軍需品工場事業場原価計算要綱」海軍の「海軍軍需(品-筆者)工場事業場原価計算準則」を照らし総合し,また実際の経験に徴しさらに諸外国における原価計算の方式を参酌して学理と実際との融合を考慮して鋭意作成に当り去る七月二十日の総会において最後的決定をみたものである」

また，名西は「企画院要綱」について，次のように述べている[16]。

「該要綱（「企画院要綱」－筆者）制定に当つては出来る限り陸海軍の規定を採り入れ，陸海軍の各規定実施に当つて得られたる経験も充分考慮せられた処であつて，学理と経験の総合として成立を見たものである。」

このように，「企画院要綱」は研究者，実務家の合議の結果であり，あたかも概念フレームワークとして，原価計算の基礎にある前提や概念が体系化されたものである。すなわち，原価計算の概念的な基礎を明示し，実務適用する際の知見を提供した[17]。

## Ⅲ　統一原価計算制度の形成

### 1．「陸軍要綱」と「海軍準則」から「企画院要綱」へ

前節で考察したように，「陸軍要綱」，「海軍準則」はそれぞれ軍需品工場向けであり，軍需物資の調弁価格の設定に用いられた。しかしながら，一般物資については中央物価委員会によって「物価統制大綱」（昭和14年4月）および「物価統制実施要綱」（昭和14年8月）が公表されていたが，十分に機能しないうちに，「価格等ハ昭和十四年九月十八日ニ於ケル額ヲ超エテ之ヲ契約シ，支払ヒ又ハ受領スルコトヲ得ズ」を主旨とした「価格等統制令」（10月18日勅令第703号，通称：価格停止令）が昭和14年に制定された。これは同年9月18日時点の価格に凍結するという法律であり，市場価格を公定価格にするという，原価に基づかない，いわば「腰くだけ方式」の公定価格であった[18]。

やがて，第2次世界大戦の勃発，太平洋戦争の開戦と一層の軍需生産力の増強が求められた。そこで，昭和16年4月には「生活必需物資統制令」（4月1日勅令第362号），同年12月には「物資統制令」（12月16日勅令第1130号）が公布され，大部分の民需物資の供給は国家の管理下に置かれ，きわめて限られることになった。こうした状況下においては，民需物資の高騰は必至であり，市場価格をベースにした公定価格ではなく，生産費，しかも中庸生産費をベース

にした公定価格が定められなくてはならない[19]。ところが中庸生産費といっても企業間で条件が異なり，大規模企業と中小規模企業では明らかに金額的な開きが生じる。この解決策として，プール平準価格制がとられた。それは業種内で共同販売会社を設立し，この会社が各企業のそれぞれの生産費に応じた価格で製品を買い取り，これを平準化した水準を基礎に，販売価格（すなわち公定価格）を決定する方式である。

この方式を有効に実施するためには，「各企業がいかに正しい生産費を計算できるか」が解決されなければならなかった。なぜならば，業種内で統一した条件の下で計算された原価でなければ，平準化した価格が計算できないからである。このためには，各企業において同じ手順の下で原価計算が実施されなければならず，ここに統一原価計算制度導入の必要性が生じた。

こうした理由から，企画院は物価統制の目的で軍需品工場のみならず，一般工場にも原価計算制度を実施させるために「企画院要綱」を作成した[20]。これは昭和16年に草案，昭和17年に成案が公表され，国家総動員体制を実現する物動計画のための価格算定，物価統制に大きな役割を果たした。原価計算の方式は業種により極端に異なっているので，実施するべき原価計算手続きは業種ごと，さらには企業ごとに作成されなければならなかった。したがって，「企画院要綱」では業種別に原価計算規程が作成できるように，実施するべき原価計算の原則のみが定められていた。これに基づいて，業種別原価計算準則が作られ，これに準拠して各企業は自社の事情を勘案した原価計算規程を独自に作成した。この意味で，「企画院要綱」はわが国の統一原価計算制度であると評価できる。

## 2．「企画院要綱」へ

先に列挙した企画院の規程作成委員（各省の関係官，中西，太田，吉田，長谷川，黒澤，佐倉，栗栖，菊地，神馬）は，国家総動員体制を運営するために，生産力拡充のための経営能率向上と低物価抑制の両観点から，原価計算制度を作成する議論を行った。このとき，モデルにしたのがドイツの「原価計算総則」（*Allgemeine Grundsätze der Kostenrechnung*，1939年1月16日）である[21]。

この研究を踏まえて,「企画院要綱草案」,「原価計算規則」および「企画院要綱」が作成された。「企画院要綱」は高度国防国家建設のために不可欠な「生産力拡充,低物価抑制」を実現する手段の1つとして大きな役割を果たすように仕組まれ,軍需物資のみならず,一般物資についても統制が必要となるに鑑み,適正価格設定のために適切な原価計算の実施を規定した。

「原価計算規則」は,昭和17年4月1日に閣令,陸軍省令,海軍省令第一号として発令され,下記のとおり全4条から構成されていた[22]。

「第一條　価格等統制令第十條、会社経理統制令第三十六條第一項又ハ軍需品工場事業場検査令第四條ノ規定ニ依ル原価計算ニ関シテハ本令ノ定ムル所ニ依ル」

「第二條　原価計算ノ準則ハ別冊製造工業原価計算要綱ニ基キ業種別又ハ業種ノ経営規模別ニ主務大臣之ヲ定メ告示ス

原価計算ニ関シ提出セシムベキ報告書類ノ様式ハ前項ノ規定ニ依ル準則毎ニ主務大臣之ヲ定メ告示ス」

「第三條　主務大臣原価計算ヲ為スベキ事業主ノ範圍及原価計算ヲ開始スベキ期日ヲ指定シタルトキハ当該事業主ハ前條ノ規定ニ依ル準則ニ基キ原価計算ヲ為スベシ但シ主務大臣ノ許可ヲ受ケタルトキハ原価計算ノ開始ノ期日ヲ延期スルコトヲ得」

「第四條　事業主前條ノ規定ニ依リ原価計算ヲ為サントスルトキハ第二條ノ規定ニ依ル準則ニ基キ原価計算ノ実施手続ヲ定メ原価計算開始ノ期日迄ニ之ヲ主務大臣ニ提出スベシ」

第1条では原価計算がそれまで「価格等統制令」,「会社経理統制令」,「軍需品工場事業場検査令」に基づいて実施されていたが,今後(昭和17年以後)は「原価計算規則」に基づくことが,定められていた。

第2条では別冊である「企画院要綱」に基づいて,業種別の原価計算準則が制定されるべきであることが,定められていた。

第3条では主務大臣が原価計算を実施すべき業種の範囲や原価計算期間などを定めている場合には,それに基づいて業種別に原価計算を実施すべきであることが,定められていた。

第4条では第2条の規定によって作成された原価計算規程に基づいて実施手続きを作成することが,定められていた。

「原価計算規則」は先に公布された「検査令」と同じ性格を有し，原価計算の実施の大枠を規定している。詳細な原価計算規定は「企画院要綱」にすべて委ねている。「企画院要綱」は「原価計算規則」の別冊として，昭和17年4月に公表された。「企画院要綱」の構成は，次のとおりであった。

「企画院要綱」

第一章　総則
第二章　原価要素
　第一節　製造原価ノ要素
　　第一款　材料費
　　第二款　労務費
　　第三款　経費
　第二節　一般管理及販売費ノ要素
　第三節　原価ニ算入シ得ザル項目
第三章　原価計算ノ方法
　第一節　製造原価計算
　　第一款　部門費計算
　　第二款　個別原価計算
　　第三款　総合原価計算
　第二節　一般管理及販売費ノ計算
第四章　工業会計ノ勘定及帳簿書類

　第一章　総則は原価計算ノ目的，原価，原価計算，原価計算ノ期間，原価ノ構成から成り立ち，原価計算の基本概念を明示している。原価計算目的は「製造工業ニ於ケル正確ナル原価ヲ計算シ以テ適正ナル価格ノ決定及経営能率ノ増進ノ基礎タラシムルコト」[23]と規定している。これは戦時下における低物価抑制と生産力拡充が目的として据えられていると解せる。また，原価は「製品（半製品及部分品ヲ含ム以下同ジ）ノ生産（修理又ハ加工ヲ含ム以下同ジ）及販売ノ為ニ製品ノ一定単位ニ関シテ費消セラルル経済価値ヲ謂フ」（第二）とされ，総原価が意図されている。さらに，原価計算は「原価ヲ構成スル要素（以下原価要素ト称ス）ヲ製品ノ一定単位ニ付計算スル手続ヲ謂フ」（第三）と規定され，ここに単位当たり計算であることが明示されている。このとき，原則的には実際原価を計算するが，場合によっては予定で計算してもかまわない。しかし，予定は過去の実績と将来の趨勢を加味して決定されなければならず，予定額と実際額に差額が生じた場合には適切に処理されなければならない。

　原価計算期間については「一月トス但シ業種ニ依リ已ムヲ得ザル場合ニハ其ノ期間ヲ延長スルコトヲ得」（第四）とされている。

　原価ノ構成については，製造原価を「製品ノ生産ニ関シテ費消セラルル価値」，

**図表10-2 「企画院要綱」における原価構成**

| 「企画院要綱」 | | 「陸軍要綱」 | | 「海軍準則」 | | |
|---|---|---|---|---|---|---|
| 製造原価 | 材料費 | 製造原価 | 材料費 | 製造原価 | 直接費 | 材料費 |
| | 労務費 | | 労働費 | | | 工 費 |
| | 経 費 | | 経 費 | | | 特別費 |
| 一般管理及販売費 | | 一般管理費及販売費 | | | 間接費 | 別表に記載 |
| | | | | 一般管理費及販売費 | | |

　一般管理及販売費を「事業全体ノ管理及製品ノ販売ニ関シテ費消セラルル価値」（第五）とそれぞれ定義している。したがって，原価構成については，**図表10-2**のとおりである。なお，「企画院要綱」と「陸軍要綱」，「海軍準則」との対応関係が明確になるように，「企画院要綱」のみではなく2規程も含んだ図を作成した（以下，**図表10-3，4，5，6**は同様）。

　製造原価は材料費，労務費，経費に区分され，材料費は「製品ノ生産ニ関シテ費消セラルル物品ノ価値」，労務費は「製品ノ生産ニ関シテ費消セラルル労働給付ノ価値」，経費は「製品ノ生産ニ関シテ費消セラルル価値ニシテ材料費及労務費ヲ除キタルモノ」と定義されている（第六）。

　材料費は主要材料費，部分品費，補助材料費，消耗工具器具備品費，事務用消耗品費の原価要素に区分されている（第七）。

　材料消費量の計算は継続記録法を用い，これが可能でない場合には棚卸計算法や逆計算法が許容されている。材料の購入原価は外部材料副費の加算が指示されているが，内部材料副費については加算を原則認めていない（第八）。

　材料の消費価格は，実際の購入原価で計算する。同種材料を異なる価格で購入した場合には，継続記録法では買入順法や移動平均価格法，棚卸計算法や逆計算法では平均購入原価で計算する。くわえて，材料の消費価格は一定期間に適用する予定価格で計算できる（第十）。

　労務費は賃金，給料，雑給の原価要素に区分する（第十一）。

　消費賃金の計算は「消費賃金ハ原則トシテ作業時間又ハ作業量（出来高）ニ

賃率ヲ乗ジテ之ヲ計算」する（第十二）。作業時間および作業量は出勤票，作業時間報告書または出来高報告書で，賃率は時間払賃金制度では実際平均賃率，出来高払賃金制度では実際出来高賃率で計算する。このとき，平均賃率が用いられ，一部門ないしは一職場における一定期間の賃金総額を同一期間の作業時間総数を除して計算する。消費賃金は必要な場合には予定で計算できる。従業員賞与手当（退職金を含む）については，経費として処理する。なお，労務副費は労務費に算入しない（第十四）。

経費は，従業員賞与手当を初めとして，23項目の原価要素が列挙されている（第十五）。

他方，一般管理及販売費については「一般管理及販売ニ関スル費用ハ之ヲ一括シ一般管理及販売費トシテ処理ス但シ一般管理費ト販売費トニ区別シテ処理スルコトヲ得」（第十九）とされている。原価構成は製造原価と販売費および一般管理費というごく一般的な構成であり，これは概ね「陸軍要綱」のそれを踏襲した。その区分は，役員報酬を初めとして，24項目の原価要素が列挙されている（第二十）。

非原価項目については，「原価ニ算入シ得ザル項目」の下で**図表10-3**のように規定されている（第二十一）。

例えば，一には「火災、風水害、盗難等ニ因ル損失、偶発債務ニ因ル損失、訴訟費」，二には「設立費償却、営業権償却、建設利息償却、役員ノ賞与及臨時的退職手当、役員及社員ノ臨時ノ給与、法人税、営業税及同附加税、臨時利得税並ニ所得税、寄附金、贈与」，三には「投資不動産、長期出資、長期貸付金等ノ管理費用及此等ノ資産ニ対スル諸税、投資資産売却損」，四には「拡張用ノ土地、建物、機械、装置、建設用材料、特許権等ノ取得、建設又ハ管理ノ費用及此等ノ資産ニ対スル諸税」，五には「未経過保険料、前払賃借料」，七には「利子並ニ手形割引料、社債発行差金及発行費償却」の費目が具体的に挙げられている（第二十一）。

第三章　原価計算ノ方法では，原価計算を製造原価計算とよび，これに関して「製造原価要素ヲ要素別ニ計算シ次ニ之ヲ原価部門ニ集計シ最後ニ製品ノ一定単位ニ負担セシムル手続ヲ経ル原則トス」（第二十二）と説明し，これを

### 図表10-3 「企画院要綱」における原価ニ算入シ得ザル項目

| 「企画院要綱」 | 「陸軍要綱」 | 「海軍準則」 |
|---|---|---|
| 一 偶発的事情ニ因ル損失 | 一 偶発的事故ニ因ル損失 | 一 偶発的事故ニ因ル損失 |
| 二 利益ヲ以テ支弁スベキ性質ヲ有スル項目 | 二 利益処分項目及之ニ類似ノ項目 | 二 利益処分及之ニ類似ノ費用 |
| 三 事業本来ノ目的ニアラズシテ利殖、統制其ノ他ノ目的ヲ以テ長期ニ亘リ所有スル資産ニ関スル費用又ハ損失 | 三 事業本来ノ目的ニ非ズシテ利殖、統制其ノ他目的ヲ以テ長期ニ亘リテ所有スル投資資産ニ関スル費用及損失 | 三 事業本来ノ目的ニ非ズシテ利殖其ノ他ノ目的ヲ以テ長期ニ亘リテ所有スル投資資産ニ関スル費用及損失 |
| 四 経営拡張ノ為予備的ニ保有スル資産又ハ建設中ノ設備ニ関スル費用 | 四 将来ノ経営拡張ノ為ニ予備的ニ保有シ又ハ建設中ニ係ル拡張用資産ニ関スル費用ハ其ノ資産ガ営業ノ用ニ供セラルルニ至ル迄 | 四 将来ノ経営拡張ノ為ニ保有シ又ハ建設中ニ係ル拡張用資産ニ関スル費用ハ其ノ資産ガ営業ノ用ニ供セラルルニ至ル迄 |
| 五 前払費用 | 五 次ノ計算期間ニ属スベキ費用ノ前払金及数多ノ計算期間ニ亘リ分割償却サルベキ繰延費用 | 五 次ノ計算期間ニ属スベキ費用ノ前払金及数多ノ計算期間ニ亘リ分割償却セラルベキ繰延費用 |
|  | 六 消耗工具、工場用及事務用消耗品等ノ期末在高 | 六 消耗工具、工場用及事務用消耗品等ノ期末在高 |
| 六 財産評価損、貸倒償却又ハ違約金 | 七 貸倒損失及貸倒危険 | 七 貸倒損失及貸倒危険 |
|  | 八 廃残設備売却損、延滞償金 | 八 廃残設備売却損及延滞償金 |
|  | 九 当該事業ノ目的タル製品ノ製造及販売ニ関連ヲ有スルモ軍需品ノ製造及販売ニ関連ナキ費用 |  |
| 七 利子ノ性質ヲ有スルモノ | 一〇 自己資本ニ対スル計算上ノ利子タルト他人資本ニ対スル支払利子タルトヲ問ハズ利子 | 九 利子、手形割引料、社債割引金償却金、社債発行費償却金、支払保証料等 |
| 八 前各号ニ掲グルモノノ外法令ニ依リ経費トシテ処理スルコトヲ得ザル費用 |  |  |

下記のように個別原価計算と総合原価計算に分類している（第二十三）。

> 「個別原価計算トハ特定ノ製品ニ付個別的ニ其ノ原価ヲ計算スル方法ヲ謂フ種類又ハ規格ヲ異ニスル製品ヲ個別的ニ生産スル工場ニ在リテハ此ノ方法ニ依リ製造原価ヲ計算ス
> 総合原価計算トハ一期間ニ於ケル製品全部ノ原価ヲ総合算定シ次デ之ヲ製品ニ分割シ其ノ原価ヲ計算スル方法ヲ謂フ同種製品ヲ反復継続シテ大量ニ生産スル工場ニ在リテハ此ノ方法ニ依リ製造原価ヲ計算ス」

計算手続きとしては、最初に個別原価計算を前提として、製造間接費の部門別計算が次のように規定されている。

製造原価要素を直接費と間接費に分け、間接費は部門個別費と部門共通費に区分し、部門別計算を行うことを規定している。部門は製造部門と補助部門に、さらに補助部門は補助経営部門と工場管理部門に分類している。

製造原価要素は部門配賦手続上、部門個別費と部門共通費に区分する。前者は「特定ノ部門ニ個別的ニ発生シ当該部門ニ賦課スル原価要素」であり、例えば「特定部門ノ補助材料費、賃金、機械及装置ノ減価償却費、特許権使用料等」である（第二十七）。後者は「数個ノ部門ニ共通的ニ発生シ各部門ニ配賦スル原価要素」であり、例えば「建物減価償却費、建物火災保険料、家賃、地代、租税、旅費、通信費等」である（第二十七）。

部門個別費は各部門に当該部門の発生額を賦課する。他方、部門共通費は各原価要素別に各部門が享受した用役に応じて、「部門ノ面積、容積、従業員数、労働時間数、生産数量、賃金額、固定資産ノ価額其ノ他適当ナル配賦基準」（第二十七）により各部門に配賦する。ただし、配賦基準は各原価要素別に定める。

補助部門費からの製造部門への配賦は、直接配賦法、階梯式配賦法、相互配賦法による。

直接配賦法には2法あり、「第一法ハ原則トシテ総テノ補助部門費ヲ製造部門ニ直接ニ配賦スル方法」、「第二法ハ補助経営部門費ヲ原則トシテ直接ニ製造部門ニ配賦シ工場管理部門費ヲ直接ニ製品ニ配賦スル方法」である（第二十八）。

なお、ここで規定されている相互配賦法は、簡便法としての相互配賦法である。原則として、補助部門費は実際額を配賦するが、「事情ニ依リ動力部費、

**図表10-4 「企画院要綱」における総合原価計算の分類**

| 「企画院要綱」 | 「陸軍要綱」 | 「海軍準則」 |
|---|---|---|
| 一　単一工程総合計算 | 一　単純総合原価計算 | 一　単純総合計算 |
| 二　工程別総合計算 | 二　等級別総合原価計算 | 二　等級別総合計算 |
| 三　組別総合計算 | 三　工程別総合原価計算 | 三　工程別総合計算 |
| 　　等級別製品計算 | 四　組別総合原価計算 | 四　組別総合計算 |

用水部費、修繕部費等ハ当該用役ノ予定価格ヲ以テ配賦」（第二十八）してもよい。

以上のように，製造原価の計算が概説された後，個別原価計算と総合原価計算が個々に説明されている。

個別原価計算の標題のもとで，製造指図書別に原価計算表（原価元帳）を設け，製造原価を計算することが論じられている（第二十九および第三十）。このとき，直接費は各製造指図書に賦課し，間接費は原価計算期間で集計し各製造指図書に配賦する。なお，間接費計算は部門別計算を通じて行い，製造部門費を各製造指図書に配賦する場合には直接労働時間，機械作業時間，直接材料費，直接賃金を基準として用いる。もし，部門別計算を実施しない場合には，間接費は直接に各製造指図書に配賦する。間接費の製造指図書への配賦は，基準を単一ではなく複数用いることが推奨されている。

次に，総合原価計算は**図表10-4**のように分類されている（第三十三）。

総合原価計算では，総合原価計算表を設け，原価計算期間における総合原価を計算する。部門別計算を行う場合には，まずすべての製造原価要素もしくは主要材料費を除いた製造原価要素または製造間接費要素を各部門に賦課または配賦し，次いで補助部門費を製造部門（工程）に配賦し，製造部門の総製造費用または総加工費を計算する（第三十四）。

「仕掛品ノ評価」では，仕掛品は主要材料費と加工費に分けて評価することが規定されている。なお，期末仕掛品主要材料費は期末仕掛品数量から消費量の推定によって計算する。他方，期末仕掛品加工費は加工進捗度を加味して仕掛品数量を完成品数量に換算し，当期加工費総額を期末仕掛品と完成品に按分

して計算する（第三十五）。

　さらに，総合原価計算の項では，「総合原価ノ計算」，「仕掛品ノ評価」，「副産物」の後に，等級別製品計算が論じられている。これは上記3つの総合原価計算形態に結合し，等級別単一工程総合計算，等級別工程別総合計算，等級別組別総合計算を構成することを意味している。その計算は等価比率によって行われ，それは「各等級製品ノ重量、長サ、面積、純分度、熱量、硬度、各等級製品ニ含マルル主要原価要素ノ標準消費量（例ヘバ主要原料ノ標準消費量又ハ標準主要労働時間）等ノ数量的尺度又ハ標準調査ニ依リ算定シタル製造原価ヲ基準トシ適正ニ決定ス」と規定されている（第三十七）。もし，「適当ナル数量的尺度又ハ標準調査ニ依リ算定シタル原価ヲ見出スコト困難ナル場合」には，「各等級製品ノ正常市価ヲ基準トシテ等価比率ヲ決定」できるとされている（第三十七）。

　また，等級別製品計算は「工程ニ於テ同一原料ヨリ主副ヲ明確ニ区別シ得ザル異種ノ製品即チ連産品ヲ連続的ニ生産スル生産様式」にも準用される（第三十七）。連産品の等価比率は「各連産品ノ正常市価等ヲ基準」として決定し，加工の上売却する場合には，連産品の価額は「加工製品ノ売価予想額ヨリ加工費ノ見積額ヲ控除シタルモノ」とする（第三十七）。

　一般管理及販売費の計算については，販売直接費は「之ヲ当該売上品ニ賦課ス」，一般管理及販売間接費は「売上品ノ製造原価ヲ基準トシテ売上品ニ配賦シ又ハ製品等ノ製造原価若ハ加工費ヲ基準トシテ製品等ニ配賦ス」とされている（第四十）。このとき，一般管理及販売間接費の配賦は予定率による。一般管理及販売間接費は必要な場合には原価部門を設けて部門別計算を行い，次いで売上品または製品に配賦する。

　「工業会計ノ勘定及帳簿」では勘定組織，帳簿組織が規定されている。まず，「工業会計ト原価計算トノ関係」の表題で，「工業会計ハ単ニ外部ニ対スル営業取引ノミナラズ内部ニ於ケル経営活動ヲモ記録計算スル諸勘定ヲ設ケ原価計算トノ関連ヲ保ツベキモノトス」とされている（第四十一）。

　勘定組織は「工業会計ニ於ケル勘定組織ハ左（以下－筆者）ノ基準ニ依リ分類ス但シ同一ノ業種ニ属スル事業ニシテ経営規模ノ同一ナルモノニ在リテハ已

**図表10-5 「企画院要綱」における勘定組織**

| 「企画院要綱」 | 「陸軍要綱」 | 「海軍準則」 |
|---|---|---|
| 一 静止勘定 | 一 静止勘定 | |
| 二 財務勘定 | 二 財政勘定 | |
| 三 原価計算外損益勘定 | 三 経営外損益要素勘定 | 一 経営外損益勘定 |
| 四 製造原価要素勘定 | 四 製造原価要素勘定 | 二 直接費勘定 |
| 五 部門費勘定 | 五 部門費勘定 | 三 間接費勘定 |
| 六 製造勘定 | 六 製造勘定 | 四 製造原価勘定 |
| 七 製品勘定 | 八 半製品、製品、仕損品、副産物、作業屑ノ勘定 | 六 製品、半作品、仕損品、副産物、作業屑等ノ勘定 |
| 八 一般管理及販売費要素勘定 | 七 一般管理費要素勘定及一般管理費勘定 | 五 一般管理費勘定及販売費勘定 |
| 九 一般管理及販売間接費勘定 | 九 販売費要素勘定及販売間接費勘定 | |
| 十 差額勘定 | 一一 間接費差額勘定 | |
| 十一 売上品総原価勘定 | 一〇 売上品総原価勘定 | 七 総原価勘定 |
| 十二 売上勘定 | 一二 売上勘定 | 八 売上勘定 |
| 十三 月次損益勘定 | 一三 月次損益勘定 | 九 月次損益勘定 |
| 十四 年次損益勘定 | 一四 年次損益勘定 | |

※対応関係を重視し，並べかえを行った

ムヲ得ザル場合ヲ除クノ外之ヲ統一スルモノトス」とされ，**図表10-5**のような体系であった（第四十二）。

　原価勘定と一般勘定との有機的結合が重視されており，ここには原価計算をシステムと見なす思考がある。

　帳簿組織については，「原価ニ関シテハ概ネ左記（下記－筆者）各号ノ帳簿書類ヲ設ケテ之ヲ記録計算ス但シ帳簿書類ノ分類、記録内容等ニ付テハ業種、経営規模其ノ他ノ実情ニ依リ適当ニ之ヲ定ム」とされ，**図表10-6**のような帳簿が列挙されている（第四十三）。

　以上検討してきたように，「企画院要綱」の規定は一般化されており，以後制定される業種別原価計算準則の基礎となっている。

図表10-6 「企画院要綱」における帳簿組織

| 「企画院要綱」 | 「陸軍要綱」 | 「海軍準則」 |
|---|---|---|
| 一　製造命令ニ関スル書類 | 一　製造命令ニ関スル書類 | |
| 二　材料及材料費ニ関スル帳簿書類 | 二　材料費ニ関スル帳簿書類 | 一　材料費ニ関スル帳簿書類 |
| 三　労務費ニ関スル帳簿書類 | 三　労働費ニ関スル帳簿書類 | 二　工費ニ関スル帳簿書類 |
| 四　経費ニ関スル帳簿書類 | 四　経費ニ関スル帳簿書類 | 三　特別費ニ関スル帳簿書類 |
| 五　部門費ノ計算ニ関スル帳簿書類 | 五　補助部門費ノ部門配賦ニ関スル帳簿書類 | 四　部門費ノ集計及配賦ニ関スル帳簿書類 |
| 六　製造原価ノ集計ニ関スル帳簿書類 | 六　製造原価ノ集計ニ関スル帳簿書類 | 五　製造原価ニ関スル帳簿書類 |
| 七　製品、仕損品、副産物、作業屑等ニ関スル帳簿書類 | 八　半製品、製品、仕損品、副産物、作業屑ニ関スル帳簿書類 | 七　製品、半作品、仕損品、副産物、作業屑等ニ関スル帳簿書類 |
| 八　一般管理及販売費ニ関スル帳簿書類 | 七　一般管理費要素及其ノ集計ニ関スル帳博書類 | 六　一般管理費及販売費ニ関スル帳簿書類 |
| 九　総原価ニ関スル帳簿書類 | 九　販管費及総原価ニ関スル帳簿書類 | 八　総原価ニ関スル帳簿類 |
| 十　売上ニ関スル帳簿書類 | 一〇　売上ニ関スル帳簿書類 | 九　売上ニ関スル帳簿書類 |

※対応関係を重視し，並べかえを行った

　さらに，原価計算制度導入を前提とした軍による工場監督は，各工場の数値的管理を可能にし，その管理範囲は個別企業，業種内企業，そして全産業に及んだ。「企画院要綱」が公表され，拠るべき原価計算制度が明確化すると，原価計算主義が台頭した。原価計算の方式は業種により極端に異なっているので，実施するべき原価計算手続きは業種ごと，さらには企業ごとに作成されなければならなかった。

　こうして，戦時統制経済の構成要素である生産力拡充のための経営能率の向上と低物価抑制のための適正価格の設定が実現できるように，わが国の統一原価計算制度が構築された。

　こうした状況について，黒澤は次のように述べている[24]。

「この時期においてもっとも重要な問題となったことは、単に軍需品の調弁価格の決定のために、原価計算を利用することだけではなくて、軍需民需を問わず、国民経済全体を通じて、全産業界にわたる経営管理および価格統制の基礎として、統一原価計算制度を実施し、経済政策の一環としての原価計算政策を確立しなければならないということであった。」

ここで，統一原価計算制度とは，絶対的な規則をすべての工場に強制することではなく，あくまでも業種特性を加味して業種内での計算方法の統一を意味する。したがって，統一される部分は下記の諸点である[25]。

1. 原価計算の目的
2. 使用術語
3. 原価計算期間
4. 原価認定の範囲
5. 原価要素の分割
6. 原価要素の計算方法
7. 原価部門の区分
8. 部門費計算の手続
9. 原価集計の方法
10. 一般管理費及販売費の配賦
11. 工業会計の勘定組織

この統一原価計算制度については，昭和17年12月11日に「統一原価計算制度実施ニ関シ価格形成上採ルベキ方策」（以後，「方策」と略称する）が，価格形成中央委員会で決定された。これは以下のように，構成されていた[26]。

一　趣旨
二　価格形成上ノ方策
三　統一原価計算制度ノ実施ニ関シ原価計算ヲ正確ナラシムル為ノ具体方策

最初に挙げられた「方策」の趣旨は「価格形成ノ基礎トシテ統一原価計算ヲ採用シ総合的物価対策ヲ実施スルコト」であり，目的は「企業ニ対シ経営能率ノ向上乃至ハ企業ノ整備ヲ促進シ以テ単位生産費ノ低下ヲ図ラシムルト共ニ適正価格ヲ保障シ低物価ト生産増強トノ調整ヲ図ルコト」であった[27]。いわば，戦時経済の円滑な運営のために原価計算制度の導入が主張されている。このときすでに，「企画院要綱」が公表されており，適正な原価算定はこれに準拠する。さらに，価格形成上の方策として，次の4つが挙げられている[28]。

1. 原則トシテ所要ノ生産量ノ確保ニ著シキ支障ヲ生ゼザル限リ高能率ノ場合ノ生産費ニ依ルベキモノニシテ－中略－各企業ノ原価計算ノ結果ヲ検討シ真

ニ適正妥当ト認ムベキ生産費ヲ据ヘ之ニ基キテ価格形成ヲ行フベシ
2. 原価計算ハ過去ノモノナルヲ以テ、価額決定当時ニ於テ発見セル又ハ明確ニ予見シ得ル原価要素ノ価格変動ハ之ヲ考慮スルコトヲ要ス
3. 生産費ニ適正利潤率ヲ加算スルコトヲ要スルヲ以テ速カニ適正標準利潤算定方式ヲ制定スルコトヲ要ス
4. 原価計算ニ基キ生産者販売価格ガ再構成セラレ之ト現行価格トノ間ニ差等アル場合ニ於テ、―中略―生産者ニ対スル価格保障ヲ需要者ニ影響ナカラシムベキ方策ヲ講ズルノ要アリト認ム

また,「三　統一原価計算制度ノ実施ニ関シ原価計算ヲ正確ナラシムル為ノ具体方策」において，次のような注意点が挙げられている[29)]。

1. 原価計算ノ結果ヲシテ価格決定乃至経営能率増進ニ対スル的確ナル基礎資料タラシメンガ為ニハ企業者ニ対シ之ガ実施ヲ命ジ其ノ報告ヲ徴取スルニ留ラズ、政府ニ於テ実地ニ付テノ十分ナル指導ト厳密ナル検査トヲ缺クベカラズ、之ガ為ニハ特ニ経理ニ堪能ナル人員ヲ整備従事セシムルコトヲ要ス。
2. 右（上記－筆者）ノ外企業内部又ハ統制会等ニ於テモ考査ヲ為ス等ノ方法ヲ考慮スベシ。
3. 工場、事業場ニ於ケル原価計算事務担当者ヲ養成スルコトヲ要スベシ。
4. 原価計算ノ報告書ハ統制会等当該事業ノ事情ニ通暁セル者ヲシテ之ガ蒐計整理ト併セテ充分ナル検討ヲ行ハシムルコトヲ要ス。

「方策」が示すように，統一原価計算制度は適正価格の制定，経営能率の増進の基礎であり，統制経済の一構成要素であった。当時の原価計算の焦点は適正な原価の算定と経営能率の増進を実現し，いかに円滑に物価統制を行うかにあった。ここで，後者の経営能率の増進は個々の企業の増進のみならず，産業部門全体，国民経済それ自体の増進を意味する。経営能率の増進によって，物価の低下や低物価の維持を目指すためである。このためには，産業部門内の各経営の能率を比較することが必要である。この場合，同一業種の各経営における原価の計算基礎が不統一であるならば，算定した数値の比較性は存在しない。とくに，物価統制のための公定価格の決定には企業の能率の把握が先決問題であり，これがために各企業が一定の決められた方式で計算する原価計算が重要視された。こうして，各企業が統一的に原価を計算するための統一原価計算制

度が導入され，算定された数値を比較することで，物価統制に必要な中庸原価が把握された[30]。

## 3．「企画院要綱」から「業種別原価計算準則」へ

　原価計算方式は，業種によって大きく異なる。これは各工場で一定様式の原価計算を実践する際の大きな障碍となる。そこで，「企画院要綱」では業種別に原価計算規程が作成できるように，最小限度の原価計算手続きが定められていた。「原価計算規則」第2条の規定に基づいて，業種別原価計算準則が作成された[31]。さらに，各企業はこれに準拠して自社の事情を勘案した原価計算規程を独自に作成した[32]。もともと原価計算は業種の違い，生産形態の違いによって手続きが異なるのであり，「陸軍要綱」や「海軍準則」のように業種横断的な原価計算制度であるべきではなく，統一原価計算制度とは業種別統一原価計算制度を具体的内容とすべきである。その点，「企画院要綱」の規定は細目を以後作成される各業種別原価計算準則に譲っていたので，これが「企画院要綱」をわが国における統一原価計算制度であるとするゆえんである。

　結局，「原価計算規則」の規定に基づいて，以下のような30種類以上の業種別原価計算準則が公表された[33]。

「業種別原価計算準則」

| | | | | |
|---|---|---|---|---|
| 17 | 12.23 | 火砲製造工業 | 7. 6 | 護謨布製品製造工業 |
| | 12.23 | 装軌車両製造工業 | 7. 6 | 護謨タイヤ製造工業 |
| | 12.29 | 製鉄業 | 7. 6 | 工業用護謨製品製造工業 |
| 18 | 2.17 | 電線製造工業 | 7.28 | 機械染色製造工業 |
| | 2.17 | ヒストリング製造工業 | 8. 7 | 醤油醸造工業 |
| | 2.24 | 造船工業 | 8.20 | 光学機械製造工業 |
| | 2.24 | 航空機製造工業 | 8.20 | 光学硝子製造工業 |
| | 3. 3 | 電気機器製造工業 | 8.21 | 自動車製造工業 |
| | 3. 3 | 通信機製造工業 | 8.21 | 自動車車体製造工業 |
| | 3.10 | 信管製造工業 | 8.31 | 綿・スフ紡織工業 |
| | 3.24 | プロペラ製造工業 | 9. 2 | 銃器製造工業 |
| | 4.21 | 麻紡織工業 | 9. 7 | 写真感光材料製造工業 |

| | | | |
|---|---|---|---|
| 4.21 | 石綿スレート製造工業 | 9.7 | 計器製造工業 |
| 5.12 | パルプ及紙製造工業 | 9.7 | 軽合金製造工業 |
| 5.19 | アルミニウム製錬工業 | | |
| 6.16 | 石炭鉱業 | 18 4.9 | 「鉱業原価計算要綱」 |
| 6.17 | 工作機械製造工業 | | |

しかしながら，鉱業だけは他の業種と別個に制定され，「原価計算規則」は昭和18年4月9日に「鉱業原価計算要綱」（以後，「鉱業要綱」と略称する）を追加するために改正された。「鉱業要綱」はドイツにおいて1941年（昭和16年）に経営経済委員会（RFB）によって制定された「鉄および金属加工工業原価計算準則」（Kostenrechnungsrichtlinien der eisen- und metallverarbeitenden Industrie）に大きな影響を受けたと言われている[34]。「鉱業要綱」は「企画院要綱」を基礎として，鉱業の業種特性を加味して構成されていた。そこで，業種別原価計算準則については，その代表として「鉱業要綱」を瞥見したい。「鉱業要綱」の構成は，次のとおりであった。

「鉱業要綱」

　第一章　総則　　　　　　　　　　第三章　原価計算ノ方法
　第二章　原価要素　　　　　　　　　第一節　生産原価ノ計算
　　第一節　生産原価ノ要素　　　　　　第一款　部門費計算
　　　第一款　物品費　　　　　　　　　第二款　生産品ノ原価計算
　　　第二款　労務費　　　　　　　　第二節　一般管理及販売費ノ計算
　　　第三款　経　費　　　　　　　第四章　鉱業会計の勘定及帳簿書類
　　第二節　一般管理及販売費ノ要素
　　第三節　原価ニ算入シ得ザル項目

「鉱業要綱」の構成は「企画院要綱」に依拠しており，下記の3点のみが構成上の相違点である[35]。

1．第二章　第一節の表題が，「企画院要綱」では製造原価ノ要素であるが，「鉱業要綱」では生産原価ノ要素である。

2．第二章　第一節第一款の表題が，「企画院要綱」では材料費であり，「鉱業要綱」では物品費である。

### 図表10-7 「鉱業要綱」における原価分類

出典：鉱業原価計算要綱　第二章原価要素　第六と第十九の条文より作成

3．第三章　原価計算ノ方法について，「企画院要綱」では第一節が第一款　部門費計算，第二款　個別原価計算，第三款　総合原価計算に細分化されているが，「鉱業要綱」では第一節は第一款　部門費計算のみである。

　第一章総則は原価計算ノ目的，原価，原価計算，原価計算ノ期間，原価ノ構成から成り立ち，原価計算の基本概念を明示している。原価計算目的は「<u>鉱業ニ於ケル</u>正確ナル原価ヲ計算シ以テ適正ナル価格ノ決定及経営能率ノ増進ノ基礎タラシムルコトヲ目的トス」（第一）と規定されており，下線部は「企画院要綱」では「製造工業ニ於ケル」であった。

　原価の定義は「企画院要綱」と同じであるが，「生産」の後にカッコ書きで「選鉱及製錬等ヲ含ム但シ鉄鋼ノ製造及石油ノ精製ヲ除ク」（第二）が付け加えられている。

　また，原価構成については，**図表10-7**のような分類を規定している。

　「鉱業要綱」では原価計算を生産原価計算とよび，これに関して「生産原価要素ヲ要素別ニ計算シ次ニ之ヲ原価部門ニ集計シ最後ニ生産品ノ一定単位ニ負担セシムル手続ヲ経ルヲ原則トス」（第二十二）と説明している。このとき，部門費計算では部門別計算を行うことが規定されており，原価部門として製造部門と補助部門（補助経営部門と工場管理部門）が挙げられている。部門別計算は，以下のように行われる（第二十三から第二十六）。

　最初に，製造間接費を部門個別費と部門共通費に区分し，製造部門費と補助部門費を計算し，その後補助部門費を製造部門に配賦する。このとき，補助部門費配賦法には，直接配賦法，階梯式配賦法，相互配賦法を用いる。このように，製造間接費計算は部門別計算を通じて行い，製造部門費を各製造指図書に

配賦する場合には，直接労働時間，機械作業時間，直接材料費，直接賃金を基準として用いる。部門別計算を実施しない場合，間接費の製造指図書への配賦は単一の基準ではなく，複数用いることが推奨されている。

生産品の原価計算では，生産原価計算を総合原価計算と個別原価計算とに分類している（第二十七）。

総合原価計算は単一工程総合計算，工程別総合計算，組別総合計算の３つに分類されている。また，仕掛品ノ評価についても，「企画院要綱」と同様に仕掛品を主要材料費と加工費に分けて評価することが論じられている（第三十）。さらに，総合原価計算の項で，等級別製品計算が「総合原価の計算」，「仕掛品の評価」，「副産物」の後に論じられている。これは上記３つの総合原価計算形態に結合し，等級別単一工程総合計算，等級別工程別総合計算，等級別組別総合計算を構成することを意味している。これも「企画院要綱」とかわらない。

個別原価計算では，製造指図書別の原価計算表の作成が論じられている。製造原価要素は直接費と間接費に分けられ，直接費は各製造指図表に賦課し，間接費は原価計算期間で集計し各指図書に配賦する。個別原価計算の取り扱いは「企画院要綱」と比べてとても軽微であり，規定順序も逆である。これは，鉱業が基本的に受注生産ではなく，大量生産であることを物語り，業種特性が反映されている。

「鉱業会計ノ勘定及帳簿書類」では，勘定組織や帳簿書類が規定されており，勘定組織は下記のように「企画院要綱」と概ね同じであった（第三十八）。下線は「企画院要綱」と相違する勘定名であり，「鉱業要綱」では製造の代りに生産が用いられている。

1. 静止勘定
2. 財務勘定
3. 原価計算外損益勘定
4. <u>生産</u>原価要素勘定
5. 部門費勘定
6. <u>生産</u>原価勘定
7. <u>生産品</u>勘定
8. 一般管理及販売費要素勘定
9. 一般管理及販売間接費勘定
10. 差額勘定
11. 売上品総原価勘定
12. 売上勘定
13. 月次損益勘定
14. 年次損益勘定

帳簿組織も下記のように,「企画院要綱」と概ね同じであった（第三十九）。下線は「企画院要綱」と相違する帳簿名であり,「鉱業要綱」では製造の代りに生産が用いられている。

　一　製造命令ニ関スル書類
　二　物品及物品費ニ関スル帳簿書類
　三　労務費ニ関スル帳簿書類
　四　経費ニ関スル帳簿書類
　五　部門費ノ計算ニ関スル帳簿書類
　六　生産原価ノ集計ニ関スル帳簿書類
　七　生産品,副産物等ニ関スル帳簿書類
　八　一般管理及販売費ニ関スル帳簿書類
　九　総原価ニ関スル帳簿書類
　十　売上ニ関スル帳簿書類

「鉱業要綱」は「企画院要綱」を基礎として,鉱業の業種特性を反映した構成になっている。

## Ⅳ　おわりに

　本章では,「ドイツ原価計算制度を源流とする系譜」と「財政会計制度を源流とする系譜」という視点から,「企画院要綱」へ至る道とその性格を瞥見してきた。まさに,研究者や実務家が政府の政策に対応するために,作り上げた概念フレームワークであった。以後,これに準拠して,多くの業種別原価計算準則が制定された。**図表10-8**は「企画院要綱」への道を示した。

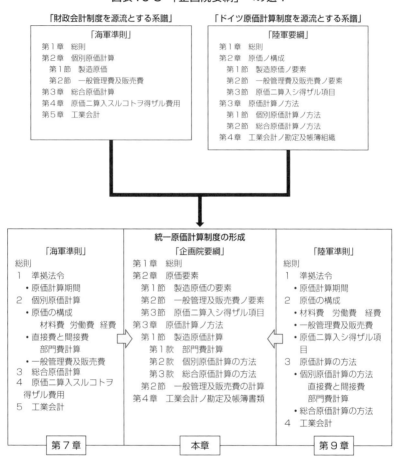

図表10-8 「企画院要綱」への道1

　「企画院要綱」は,「財政会計制度を源流とする系譜」と「ドイツ原価計算制度を源流とする系譜」から作成された規程であった。「陸軍要綱」,「海軍準則」は原価計算制度としての要件はすべて満たし,各系譜の原価計算制度の成熟形態となった。そこで,「企画院要綱」では,この内容要件のさらなる高度化が図られた。**図表10-8**は各規程から「企画院要綱」へ受け継がれた部分をそれぞれ外側に示し,**図表10-9**ではその細目を表で示した。

### 図表10-9 「企画院要綱」への道2

| 規定 | 由来規程 | 「企画院要綱」 |
|---|---|---|
| 総則 | 「陸軍要綱」5条構成<br>「海軍準則」6条構成 | 5項目、目的→原価→原価計算→原価計算期間→原価の構成 |
| 構成の大枠 | 「陸軍要綱」4章構成 | 4章構成、総則→原価要素→原価計算の方法→工業会計 |
| 簡略性 | 「海軍準則」46条構成 | 43項目構成 |
| 非原価項目 | 「陸軍要綱」10項目<br>「海軍準則」9項目 | 8項目構成　内容は「陸軍要綱」や「海軍準則」と同じ |
| 原価計算の方法 | 「陸軍要綱」 | 個別原価計算と総合原価計算の同等の取扱 |
| 工業会計の規定 | 「海軍準則」3条構成 | 第4章第41から第43まで、3項目構成 |

　「企画院要綱」における総則は両規程，原価の構成は「陸軍要綱」，非原価項目は両規程，原価計算の方法は「陸軍要綱」，工業会計は「海軍準則」から受け継いでいる。「企画院要綱」では，「陸軍要綱」，「海軍準則」よりも規程の体系が洗練された。「企画院要綱」の構成は，下記のとおりである。

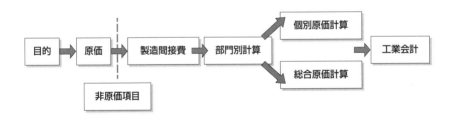

　「企画院要綱」では，目的が原価（非原価項目も）を，原価の構成ひいては製造間接費の範囲を規定する。さらに，部門別計算，製品別計算，そして工業会計との関係が規定され，それまで論理的でなかった体系が「陸軍要綱」や「海軍準則」よりも洗練された。これにより，新たに整備された規定は，**図表10-10**のとおりである。

**図表10-10 「企画院要綱」での新しい試み**

| 規定 | 「企画院要綱」 | 「陸軍要綱」、「海軍準則」 |
|---|---|---|
| 適用対象 | 一般工場および軍需品工場 | 軍需品工場 |
| 準拠法令 | 原価計算規則 | 軍需品工場事業検査令 |
| 販売費及一般管理費 | 原価構成の後、原価計算方法の後 | 陸：原価構成の後、個別原価計算の後、海：個別原価計算の後 |

　これまでの自らの研究および先行研究では，基本的に「企画院要綱」は「陸軍要綱」，「海軍準則」の一本化ないしは統合の産物であると見なしている。そこで，「企画院要綱」を「統一原価計算の形成」と評価している。この社会経済的背景としては，戦時下における戦時統制経済への移行，生産力拡充，低物価抑制が挙げられる。

　しかしながら，より的確に表現すると，「陸軍要綱」と「海軍準則」の一本化は対等の関係の統合ではなく，もし企業合併に例えるならば，確実に吸収合併に当たるであろう。統一の主導権は，実質「ドイツ原価計算制度を源流とする系譜」が有した。すなわち，「陸軍要綱」は条数も多く，世の中全体がドイツ化する波のなかに「海軍準則」はのみこまれていく。これは第8章，第9章で考察したように，当時わが国は急速にドイツ化していき，原価計算もその例外ではなかったこと[36)]や「企画院要綱」の学界からの作成メンバーは中西寅雄，太田哲三，吉田良三，長谷川安兵衛，黒澤　清などであり，「基本準則」，「製造準則」，「陸軍要綱」の作成に携わって，「ドイツ原価計算制度を源流とする系譜」を作り上げた面々であったことも大きく作用している[37)]。わが国では当時原価計算の実務蓄積がなかったので，原価計算の実務への適用は原価計算規程の公表，その強制によって初めて可能になった。

　こうして，戦時中にわが国の原価計算は理論整備局面から実施試行局面へと移行し，さらに実践を視野に置いた理論面，制度面が整備されていく。この時期に至って，原価計算は統一原価計算制度の制定を通して，理論的（theoretic）な側面と実務的（pragmatic）な側面の両方を兼ね備えることになったと考えられる[38)]。

## 注

1) 拙稿「財政会計制度を源流とする原価計算制度の系譜に関する一考察」『會計』第180巻第5号，平成23年11月，17-29頁．

　　拙稿「ドイツ原価計算制度を源流とする原価計算制度の系譜に関する一考察」『會計』第188巻第1号，平成27年7月，29-41頁．

2) 拙稿「わが国統一原価計算制度の形成に関する一考察—概念フレームワークとしての企画院「製造工業原価計算要綱」」『會計』第190巻第3号，平成28年9月，26-38頁．

3) 拙稿「わが国原価計算のドイツ化に関する一考察」『会計史学会年報』第33号，平成27年9月，83-85頁．

4) 拙稿「研究ノート：わが国原価計算制度のドイツ化に関する一考察」『専修商学論集』第95号，平成24年7月，111-112頁．

5) 拙稿「わが国原価計算のドイツ化に関する一考察」85-86頁．

6) 「上掲論文」85-87頁．

7) 拙稿「海軍工作庁における会計—「海軍工作廳ニ於ケル會計經理ノ大要」から」『専修商学論集』第95号，平成28年7月，84頁．

8) 「上掲論文」84頁．

9) 海軍歴史保存会編『日本海軍史　第5巻（部門小史下）』海軍歴史保存会，平成7年，159頁．

10)「海軍準則」と並んで，「規則」は海軍工廠の原価計算として終戦時まで存続する．この意味では，「海軍準則」は「財政会計制度を源流とする系譜」からスピンアウトしたと言える．

　　拙稿「続・海軍工廠における原価計算規程の進展」『専修商学論集』第98号，平成26年1月，95-120頁．

11) 青木倫太郎『原價計算の方法』森山書店，昭和15年，178頁．

12)『上掲書』164頁．

13) 名西儀一「我が國の統一原價計算制度」『彦根高商論叢』第34号，昭和18年11月，138頁．

14) 神戸大学付属図書館デジタルアーカイブ新聞記事文庫「一般製造工業にも統一原價計算を実施　企畫院草案発表さる」会計（2-170），大阪朝日新聞，昭和16年8月17日（平成28年4月1日取得）．

15)「上掲新聞記事」

16) 名西「我が國の統一原價計算制度」138頁．

17) ここで使用している概念フレームワークは，財務会計でいうそれとは必ずしも同じではなく，研究者，実務家が作り上げた原価計算のフレームワークというような意味合いである．

18) 拙稿「わが国戦時期における原価計算制度の進展—生産力拡充，低物価抑制の側面からの考察」『経営論集』第61巻第1号，平成26年2月，358頁．

19)「上掲論文」358頁．

20) 拙稿「わが国統一原価計算制度の形成に関する一考察—概念フレームワークとしての企画院「製造工業原価計算要綱」」33頁．

21) 黒澤　清「中西寅雄と日本の原価計算」xxii頁，中西寅雄『経営経済学論文選集』所収，千倉書房，昭和55年．

久保田音二郎『間接費会計論』巌松堂書店，昭和17年，275-298頁。
22) 企画院編纂「原価計算規則：別冊製造工業原価計算要綱」内閣印刷局，昭和17年4月，1-2頁，「原價計算規則」第一條から第四條。
23) 「上掲書」1-2頁，「製造工業原価計算要綱」第一。以後，同要綱の引用は本文中にカッコ書で条数を示す。
24) 黒澤「中西寅雄と日本の原価計算」xvi-xvii頁。
25) 鍋島　達「生産増強と統一的原価計算制度」18-27頁，岩崎松義，細野孝一編『日本戦時経済研究』所収，伊藤書店，昭和17年。
26) 小田垣光之輔『物価政策講説』山根書房，昭和19年，327-329頁。
27) 『上掲書』327-328頁。
28) 『上掲書』327-328頁。
29) 『上掲書』329頁。
30) 拙稿「わが国戦時期における原価計算制度の進展」363頁。
31) 拙著『日本原価計算理論形成史研究』同文舘出版，平成15年，302頁。
32) 拙稿「戦時下における航空機工場の原価計算規程」『専修商学論集』第94号，平成24年1月，79-103頁。
33) 日本公認会計士協会編『会計監査史料』日本公認会計士協会，昭和51年，164頁。
34) 小林健吾「ドイツにおける原価計算基準」629-631頁，太田，黒澤，佐藤，山下，番場監修『原価計算辞典（第5版）』中央経済社，昭和49年。
35) 「原価計算規則中ヲ改正ス」JACAR，Ref.A03010135900・類02766100，公文類聚・第六十七編・昭和十八年・第九十八巻・軍事四・国家総動員二，昭和18年4月2日，「鉱業原価計算要綱」第一から第三十九。以後，同要綱の引用は本文中にカッコ書で条数を示す。
36) 拙稿「わが国原価計算のドイツ化に関する一考察」79-91頁。
37) 拙稿「わが国統一原価計算制度の形成に関する一考察」35頁。
38) 拙著『前掲書』267-317頁。

# 第11章

# 「原価計算基準」の制定と新たなる原価計算制度の形成

## I　はじめに

　前章まで での考察が示しているように，わが国において原価計算制度は戦時期（昭和12年頃〜20年）にきわめて大きな発展を遂げた[1]。戦後，経済の復興のために，戦時期に物価統制目的で制定された原価計算制度（昭和17年4月「原価計算規則」および別冊「製造工業原価計算要綱」，以後，後者を「企画院要綱」と略称する）が一時的に流用されたが，復興の進行に伴って，やがて高度成長に向かうために，新たなる原価計算制度が必要とされた。

　昭和20年の終戦時には，日本の国土は空襲により焼け野原になり，経済活動，国民生活は完全に停止したかに見えた。しかしながら，戦後間もなく，戦後緊急対策企画室（昭和20年）が設置されたり，GHQの管理下で経済安定本部令（昭和21年8月12日勅令第380号）に基づいて経済安定本部が立ち上げられたりして，着実に復興への道を歩き始めた。ときおり戦前・戦中と戦後における連続性と非連続性が議論されるが，原価計算の領域では戦時期に確立された軍需物資調達価格の算定という軍事目的への原価計算制度の使用は戦後体制のなかで消失したが，原価計算が有する価格計算の機能は戦後も物価統制のために有用であると判断され，それまでの仕組みが戦後しばらく活用された[2]。

　これが昭和21年「原価計算規則に関する件を定める」や昭和23年の物価庁「製造工業原価計算要綱」であり，戦前・戦中から戦後へつながる連続性が見出せる部分である。さらにこの後，昭和37年には「原価計算基準」（以後，「基準」

と略称する）が制定される。

　この過程は本研究が示すまでもなく，多くの秀逸な先行研究，また実際に「基準」の作成に関与した先人たちの多くの回顧録が存在する。もちろん，これを繰り返す必要はなく，むしろここには深入りしない。したがって，本章では本研究が示した視点から，「基準」へ至る道とその歴史的意義を論じていきたい。

## II　終戦直後における原価計算規程の展開（極秘「統制価格形成方針」より）

　終戦直後，直ちに戦後通貨対策委員会（後に，戦後通貨物価対策委員会）が設置された。また，政府はGHQと物価対策に着手した。とくに，GHQ「指令第3号」（昭和20年9月22日）によって，その後の物価政策の方向性が示された。昭和21年にはGHQの経済統制堅持の方針に沿って，「戦後物価対策基本要綱」（2月15日に閣議決定），「物価体系ノ確立及価格等統制ノ方針ニ関スル件」（3月1日に閣議決定）が公表された。これらは日本政府とGHQの協議によって，終戦直後に策定された物価統制の基本方針の提示であり，幅広い品種に価格統制を行う旨が示されている。

　やがて，昭和21年に「物価統制令」（3月3日勅令第118号）が公布され，この冒頭（第一條）には「本令ハ終戦後ノ事態ニ対処シ物価ノ安定ヲ確保シ以テ社会経済秩序ヲ維持シ国民生活ノ安定ヲ図ルヲ目的トス」[3]とされていた。このために，先に提案された新物価体系による物価統制を大蔵大臣に一本化する物価行政機構の設置が検討された（同年8月12日に物価庁が設置される）。

　戦争の終結後，物価の混乱を収拾するために諸多の政策がとられたが，これを物語る資料として「新物価水準及び物価体系の算定に関する資料」（『戦後物価統制資料』）がある。そこでは新物価体系がいかに作成されたかに関して，次のような記述がある[4]。

　　「一二年水準の物価は、原価計算の基礎計数が明瞭な昭和一四年「価格（ママ）統制令」当時の調査を基礎とし、一二年から一四年までのインフレ率を逆算して一二年水準の個別価格を算定する。」

さらに，次のような記述がある[5]。

「賃金・米・石炭の価格から推定して、他の物価や料金の原価計算を行い価格体系を作る」

この2つの記述は，戦後の物価統制に「原価計算がいかに用いられたか」を示す証拠の1つであり，新物価は昭和12年の水準に戻した各物品の原価に基づいて算定されたのである。

昭和21年9月30日には,「原価計算規則に関する件を定める」によって「原価計算規則」（新規則）が公表された。これは昭和17年に公布された「原価計算規則」（旧規則）を昭和21年「物価統制令」の第十八條「主務大臣必要アリト認ムルトキハ閣令ノ定ムル所ニ依リ価格等ノ原価ニ関シ計算ヲ為サシムルコトヲ得」[6]に基づいた「原価計算規則」（新規則）とするものであった。若干の読み替えはあるものの，昭和17年の「原価計算規則」（旧規則）がそのまま公表された[7]。

こうした一連の流れのなかで「統制価格形成方針」（以後,「方針」と略称する）が作成された[8]。これは鍋嶋 達先生が旧蔵していたと思われる私製の綴込表紙（B5版）に綴じられた手書きメモ含む謄写版印刷の文書（以後，鍋嶋文書と称す）の1つであり，昭和21年11月2日が付されていた。「方針」の構成は，次のとおりである。

極秘「統制価格形成方針」

第一　統制価格形成上の基礎問題
　一、価格統制を実施する物品の範囲
　二、業種類型及び商品類型による価格形成方式
　三、価格形成と規格
　四、利潤
第二　生産費計算を基礎とする価格形成
　一、標準生産費の決定方式
　二、価格の決定方式
　三、各原価要素の単価計算に当つては統制価格又は適正価格により、所謂闇価格による計算を認めない

四、原価の策定に際しては企業経営の合理化、技術乃至能率の向上を促進する見地から検討を加へる
　五、下請工場を利用する製品については下請外註部品の原価計算につき本要領を適用する
　六、各主要原価要素の査定要領

　「方針」の構成は大きく，「第一　統制価格形成上の基礎問題」と「第二　生産費計算を基礎とする価格形成」に分かれており，第一では基礎問題として価格統制の方式の確認，第2では具体的な生産費に基づく価格の計算方法が示されている。

　それでは「方針」に基づいて，物価統制にどのように原価計算制度が用いられたかを考察していきたい。

　「方針」によれば，価格統制は「総司令部指令第3号の趣旨に則り，現下の物資供給関係がきわめて不均衡であり，通貨価値に対する信用が不十分である現状」を鑑みて，下記の2つの物資区分で実施された[9]。

　1．生産資材等については、その資材等が製品の原材料等として重要なものであり且つその価格の変動が製品の価格を不安定ならしめるやうなものであるとき
　2．生活物資については、その価格変動が国民の消費生活の安定を左右するやうなものであるとき

　上記のとおり，生産物資や消費物資のうち，生産活動や国民生活に大きな影響を及ぼすと考えられる物資については，価格が統制された。これらの統制価格の形成に際しては，各業種類型および各商品（製品）類型に応じて，それぞれ異なる方式（生産費計算を基礎としない価格形成，生産費計算を基礎とする価格形成）がとられた。

　まず，生産費計算を基礎としない価格形成は，農林業，水産業などの正確な生産費の計算が困難である場合に適用され，その方式は以下のとおりである[10]。

　1．パリテイ計算による価格形成
　2．家計米価的計算方法による価格形成
　3．1と2の併用による価格形成

なお,パリティ計算とは生産費によらずに,何らかの基準でその価格を決定する方法である。

次に,生産費計算を基礎とする価格形成は製造工業および鉱業において適用され,標準生産費の決定方法として,次の4つが列挙されていた[11]。

1. 製造工業及び鉱業については、原価計算規則に基く原価計算要綱に準拠して生産費計算をする。
2. 標準企業を一種類乃至三種類程度に分類選定し、生産費計算をなし、需給状況又は生産確保の必要度を参酌して採るべき生産標準生産費を決定する。
3. 標準生産費の決定方式としては、標準企業を選定する方式の他に業種によっては、バルクライン価格の採用も考慮する。
4. 業種に応じて必要あるときは最高限界生産費も考慮する。

1については,標準企業の操業度(直近の操業度が異状に低位であるときは,概ね6ヶ月後または企業再建後に達成される操業度)による標準生産費の形成を原則とする。

2については,標準的な生産費の計算における標準企業の選定は,当該業種につき当該業種の業態類型に応じて,規模・業種総生産額に占める割合,企業の技術および能率,操業度,立地条件,資本構成のような諸事項および諸条件を勘案する。

3については,全生産量の一定割合(需給状況または経済政策上の要請により決定される)を供給できるような生産者の限界生産費を保障する水準で生産費を決定する(バルクライン価格)。この場合,全生産者につき,各生産費および各生産量を把握しておく必要がある。

4については,最高限界生産費で生産費を決定することもあり得るとしている。

それでは「方針」の「六、各主要原価要素の査定要領」に示されている具体的な原価計算内容を見ていきたい。

第1に,材料費については,次の3点が列挙されている[12]。

1. 材料費は原則として統制額によるが現在の統制額設定以前より保有せる手持資材が相当多量にあるときは、その従前の統制額も考慮に入れる。

2．材料費の算定については製品原単位計算を行ふ。企業の責に帰せられるべき原単位の増は材料費中に加算せざること。
   3．この場合、標準原単位の設定により資材の効率使用を期待すると共に、効率使用をせるものについては報奨的効果を与える。

 材料費の計算は，統一原価を算定する際に障害となる要因である。材料は原価のなかでも比率が高く，購入価額の計算いかんで，大きく原価が変動してしまう。これらは製品原価のゆがみを防止するための項目と管理を促進させるための注意事項である。
 第2に，労務費については，次の2点が列挙されている[13]。

   1．新物価政策に於て予定せる平均賃金（基本賃金の外に加給金を含む）による。
   2．製品単位当りの標準工数及び労働単位当りの標準能力を設定しこれを基礎として査定すると共に当該企業の労働能率の把握に努める。

 賃金をいかに計算するかは，物価形成のための原価計算の大きなポイントである。1は基本的な労務費の算定範囲を示し，2は低物価を維持するための能率管理を指示している。
 第3に，経費については，次の5点が列挙されている（すべてママ）[14]。

   1．福利厚生費については、特に厳密な内容の検討を要する。
   2．特別経理会社にして整備計画案の樹立せられあるものについては、その計画を検討し之に依ることの出来るもの及び計画につき主務大臣の認可を受けたるものについては、新勘定の固定資産につき減価償却費を認める。固定資産の評価基準については企業再建整備資産評価基準による。但し新勘定の固定資産についても非稼働保有設備については維持管理費は認めるが、償却費は認めない。
   3．特別経理会社以外の会社の固定資産については非稼働設備については維持管理費及び償却費を停止せしめるが、国民経済上保有を必要とする設備については維持管理費は認めるが、償却費は認めない。
   4．操業度の考察については、以下による。
     （イ）原価計算に当っては標準操業度を設定する。
     （ロ）この標準操業度は概ね6ヶ月前後又は企業の再建整備後に達成可能なものとする。

（ハ）現在の操業度が異状に低位にあるときは償却費、利潤その他間接費は標準操業度により決定する。
　5．経常的な補修費は、これを原価に算入することは認めるが、戦災復興費、転換費等は、これを資本勘定に入れて、繰延経理させることとする。但し、この場合の償却額は、価格に過大な負担とならぬ限度に止める。

　経費の構成要素はきわめて多様であり，この計算いかんで原価は大きく変動する。原価として認定されるか否かによって大違いである。とくに，固定資産から生じる減価償却費の計算，操業度の取り方が問題となる。当然のことながら，保有している固定設備をもとに，少ない生産量を前提として原価を算定すると，必要以上に高い単位原価が計算されてしまう。このとき，未稼働設備の処理も問題になり，その維持費や償却費の取り扱いは，原価額に大きな影響を及ぼす。

　ここでもっとも注目すべき「方針」の箇所は，この「六、各主要原価要素の査定要領」であり，材料費，労務費，経費について具体的な計算上の注意が加えられている。あくまでも準拠すべき計算規定の本体は「企画院要綱」にあるが，「方針」では戦時中に運用された原価計算制度で生じたさまざまな不具合の修正事項が示されている。すなわち，計算制度が統一されても必ずしも同一の原価が計算されるわけではなく，材料，労働力，諸用役などの消費財の購入価額やその購入に付随する算入すべき費目や算入すべきでない費目の統一が必要とされた。加えて，各工場事業場の操業度の違いは，大きな単位原価の違いとなって表れた。そこで，「方針」にあるような各項目が列挙されたと思われる。同時に，注意事項として「戦災復興費」，「転換費」などの戦後固有の問題にも言及している。

　このように，生産費を計算した後，次いで問題となるのが利潤の加算法であり，これには適正利潤の算定が必要となる[15]。「方針」では，それは当該業種がどのように構成されているかによって，次のように分類している[16]。

　1．会社経営を主体とする業種の利潤の算定
　2．個人企業を主体とする業種（家内工業形態）の利潤の算定
　3．組合企業を主体とする業種の利潤の算定

会社経営を主体とする業種の場合，原価は原価計算規則に準拠して計算し，付加すべき利潤は原価に算入されない下記の項目の合計額とする[17]。

（イ）他人資本については，借入金利子相当分（標準金利）
（ロ）自己資本については払込資本金に対する配当金（標準配当率）
（ハ）法定積立金
（ニ）利益をもって支弁するべき租税等

個人企業を主体とする業種（家内工業形態）の場合，原価は原価計算規則に準拠して計算し，付加するべき利潤は原価に算入されない下記の合計額とする[18]。

（イ）金利（経営資本に対する利子相当分—標準金利）
（ロ）企業者賃金（企業主の労働報酬が原価に算入されてゐない場合，労働報酬と若干の業績報酬を含む）
（ハ）利益をもって支弁するべき租税等

この場合，当該企業の現実の生産総額に基づき標準操業度における生産総額を勘案して単位当たりの利潤を算出する。

組合企業を主体とする業種の利潤については，会社経営を主体とする業種の利潤算定に準拠して決定される。

以上に加えて，利潤額の算出に関する注意事項が以下のように列挙されている[19]。

（イ）経営資本以外の所謂経営外資本即ち拡張資産（未稼働資産等）投資資産及び引当資産（退職積立金等）の利子相当分は原価にも利潤にも参入してはならない。
（ロ）利潤中に経営資本利子相当部分等を加へるときは，原価中の販売費の内容と二重加算にならないやう留意すること。
（ハ）現行の原価計算要綱によれば，役員賞与は原価に加へられない方針であるので利潤中に加へるべきであるが，今後の賃金形態乃至利潤分配形態に於て役員賞与と従業員賞与とは区別されるべきでないので原価計算上役員賞与は従業員賞与と一括取扱ふものとする。
（ニ）同一企業が，他種製品を生産してゐるときは利潤算定の際当該製品の利潤中に当該企業の経営資本利子及び租税額の総額を配賦しない

やう注意しこの場合は各種製品の生産額の割合で配賦を定めること。

　物価を形成する際には，原価に付加する利潤を規定しておかないと，適正な価格形成が実現できない。そこで，「方針」では利潤算定に関する細かな方針が示されていた。さらに，適切な利潤を企業に上げさせることは，企業再生を中心とする経済復興に不可欠であった。

　最終的な価格形成の方式として，「方針」では単一価格の形成，集団価格または個別価格の形成，平準価格の形成，補給金などによる二重価格の形成の4方式が列挙されている。

　単一価格の形成は，当該業種の各企業を通して単一の価格を設定することを原則とする方式である。

　集団価格または個別価格の形成は，特別の必要がある場合には集団価格（製法，地域，技術等のグループごとに事業を一括して価格を定めること）または特別の価格（個々の企業ごとにその価格を決めること）を設定する方式である。

　平準価格の形成は，集団価格または個別価格を採用した場合には注文生産品など特別の場合を除いて各価格を平準化したものを基礎として，消費者価格を設定する方式である（このためには価格平準の機構を必要とする）。

　補給金などによる二重価格の形成は，物価政策上必要ある場合，消費者価格は生産者価格と切り離して形成し，その差額は国庫からの補給価格並行資金，補給金等によって補填する方式である。

　以上考察してきたように，「方針」によって生産費の計算，利潤の算定，価格形成方式などの価格形成に必要なガイドラインが示されていた。

　この後，物価庁「原価計算規則」および別記「製造工業原価計算要綱」（昭和23年3月2日総理府令第14号，以後，「物価庁要綱」と略称する）が公布された。これは次のように評されている[20]。

　「この時代は、終戦により平和経済を迎えた直後で、戦後の破壊と混乱から立ち上がる時であり、また急速に進展しつつあったインフレに対する何等かの政策を必要とする時機でもあった。これがために物価統制令による公定価格算定の基準として、あるいは平和経済時における経営体の能率増進の基礎として物価庁要綱の作成を必要としたのである。」

上述のように，公定価格設定のために原価計算が用いられたのであり，経営の必要性に基づく経営のための原価計算ではなかったのである[21]。準戦時下においては価格統制の基礎資料の作成のために原価計算制度が制定され，戦時下においては物価統制のために原価計算制度がより強化された。引き続き，戦後においても物価統制のために原価計算制度下における原価計算の有用性が見出されていく。このように，戦後の混乱期に原価計算制度を用いた物価統制が行われ，物価安定への努力がなされた。

## Ⅲ　原価計算基準誕生

　先行研究では，戦後の経済復興に資するために政府機関が民間企業への管理会計の本格的な導入を積極的に働きかけたことを指摘している[22]。その政府機関の1つが，通産省に設置された産業合理化審議会（昭和24年設置，後の産業構造審議会）である。産業合理化審議会は戦前の商工省臨時産業合理局（昭和5年設置）を模して設置され，個別企業の能率向上を梃子とする経済復興への青写真を描いた。すでに，戦後の経済復興のためには，経済安定本部（昭和21年設置）が立ち上げられており，昭和24年には企業会計原則を，昭和25年には監査基準をそれぞれ公表した。同年には公認会計士監査がスタートし，これに伴い昭和26年に産業合理化審議会は「企業における内部統制の大綱」を公表した。当時，外部監査を有効に進めるための前提条件として内部統制が注目されたからであり，それはしばらく管理会計の問題としても展開する[23]。

　終戦直後におけるわが国管理会計の発展のキーワードとして，「内部統制」を挙げることができる。岩田　巌は「内部統制とは何ぞや」，「「アカウント」・「アカウンタビリティ」・「アカウンティング　コントロール」」を『産業経理』に寄稿しており，ここでは「企業における内部統制の大綱」の公表に関連して，内部統制とは何かの持論が会計管理との関連で展開されていた[24]。岩田論文の大半の論述は，経営者の立場から企業内部の保管担当部署に対する会計管理であった。また，岩田は「標準や予算の額を会計帳簿に織り込むことによって業

務の管理を行うことにもなるのである」としている[25]。もちろん，出資者の立場から経営者に対する会計管理が根底にあると思われるが，主たる岩田の関心は経営者の立場から企業内部者に対する会計管理であった。

　戦後，間もなく原価計算規程の作成が経済安定本部の企業会計制度対策調査会の第4部会で始められた（昭和25年12月とされている）[26]。このときの中心になったのが部会長の中西寅雄と山邊六郎，鍋嶋　達，番場嘉一郎であった[27]。しかしながら，この実質的な作業は山邊らの若手に任せられ，案が作成された。昭和27年には，企業会計制度対策調査会は大蔵省に移管され，大蔵省企業会計審議会となり，昭和28年3月31日に，審議資料として「原価計算基準及び手続要綱（案）」が中西らによって提示された。これについて，諸井は次のように述べている[28]。

> 「「基準及び手続要綱（案）」が，ほんらい企業の自由に委ねられるべき領域をも「基準の範囲内とした…―中略―…企業会計審議会の「基準」には一定の制約があり，それを逸脱して「基準」を制定することは慎まなければならない。」
> 「「基準」は原価計算についての啓蒙書ではなく、企業の従うべき原価計算の基準であるから、それに従わない場合には企業は何らかの制裁を受ける。したがって、「基準」の対象となる原価計算の範囲は必要最小限度にとどめることが望ましい」

　中西らによって提示された案はきわめて管理色の強いものであり，当時の企業会計原則を取り仕切る岩田から拒絶されてしまった。その理由としては，「管理を志向するならば，各企業が自分の裁量で行えばよいのであり，何も基準として公表する必要がない」からである。必要とされるのは，企業会計原則の一環としての原価計算規程であったからであろう。

　その後，中西はこれを受け，メンバーたちの協力の下で昭和32年4月に「基準（仮案）」，昭和37年11月に「基準」へと至る。諸井は「基準」に至るまでの道のりとして，以下を示している[29]。

| 年月 | 作業行程 | 作業期間 |
|---|---|---|
| 昭和25年12月 | 作業開始 | — |
| 昭和28年3月 | 「基準及び手続要綱（案）」 | 2年4ヶ月 |
| 昭和32年4月 | 「原価計算基準（仮案）」 | 4年 |
| 昭和37年11月 | 「原価計算基準」 | 5年7ヶ月 |

　このような行程で，「基準」が作り上げられていった。基本的なベースは「企画院要綱」であるが，アメリカの原価計算基準にも大きな影響を受けている。
　「基準」は，昭和37年11月8日に大蔵省企業会計審議会の中間報告として公表された。この前文は，以下のとおりに「基準」制定の意図が示されている[30]。
　冒頭には「わが国における原価計算は、従来，財務諸表を作成するに当たって真実の原価を正確に算定表示するとともに、価格計算に対して資料を提供することを主たる任務として成立し、発展してきた」とあり，財務諸表作成のための棚卸資産評価に大きな強調点を置いていることがわかる。さらに，くわえて原価計算の経営管理への貢献も意識され，製品原価算定という単一の目的のみではなく，多数の目的への役立ちが提唱されており，「いずれの計算目的にもともに役立つように形成され、一定の計算秩序として常時継続的に行なわれるものであることを要する」とされている。このために，原価計算を制度化し，「実践規範としての原価計算基準」が設定される必要があった。このとき，「基準」は「かかる実践規範として、わが国現在の企業における原価計算の慣行のうちから、一般に公正妥当と認められるところを要約して設定されたものである」とされた。したがって，「基準」は「個々の企業の原価計算手続を画一に規定するものではなく、個々の企業が有効な原価計算手続を規定し実施するための基本的なわくを明らかにしたものである」とされた。
　「基準」の構成は，**図表11-1**のとおりである[31]。
　「基準」は，目的と一般的基準，実際原価計算，標準原価計算の3つの部分から構成される。

図表11-1 「企画院要綱」と「基準」の構成比較

| 「基準」 | 「企画院要綱」 |
|---|---|
| 第一章　原価計算の目的と原価計算の一般的基準<br>第二章　実際原価の計算<br>　第一節　製造原価要素の分類基準<br>　第二節　原価の費目別計算<br>　第三節　原価の部門別計算<br>　第四節　原価の製品別計算<br>　第五節　販売費および一般管理費の計算<br>第三章　標準原価の計算<br>第四章　原価差異の算定および分析<br>第五章　原価差異の会計処理 | 第一章　総則<br>第二章　原価要素<br>　第一節　製造原価ノ要素<br>　　第一款　材料費<br>　　第二款　労務費<br>　　第三款　経　費<br>　第二節　一般管理及販売費ノ要素<br>　第三節　原価ニ算入シ得ザル項目<br>第三章　原価計算ノ方法<br>　第一節　製造原価計算<br>　　第一款　部門費計算<br>　　第二款　個別原価計算<br>　　第三款　総合原価計算<br>　第二節　一般管理及販売費ノ計算<br>第四章　工業会計ノ勘定及帳簿書類 |

「基準」では，原価計算目的は次の5つが挙げられていた（一）。

1．財務諸表作成目的
2．価格計算目的
3．原価管理目的
4．予算編成ならびに予算統制目的
5．経営基本計画設定目的

これらの目的を達成するために，「基準」の性格が，次のとおりに規定されていた（二）。なお，下記5点は条文を要約し，箇条書とした。

1．この基準において原価計算とは、制度としての原価計算をいう。
2．原価計算制度は財務諸表の作成、原価管理、予算統制等の異なる目的が、重点の相違はあるが相ともに達成されるべき一定の計算秩序である。
3．原価計算制度は、財務会計機構のらち外において随時断片的に行なわれる原価の統計的、技術的計算ないし調査ではなくて、財務会計機構と有機的に結びつき常時継続的に行なわれる計算体系である。
4．原価計算制度は、この意味で原価会計にほかならない。

5．原価計算制度において計算される原価の種類およびこれと財務会計機構との結びつきは，単一ではないが，しかし原価計算制度を大別して実際原価計算制度と標準原価計算制度とに分類することができる。

この5点からは，財務会計の一環としての原価計算の位置付けが明確であり，意思決定などの非経常的に行われる原価計算は除外されている。これは特殊原価調査という範疇で論じられることになる[32]。管理的な側面としては，原価管理や予算統制などの業績評価目的の原価計算が言及されている。

「基準」でこれ以降，原価の定義，原価概念，非原価項目の規定と進行するが，いずれも，念頭に置かれているのは製品原価算定目的である。

「基準」では，原価は「原価の本質」として，以下のように定義されていた（三）。

1．経済価値の消費である。
2．一定の給付に転嫁される価値であり、その給付にかかわらせて、は握されたものである。
3．経営目的に関連したものである。
4．正常的なものである。

したがって，計算対象になる原価は「経営における一定の給付にかかわらせて、は握された財貨又は用役の消費」（三）ということになる。

「基準」では，原価の諸概念は以下のように定義されていた（四）。

1．実際原価と標準原価
2．製品原価と期間原価
3．全部原価と部分原価

上記では，計算時点，計算集計単位，原価集計範囲で分類がなされている。

「基準」では，非原価項目は**図表11-2**のように定義されていた（五）。この非原価項目は，先の4つの原価の定義と大きな関連性がある。

この後，原価計算の一般的な基準が提示される。原価計算の一般的基準は，以下のように列挙されていた（六）。

1．財務諸表の作成に役立つために

### 図表11-2 「基準」における非原価項目

| 「基準」 | 「企画院要綱」 |
|---|---|
| （一）　経営目的に関連しない価値の減少<br>（二）　異常な状態を原因とする価値の減少<br>（三）　税法上とくに認められている損失算入項目<br>（四）　その他の利益剰余金に課する項目 | 一　偶発的事情ニ因ル損失<br>二　利益ヲ以テ支弁スベキ性質ヲ有スル項目<br>三　事業本来ノ目的ニ在ラズシテ利殖、統制其ノ他ノ目的ヲ以テ長期ニ亘リ所有スル資産ニ関スル費用又ハ損失<br>四　経営拡張ノ為予備的ニ保有スル資産又ハ建設中ノ設備ニ関スル費用<br>五　前払費用<br>六　財産評価損、貸倒償却又ハ違約金<br>七　利子ノ性質ヲ有スルモノ<br>八　前各号ニ掲グルモノノ外法令ニ依リ経費トシテ処理スルコトヲ得ザル費用 |

出典：「基準」五　非原価項目より作成

2．原価管理に役立つために
3．予算とくに費用予算の編成ならびに予算統制に役立つために

1のための原則は、「原価計算は原価を一定の給付にかかわらせて集計し、製品原価および期間原価を計算する」ことである。そのために、「信ぴょう性の確保」、「生じた差異の財務会計上適正な処理」、「財務会計機構と有機的な結合」が規定されている（六（一））。

2のための原則は、「各管理区分における原価発生の責任を明らかにさせる」ことである。そのために、「原価要素の区分に基づく分類と計算」、「原価の物量の測定表示」、「原価発生の責任の明示」、「原価の実績と、標準の対照比較」、「差異の分析、報告」、「原価計算の原価管理への役立ち」が規定されている（六（二））。

3のための原則は、「予算統制に資料を提供する」ことである。そのために、予算とくに、費用予算の編成に資料を提供、予算と対照比較し得るように原価実績の計算が規定されている（六（三））。

具体的な計算については、第二章以降で規定される。製造原価要素の分類基

図表11-3 「基準」における原価分類

| 「基準」 | | 「企画院要綱」 | |
|---|---|---|---|
| 製造原価 | 材料費 | 製造原価 | 材料費 |
| | 労務費 | | 労働費 |
| | 経　費 | | 経　費 |
| 販売費および一般管理費 | | 一般管理及販売費 | |

出典：「基準」八　製造原価要素の分類基準より作成

準として，以下が挙げられている（八）。

　（一）形態別分類　　　　　（四）操業度との関連における分類
　（二）機能別分類　　　　　（五）原価の管理可能性に基づく分類
　（三）製品との関連における分類

　具体的には，分類された原価は，**図表11-3**のとおりである。

　さらに，ここから原価計算手続きが，費目別計算，部門別計算，製品別計算の順で規定されていく。

　原価の費目別計算とは，一定期間における原価要素を費目別に分類測定する手続きを言い，財務会計における費用計算であると同時に，原価計算における第一次の計算段階である（九）。

　まず，材料費計算である（一一）。

　材料費は直接材料費として「主要材料費（原料費），買入部品費」が，間接材料費として「補助材料費、工場消耗品費、消耗工具器具備品費」が列挙されている。

　材料消費量の計算は継続記録法を用い，これが可能でない場合には，たな卸計算法（原文ママ）が許容されている。材料の購入原価は外部材料副費（引取費）の加算，内部材料副費の加算を原則としている。ただし，必要ある場合には，引取費以外の材料副費の一部を購入代価に加算しないことができる。

　材料の消費価格は，実際の購入原価で計算する。同種材料を異なる価格で購入した場合には，継続記録法では先入先出法，移動平均法，総平均法，後入先

出法，個別法，たな卸計算法や逆計算法では平均購入原価で計算する。くわえて，材料の消費価格は予定価格で計算できる。

次に，労務費計算である（一二）。

労務費は直接労務費として「直接賃金」が，間接労務費として「間接作業賃金、間接工賃金、手待賃金、休業賃金、給料、従業員賞与手当、退職給与引当金繰入額、福利費（健康保険料負担金等）」が列挙されている（一〇）。

消費賃金の計算は「直接賃金等であって、作業時間又は作業量の測定を行なう労務費は、実際の作業時間又は作業量に賃率を乗じて計算」する。賃率は，「実際の個別賃率又は、職場もしくは作業区分ごとの平均賃率」，ないしは「予定平均賃率」による。

間接労務費であって，間接工賃金，給料，賞与手当等は，原則として当該原価計算期間の負担に属する要支払額をもって計算する。

最後に，経費計算である（一三）。

経費は直接経費として「外注加工費」が，間接経費として下記が列挙されている。

| 福利施設負担額 | 保険料 | 水道料 | 保管料 |
| 厚生費 | 修繕料 | 租税公課 | たな卸減耗費 |
| 減価償却費 | 電力料 | 旅費交通費 | 雑費 |
| 賃借料 | ガス代 | 通信費 | |

これらの経費は原則として当該原価計算期間の実際発生額をもって計算する。ただし，必要ある場合には，予定価格または予定額をもって計算できる。また，経費は支払，測定に分けられ，前者は月割される。

原価の部門別計算とは，費目別計算においては握された原価要素を，原価部門別に分類集計する手続きを言い，原価計算における第二次の計算段階である（一五，一六，一七，一八）。部門別計算については，次のように規定されている。

部門は製造部門と補助部門に，さらに補助部門は補助経営部門と工場管理部門に分類されている（「企画院要綱」と同じ）。

**図表11-4 「基準」における総合原価計算の分類**

| 「基準」 | 「企画院要綱」 |
|---|---|
| 一　単純総合原価計算 | 一　単一工程総合計算 |
| 二　等級別総合原価計算 | 二　工程別総合計算 |
| 三　組別総合原価計算 | 三　組別総合計算 |
| 　　工程別総合原価計算 | 　　等級別製品計算 |

出典：二〇　製品別計算の形態より作成

　原価要素は原価部門に分類集計するにあたり，当該部門に直接生じたか否かで，部門個別費と部門共通費に区分し，部門別計算の実施を規定している（一七）。

　部門個別費は各部門に当該部門の発生額を賦課する。他方，部門共通費は適当な配賦基準によって関係各部門に配賦する。

　補助部門費からの製造部門への配賦は，直接配賦法，階梯式配賦法，相互配賦法による。

　製造部門に集計された原価要素は，必要に応じて，これをその部門における小工程または作業単位に集計する。

　原価の製品別計算とは，原価要素を一定の製品単位に集計し，単位製品の製造原価を算定する手続きを言い，原価計算における第三次の計算段階である（一九～三八）。

　製品別計算は，経営における生産形態の種類別に対応して，**図表11-4**のとおりに，単純総合原価計算，等級別総合原価計算，組別総合原価計算，個別原価計算に区分する（二〇）。

　総合原価計算については，「いずれも継続製造指図書に基づき、一期間における生産量について総製造費用を算定し，これを期間生産量に分割負担させることによって完成品総合原価を計算する」方法であり，いずれも仕掛品原価の計算を必要とする。

　総合原価計算における完成品総合原価と期末仕掛品原価は，次の手続きにより算定する（二四（一）および（二））。

まず，当期製造費用および期首仕掛品原価を，原則として直接材料費と加工費とに分け，期末仕掛品の完成品換算量を直接材料費と加工費とについて算定する。

期末仕掛品の完成品換算量は，直接材料費については，期末仕掛品に含まれる直接材料消費量の完成品に含まれるそれに対する比率を算定し，これを期末仕掛品現在量に乗じて計算する。加工費については，期末仕掛品の仕上り程度の完成品に対する比率を算定し，これを期末仕掛品現在量に乗じて計算する。

次いで，当期製造費用および期首仕掛品原価を，平均法，先入先出法，後入先出法のいずれかの方法により，完成品と期末仕掛品とに分割して，完成品総合原価と期末仕掛品原価とを計算する。さらに，仕損および減損の処理，副産物等の処理と評価，連産品の計算が規定され，「総合原価計算における直接原価計算」の項では，固定費調整を前提とした直接原価計算適用の可能性が言及されている。

「企画院要綱」とは違い，個別原価計算が総合原価計算の後に説明されている。個別原価計算では「特定製造指図書について個別的に直接費および間接費を集計し，製品原価は，これを当該指図書に含まれる製品の生産完了時に算定する」と規定された（三一）。基本的な計算は，直接費の特定製造指図書への賦課，部門計算を前提とした間接費の配賦が規定されている。ここで，初めて間接費の配賦（三三）が規定されている。「基準」の規定順では，総合原価計算が先で個別原価計算が後であり，それは個別原価計算の中で規定されている。さらに，先に部門別計算が規定されており，それが前提となった間接費の配賦が規定されている。本来，製造間接費計算は部門別計算の前に規定されるべきではなかったかと思われる。しかしながら，「基準」の間接費の配賦は操業度の観点から詳しく規定されており，これまでの諸規程にない新しい試みがなされている。

本来，統一原価計算制度としての「企画院要綱」では，操業度の統一も大きな課題となっていたはずである。しかしながら，これが明確に認識されていなかったが，「基準」では操業度との関連が正面から捉えられている。

最後に，仕損費の計算および処理，作業くずの処理が規定されている（三五，

三六）。

　個別原価計算のあとに，販売費および一般管理費の要素を分類する基準が示されている。これは形態別分類，機能別分類，製品との関連分類，操業度との関連分類，管理可能性分類である（三七）。

　形態別分類によって，給料，賃金，消耗品費，減価償却費，賃借料，保険料，修繕料，電力料，租税公課，運賃，保管料，旅費交通費，通信費，広告料等に分類する。

　機能別分類によって，広告宣伝費，出荷運送費，倉庫費，掛売集金費，販売調査費，販売事務費，企画費，技術研究費，経理費，重役室費等に分類する。

　製品との関連分類によって，直接費と間接費，操業度との関連分類によって固定費と変動費，原価の管理可能性分類によって，管理可能費と管理不能費に分類する。

　販売費および一般管理費は，原則として，形態別分類を基礎とし，これを直接費と間接費とに大別する。さらに，必要に応じ機能別分類を加味して一定期間の発生額を計算する（三八）。

　続いて，標準原価計算が規定されている。その構成は，次のとおりである（四〇～四七）。

　　第三章　標準原価の計算　　　第四章　原価差異の算定および分析
　　　四〇　標準原価算定の目的　　　四四　原価差異の算定および分析
　　　四一　標準原価の算定　　　　　四五　実際原価計算制度における原価差異
　　　四二　標準原価の改訂　　　　　四六　標準原価計算制度における原価差額
　　　四三　標準原価の指示　　　第五章　原価差異の会計処理
　　　　　　　　　　　　　　　　　　四七　原価差異の会計処理

　まず，標準原価算定の目的は，以下のとおりである（四〇）。

　（一）原価管理を効果的にする
　（二）仕掛品、製品等のたな卸資産価額および売上原価の算定の基礎とする
　（三）予算とくに見積財務諸表の作成に、信頼しうる基礎を提供する
　（四）標準原価を勘定組織の中に組み入れることによって、記帳を簡略化し、じん速化する

原価管理が第1番目に挙げられ，その後，財務会計目的が続く。しかしながら，前者のための標準原価はプロダクション・スタンダードであり，後者のそれはコスト・スタンダードでその意味合いが異なる[33]。「基準」は標準直接材料費，標準直接労務費，標準製造間接費の設定に際して，余裕の考慮を規定しており，コスト・スタンダードが念頭に置かれている。そのために，標準原価の算定において「現状に即した標準」，「現状に即するようにこれを改訂」が規定されている。したがって，（一）の目的には効果が薄いと思われる。

　原価差異とは実際原価計算制度において，原価の一部を予定価格等をもって計算した場合における原価と実際発生額との間に生ずる差額，ならびに標準原価計算制度において，標準原価と実際発生額との間に生ずる差額をいう。

　原価差異が生ずる場合には，その大きさを算定記録し，これを分析する。その目的は，「原価差異を財務会計上適正に処理して製品原価および損益を確定するとともに，その分析結果を各階層の経営管理者に提供することによって，原価の管理に資すること」にある（四四）。

　生ずる主要な原価差異は，概ね次のように分けて算定する（四六）。

　　（一）材料副費配賦差異　　　（五）製造間接費配賦差異
　　（二）材料受入価格差異　　　（六）加工費配賦差異
　　（三）材料消費価格差異　　　（七）補助部門費配賦差異
　　（四）賃率差異　　　　　　　（八）振替差異

　もちろん生じた差異は適切に処理される。そのために，原価差異の会計処理では，「原価差異は、材料受入価格差異を除き、原則として当年度の売上原価に賦課する」とされている（四七）。

# IV　おわりに

　本章においては鍋嶋文書に綴られていた「方針」から，原価計算制度が終戦直後に生じた物価混乱の収拾にいかなる役割を果たしたかを一瞥し，「基準」

へ至る道までを考察した。とくに，鍋嶋は戦中から中西とともに政府の物価政策の策定に大きくかかわっていたのであり，戦後もこうした活動の中心メンバーであった[34]。「方針」はそうした背景をもつ文書である。戦中の統一原価計算制度を考察し，戦後の物価統制に原価計算制度が機能するように，「方針」が定められたのである。

元来，原価計算は製品原価算定のための方式として誕生したのであり，このデータをもとに企業は自身のために，価格計算や棚卸資産評価および損益計算を行った。したがって，原価計算制度は個別企業の内部制度として機能すべきであった。この観点からは原価計算制度は各企業の裁量で自由に設計されるべきである。ところが，とりわけ本研究が対象とした期間では，原価計算は制度として単なる1企業の目的を超えて，国家的な規模での物価統制に用いられた。

当初は不況対策のために，企業体力強化の1手段として原価計算制度の導入が標榜された。このときの原価計算目的は，個別企業の合理化である。その後，日中戦争，太平洋戦争に至る過程で，物資は優先的に軍需へ振り向けられたので，民需における一般物資の不足が生じ，物価の高騰が顕著な社会問題となった。そこで，適正価格の設定のための原価計算が制度として展開した。このときの原価計算目的は物価統制という国家政策の遂行であった。終戦直後も，物資不足から生じるインフレーションに対応するために，生産費を基礎とした価格形成により，物価統制が試みられた。市場で決定された価格を基礎にできない状況では，生産費はもっとも公正で客観的な価格決定基準となる。やがて，経済状況が沈静化していくに従って，市場が以前の機能を取り戻し，「物価統制令施行令」（昭和27年7月31日政令第319号）によって「原価計算規則」は廃止され，原価計算による国家的な物価統制はその役割を終えた。

戦時中，終戦直後の原価計算制度が有した価格計算の思考それ自体は，以後，昭和37年に制定される「基準」の布石となる一齣である。「基準」では，原価計算目的が財務諸表作成目的，価格計算目的，原価管理目的，予算編成・予算統制目的，経営基本計画設定目的という5つが列挙されている。原価計算目的のなかに独立して価格設定目的が列挙されていることに，後の多くの研究者たちが違和感をもっていた[35]。しかしながら，戦中からの連続性の観点から鑑み

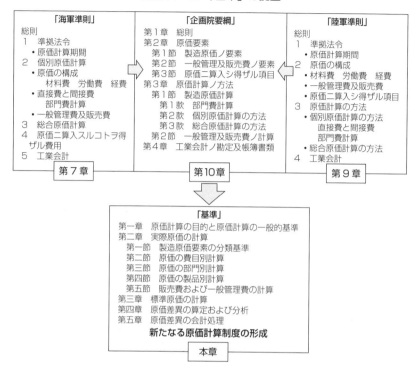

図表11−5 「基準」の誕生

ると、この目的がこのような形で強調されるのは当然のことであると言えよう。

図表11-5はこれまでの原価計算規程から、いかに「基準」に至ったかを示している。

「基準」と「企画院要綱」の大きな違いは、「基準」第1章の原価計算の詳細な概念規定、「基準」第2章第4節の製品別計算における計算種類の説明規定、「基準」第3章、第4章、第5章の標準原価計算の規定であろう。

まず、「基準」では、第1章において原価計算の目的、原価計算制度、原価の本質、原価の諸概念、非原価項目、原価計算の一般的基準が示されていることである。これにより、原価計算とは何か、原価とは何か、どのようなコンセプトのもとに原価計算が進められるべきかが明確になっている。

次に、「基準」は原価の費目別計算、原価の部門別計算、原価の製品別計算

がきわめて明確に規定されている。しかし，総合原価計算，個別原価計算の順で規定されており，この点は「企画院要綱」より後退したのではないかと思われる。製品別計算は，製造間接費の手続きを念頭において規程の構成を考えると，やはり個別原価計算，総合原価計算の順で規定する方が合理的であると考える。

さらに，「基準」の標準原価計算の規定は，能率向上を目的とした「製造準則」以来，消滅していたが，復活した。これは個別企業の体力強化という目的を含意しているとともに，財務諸表作成のために，真実の原価を提供する役割も担う。

また明らかに，「企画院要綱」は物価統制および生産力拡充のための規程であったが，「基準」は企業会計制度の一環として，財務諸表作成のために企業が行うべき原価計算の手順を示した規程であった。したがって，「企画院要綱」と「基準」の大きな性格の違いは，前者が統制経済下における原価計算規程であったのとは対照的に，後者が自由経済下における原価計算規程であった点に起因するのであろう。そこで，「基準」を戦時期および終戦直後の原価計算制度から脱却し，近代的な（新しい）方向へ向かったので，「新たなる原価計算制度の形成」と評価している。この社会経済的背景としては，戦後復興，企業会計制度の整備，高度成長が挙げられる。

注

1）久保田秀樹『「日本型」会計規制の変遷』中央経済社，平成20年。
　諸井勝之助「わが国原価計算制度の変遷（前編）」『LEC会計大学院紀要』第3号，平成19年10月，1-16頁。
　諸井勝之助「わが国原価計算制度の変遷（中編）」『LEC会計大学院紀要』第5号，平成21年3月，1-13頁。
2）拙稿「戦後復興に果たした原価計算制度の役割に関する考察—鍋嶋文書「極秘　統制価格形成方針」に寄せて」『産業経理』第72巻第3号，平成24年10月，34-44頁。
3）「御署名原本・昭和二十一年・勅令第一一八号・昭和二十年勅令第五百四十二号「ポツダム」宣言ノ受諾ニ伴ヒ発スル命令ニ関スル件ニ基ク物価統制令」JACAR（アジア歴史資料センター），Ref. A04017807100，御署名原本，昭和21年3月3日。
4）大森とく子「解題『戦後物価統制資料』」解題9-10頁，大森とく子監修『戦後物価統制資料第1巻』所収，日本経済評論社，平成7年。

5)『上掲書』10頁。
6) JACAR, Ref. A04017807100,「物価統制令」第十八條。
7)「原価計算規則に関する件を定める」JACAR, Ref.A13110723100・類03015100, 公文類聚・第七十編・昭和二十一年・第六十巻・産業一・総一, 昭和21年9月25日～30日。
8)「極秘 統制価格形成方針」(以後,「鍋嶋文書」と称する) 昭和21年11月2日。この文書には, 頁は付せられていない。そこで, 項目で引用を示す。
　　拙稿「戦後復興に果たした原価計算制度の役割に関する考察」34-44頁。
9)「鍋嶋文書」第一, 一, (一)。
10)「鍋嶋文書」第一, 二, (五), (2)。
11)「鍋嶋文書」第二, 一, (一), (二), (三), (四)。
12)「鍋嶋文書」第二, 六, (一)。
13)「鍋嶋文書」第二, 六, (二)。
14)「鍋嶋文書」第二, 六, (三)。
　　2. の特別経理会社とは, 企業整備再建法（昭和21年）による会社経理応急措置法（昭和21年）に該当する会社である。
15) 下記文献から「物価統制の経過と原価計算問題」に関する知見を得た。
　　平井泰太郎『国防経済講話』千倉書房, 昭和16年, 167-169頁。
16)「鍋嶋文書」第一, 四, (一), (二), (三)。
17)「鍋嶋文書」第一, 四, (一)。
18)「鍋嶋文書」第一, 四, (二)。
19)「鍋嶋文書」第一, 四, (四)。
20) 前田俊郎「わが国の原価計算規制化の発展過程にみられる史的意義」『国士舘大学政経論叢』通号第25号, 昭和51年11月, 162頁。
21)「上掲論文」166頁。
22) 西澤 脩「わが国戦後管理会計発達史（後編）―日本的管理会計の模索と構築」『LEC会計大学院紀要』第2号, 平成19年, 13頁。
　　拙稿「「管理会計における会計責任」から見たわが国管理会計普及の端緒」292-317頁, 安藤英義編著『会計における責任概念の歴史』所収, 中央経済社.平成30年。
23) 鈴木芳治「戦後日本の内部統制の制度導入に関する考察―内部統制と会社財務不正事件を中心に」『年報財務管理研究』第24号, 平成25年, 41頁。
24) 岩田 巖「内部統制とは何ぞや」『産業経理』第11巻第10号, 昭和26年, 16-22頁。
　　岩田 巖「「アカウント」・「アカウンタビリティ」・「アカウンティング　コントロール」」『産業経理』第13巻第1号, 昭和28年, 12-19頁。
25) 岩田「「アカウント」・「アカウンタビリティ」・「アカウンティング　コントロール」」19頁。
26) 戦後の混乱期から原価計算基準制定までの制定過程については, 昭和30年から昭和37年まで「基準」に深く関与された諸井勝之助先生の一連の業績に負うところが多い。なお, 本文では敬称を略した。
27) 諸井勝之助「「原価計算基準」とその制定過程」『産業経理』第49巻第4号, 平成2年1月,

2頁。
28)「上掲論文」5頁。
29)「上掲論文」11頁。
30) 企業会計審議会中間報告「原価計算基準」昭和37年11月8日，前文。以後，同基準の引用は本文中にカッコ書で条数を示す。
31) 本章でも「基準」に大きな影響を与えた「企画院要綱」を併記した。図表11-2, 11-3, 11-4も同様。
32) 上述したように，各企業が自由裁量で行うものについては，規定すべきではないという思想に基づいている。
33) 岡本　清『米国標準原価計算発達史』白桃書房，昭和44年，68-72頁。
34) 黒澤　清「中西寅雄と日本の原価計算」xviii頁，中西寅雄『経営経済学論文選集』所収，千倉書房，昭和55年。
35) 高野　学「「原価計算基準」における価格計算目的の意義」『商学論集』第55巻第4号，平成21年3月，329-351頁。

　　高野　学「価格計算目的が「原価計算基準」に組み入れられた理由」『商学論集』第57巻第2号，平成22年，55-71頁。

# 第12章

# 結論：
# わが国原価計算制度の形成過程

## I　はじめに

　これまで,「原価計算制度とは, 政府を含む公的機関・組織が制定した明文化された原価計算手続き規程である」という定義を用いて, 第1章で提示した仮説「わが国の原価計算制度には,「財務会計制度を源流とする原価計算制度の系譜」と「ドイツ原価計算制度を源流とする原価計算制度の系譜」（必要に応じて, 前者を「財政会計制度を源流とする系譜」, 後者を「ドイツ原価計算制度を源流とする系譜」と略称する）があり, これに伴い2つの系譜に属するコンセプトの異なる原価計算制度が形成され, それがある時点で統合され, その後「原価計算基準」に至った」を検証するために, わが国において原価計算制度がいかに形成されてきたかを論じてきた。

　わが国原価計算制度史研究には多くの先行研究が存在し, いわば通説が形成されていた。本研究はこの通説を尊重しながらも, 仮説で示した2つの系譜の存在を主張した。とりわけ, 本研究では,「財務会計制度を源流とする原価計算制度の系譜」に関する論述に力点を置いた。この系譜と区別するために,「基本準則」,「製造準則」,「陸軍要綱」の流れを「ドイツ原価計算制度を源流とする原価計算制度の系譜」とした。この部分の論攷については, なぜわが国の原価計算がドイツ化したかについて, 経済的視点と軍事的視点から新しい知見を提供した。

　本章では, これまでおもに「財政会計制度を源流とする系譜」と「ドイツ原

価計算制度を源流とする系譜」の観点で見てきたわが国原価計算制度の形成を総括する。

# Ⅱ 歴史的研究の成果

## 1.「財政会計制度を源流とする系譜」と「ドイツ原価計算制度を源流とする系譜」の形成

### (1)「財政会計制度を源流とする原価計算制度」と「ドイツ原価計算制度を源流とする原価計算制度」における内容要件の形成過程

各系譜の原価計算制度は各要件を獲得しながら,次第に形成されていった。図表12-1は,第2章から第9章までに論じてきた「財政会計制度を源流とする系譜」と「ドイツ原価計算制度を源流とする系譜」における内容要件の形成過程を示している。

費目別計算思考は,製造目的で支出した費用を材料費,労務費,経費の費目別に期間集計し,かつそれらを直接費と間接費とに分けて集計する思考である。

製品別計算思考は,個別原価を集計する思考,および総合原価を集計し単位原価を計算する思考である。

製造間接費計算思考は,製品へ合理的な基準で部門を通して,実際配賦ない

図表12-1 2つの系譜における各規定・各規程の内容要件の形成過程

| | 財政会計制度を源流とする系譜 | | | | | | ドイツ原価計算制度を源流とする系譜 | | |
|---|---|---|---|---|---|---|---|---|---|
| | 大蔵 | 作業 | 簿記 | 工廠 | 鉄道 | 海軍 | 基本 | 製造 | 陸軍 |
| 費目別計算思考 | 萌芽 | 生成 | 確立 | 確立 | 確立 | 確立 | 確立 | 確立 | 確立 |
| 製品別計算思考 | × | 萌芽 | 生成 | 生成 | 生成 | 確立 | 生成 | 生成 | 確立 |
| 製造間接費計算思考 | × | × | 萌芽 | 生成 | 生成 | 確立 | 生成 | 確立 | 確立 |
| 部門別計算思考 | × | × | 萌芽 | 生成 | 生成 | 確立 | 生成 | 確立 | 確立 |

図表における略語:大蔵-「大蔵省が制定した一連の出納規程」,作業-「作業費に関する3規程」,簿記-「簿記順序」,工廠-「工事費整理規則」,鉄道-「工場経理規程」,海軍-「海軍準則」,基本-「基本準則」,製造-「製造準則」,陸軍-「陸軍要綱」

しは予定配賦する思考である。

　部門別計算思考は，部門費そのものを認識し，それをすべての部門（製造部門および補助部門）で集計し，補助部門費を製造部門に配賦する思考である。

　あらかじめ第１章で提示したように，原価計算制度は明文化を前提として，費目別計算思考の確立，製品別計算思考の生成，製造間接費計算思考の萌芽が看取できたとき，その誕生とし，費目別計算思考の確立，製品別計算思考の確立，製造間接費計算思考の確立，部門別計算思考の確立がすべて看取できたとき，その成熟とした。なお，誕生以前は先行要件の形成，誕生と成熟の中間形態は成長とした。これによれば，２つの原価計算制度の系譜は，以下の（２）～（３）のような発展過程をたどった。

## （２）財政会計制度を源流とする原価計算制度の系譜の形成

### １）財政会計制度を源流とする原価計算制度の誕生に必要な先行要件の形成

　明治２年から明治９年までに，大蔵省は新政府の財政逼迫を打解するために，一連の出納規程を制定した（「大蔵省が制定した一連の出納規程」）。これら諸規程に提示されていた経費概計表は生じた経費の認識，記録，集計，報告からなる支出記録であり，支出対象は製品の製造ではないが，費目別計算であり，費目別計算思考の萌芽を画する。ここには，原価計算の原初的形態を看取できた。また，諸規程における出納簿記の「出」の処理は，支出記録をもとにあらかじめ支出額が概算され，予算表が作成され，それに伴う実際の支出（予算の執行），その後に実績差異分析が行われている（統制思考の存在）。ここには，原価計算の有する管理思考の嚆矢的形態が看取できた。

　明治９年から明治12年までに，政府直営作業場の財政健全化を目指して考案された作業会計を推進するために，一連の作業費規程が制定された（「作業費に関する３規程」）。これらは経費のうち作業場に関連するものをすべて作業費（興業費，営業費）として処理し，出の統制を規定していた。当初，興業費は開業前の初期投下資金，営業費は開業後の事業運営資金に区別したが，開業後，営業費に事業規模拡大のための設備投下資金が混入してしまい，期間損益計算をゆがめる原因になったので，これを解決するために作業費の分類は支出時点

から支出性格別に改められた。こうして，興業費は投下した固定資産に対する費用，営業費は事業継続のための費用に純化され，損益計算のためには事業収入と営業費とを対応させるので，以前よりは期間損益計算が改善された。これにより，費目別計算思考の生成と製品別計算思考の萌芽が生じた。ここには，「大蔵省が制定した一連の出納規程」より進んだ原価計算の原初的形態が看取できた。

　こうした状況から，財政逼迫の打開を目指した「大蔵省が制定した一連の出納規程」と「作業費に関する3規程」を，「財政会計制度を源流とする原価計算制度の誕生に必要な先行要件」と評価した。

　2）財政会計制度を源流とする原価計算制度の誕生
　明治15年『印刷局諸規程』(「簿記順序」) では，定価と現費の計算，収支予算の編成が規定の中心であり，政府直営作業場の運営のために，損益計算を支える機構が提示されていた。「簿記順序」には，原価の計算に関する規定が含まれており，このような規定の目的は作業場を効率的に運営し，独立採算を果たすことであった。このためには，収入と費用（原価）がいくらであるかの損益計算が大きな問題となった。そこで，固定資本への投下資金や営業資本（事業運営資金）の処理に関する詳細な計算規程が，必要とされた。

　「簿記順序」では，費目別計算思考の確立，製品別計算思考の生成，製造間接費計算思考の萌芽，部門別計算思考の萌芽が見られた。このうち，とくに費目別計算については「製造原価要素が」，「費目別に」，「間接費と直接費とに分けて集計される」という要素が規定され，それまでの「作業費に関する3規程」には存在しなかった確立形態がここに存在し，費目別計算の仕組みが完成したと言える。くわえて，個別原価を集計する思考が存在し，製品別計算思考の生成形態が見られた。したがって，「簿記順序」の規定には「大蔵省が制定した一連の出納規程」と「作業費に関する3規程」より高度化された原価計算の原初的形態や原価計算の有する管理思考の嚆矢的形態が見られ，原価計算制度のもっとも初期的な形態であり，こうした状況から，円滑な作業場運営を目指した「簿記順序」を「財政会計制度を源流とする原価計算制度の誕生」と評価した。

3）財政会計制度を源流とする原価計算制度の成長

当初，政府直営の作業場では作業会計が適用されていたが，明治22年以降，「会計法」，「会計規則」，「作業会計法」などが制定され，政府直営作業場のより効率的な運営のために，一般会計と特別会計が明確に分けられた。各作業場では，注文品や製品の原価を計算しなければならない原価計算圧力が生じ，次の段階として規定の一部にではなく，政府直営の作業場における原価計算の単独の規程が登場した。こうした工場規程は，海軍工廠，鉄道院（後に鉄道局）の鉄道工場などに看取できた。

## 1　海軍工廠のケース

海軍工廠の業務は，当初は外国から購入した船舶の修理，維持，その後は船舶の建造が中心であり，独立採算を目指したが，事実上不可能であった。そこで，明治22年の「会計法」以降，海軍工廠の造船資金は一般会計で処理されるようになり，翌年度の歳入と歳出を予算計算書として提出することや1年度経過後，その収入と支出の報告が義務付けられた。このために，支出の概算書および明細書，決算書が必要になり，これらを作成するために原価計算制度の必要性が生じた。この最終型として，大正14年「工事費整理規則」（「規則」）が制定された（その後，戦時末期まで実情に合わせた改訂が行われた）[1]。海軍工廠は一般会計に属したので，原価計算規程は損益計算目的よりもむしろ予算の編成，執行，報告を通じた管理目的に重点が置かれていた。

大正14年「規則」には，費目別計算思考の確立，製品別計算思考の生成，製造間接費計算思考の生成，部門別計算思考の生成の各形態が存在している。製造間接費計算思考については，附属費として製造間接費を集計し，総額を工数や機械運転時間でわり算したりして配賦率を求め，配賦が行われており，目に見えない価値消費を製造間接費として認識し，製品へ合理的な基準でかつ配賦率を用いて配賦する思考が存在するので，生成形態であった。また，部門別計算思考については，「規則」の本則には明確に盛り込まれていないが，提出すべき報告書である工事費月報には部署別に本費，附属費の集計が指示されており，製造間接費を部署や部門に集計する思考が存在するので，生成形態であっ

た。他方，製品別計算思考については，わり算としての単位原価思考は見られなく，工事費は個別原価の集計のみなので，生成のままであった。こうした状況から，作業場の効率的な運営を目指す「規則」を「財政会計制度を源流とする原価計算制度の成長」と評価した。

## 2　鉄道工場のケース

鉄道工場では，鉄道院や鉄道局から発注された鉄道車輛の製造を行っていたところから，明治43年，大正12年「工場経理規程」(「規程」)が制定された（その後，昭和8年「規程」までが追尾できている)[2]。鉄道工場では特別会計による損益計算が主眼であったので，工場全体の収支を明らかにするための条文があり，工場勘定が用いられている。このために，工場における原価計算は個別原価計算方式で行われ，帳簿で記録される他に工場原簿では複式で処理されていた。鉄道工場は特別会計に属したので，原価計算規程は管理目的よりもむしろ収益と費用を対照させる損益計算目的に重点が置かれていた。

大正12年「規程」には，費目別計算思考の確立，製品別計算思考の生成，製造間接費計算思考の生成，部門別計算思考の生成の各形態が存在していた。すなわち，製造間接費計算思考については工作費として製造間接費を集計し，総額を人工などでわり算した配賦率によって配賦が行われており，目に見えない価値消費を製造間接費として認識し，製品へ合理的な基準で配賦率を用いて配賦する思考が存在するので，生成形態であった。また，部門別計算思考については「規程」の本則には明確に盛り込まれていないが，提出すべき報告書（工事原簿）には部門別（職場別）集計が指示されており，製造間接費を製造部門，補助部門で集計する思考が存在しているので，生成形態であった。しかし，製品別計算思考については，わり算としての単位原価思考は見られなく，個別原価の集計のみにとどまっているので，生成のままであった。こうした状況から，作業場の独立採算を目指す「規程」を「財政会計制度を源流とする原価計算制度の成長」と評価した。

海軍工廠，鉄道工場および印刷工場は当初，作業会計が適用され，独立採算

が試みられていたが，これは明治22年以降変更され，前者が一般会計に属したところから効率的な予算運用のために予算管理志向となり，後者が特別会計に属したところから独立採算のために損益計算志向となった。さらに，特別会計には，欠損が出た場合でも自らで解決する完全特別会計と欠損に際して大蔵省が補填する不完全特別会計があり，前者には鉄道工場が属し，後者には印刷工場が属していた。こうした会計システムを運営するために，政府直営作業場である海軍工廠と鉄道工場および印刷工場において原価計算制度が必要とされ，とりわけ海軍工廠と鉄道工場では，それらは頻繁に改訂が行われた[3]。

### 4）財政会計制度を源流とする原価計算制度の成熟

昭和15年「海軍軍需品工場事業場原価計算準則」(「海軍準則」) は，国家総動員法に基づく「軍需品工場事業場検査令」(「検査令」) によって作成された海軍の意向に沿った法的な強制力を有した原価計算制度であり，海軍に物資を納入している軍需品工場はこの準則に準拠した原価計算を実施しなければならなかった。海軍工廠では，古くから原価計算制度として「規則」が存在していたが，「国家総動員法」により民間の軍需工場に行うべき原価計算を提示する必要があった。「海軍準則」の一番のポイントは，「規則」で規定されていた個別原価計算のみならず，総合原価計算に関する規定が加えられたことである。なぜならば，海軍工廠では艦船などの個別生産方式が前提とされていたが，「検査令」が適用される海軍系列の軍需工場では，軍に納入する軍需物資の大量生産方式が前提とされていたからである。こうして，「海軍準則」では，原価計算方法として個別原価計算と総合原価計算の両方が規定され，これによって製品別計算思考が確立した。

「海軍準則」は調弁価格設定，工場監督のための規程であり，海軍内部ではなく，外部の民間工場で適用可能にするために，実務的でありかつ各目的を達成する原価計算規程である必要があった。そのために，製造間接費計算の具体化，製品別計算の整備，部門別計算の精緻化が行われ，とりわけ製品別計算思考には完成形態が見られ，生成であった要素はすべて確立へ移行した。すなわち，製造間接費計算思考については製品へ合理的な基準で部門を通して，実際

配賦ないしは予定配賦する思考が存在しているので，確立形態である。また，部門別計算思考については部門費そのものを認識し，それをすべての部門（製造部門および補助部門）で集計し，補助部門費を製造部門に配賦する思考が存在しているので，確立形態である。こうした状況から，調弁価格設定や工場監督を目指す「海軍準則」を「財政会計制度を源流とする原価計算制度の成熟」と評価した。

## （3）ドイツ原価計算制度を源流とする原価計算制度の系譜の形成

### 1）ドイツ原価計算制度を源流とする原価計算制度の誕生・成長

昭和8年「原価計算基本準則」（「基本準則」）は，第1次世界大戦後に見舞われた3回の不況を乗り切るために実施された産業合理化運動に端を発する。産業合理化運動は産業を組織化する統制経済のきっかけになった。政府は臨時産業合理局を昭和5年に設置し，産業合理化運動の下で，能率向上による個別企業の体力強化を提唱した。こうした状況下において，臨時産業合理局に設置された財務管理委員会によって昭和8年に「基本準則」が未決定稿として公表された。「基本準則」は明らかに，価格設定を目的とした構成になっていた。

費目別計算思考については，製造目的で支出した費用を材料費，労務費，経費の費目別に期間集計し，かつそれらを直接費と間接費とに分けて集計する思考が存在しているので，確立である。製品別計算思考については「個別計算と総合計算」の区分はあるが，必ずしも両者の区分は明確ではないので，生成である。製造間接費計算思考については，製造間接費計算が部門費計算のなかで説明されており，単独の規定ではないが，目に見えない価値消費を製造間接費として認識し，製品へ合理的な基準で配賦率を用いて配賦する思考が存在しているので，生成である。部門別計算思考については，製造間接費計算の前提として部門別計算が規定されており，製造間接費を製造部門，補助部門で集計する思考が存在するので，生成である。こうした状況から，価格設定を目指す「基本準則」を「ドイツ原価計算制度を源流とする原価計算制度の誕生・成長」と評価した。

2）ドイツ原価計算制度を源流とする原価計算制度の成長

昭和12年「製造原価計算準則」（「製造準則」）は，準戦時下として位置付けられる時期に公表された。「製造準則」は明らかに，あらゆる生産力を強化していくために，能率の向上を目的とした構成になっていた。ところが，時勢は戦時色が強まるなかで産業が統制されていく大きな流れのなかにあったので，戦時経済および統制経済を遂行するために，原価計算を調弁価格の設定に役立てたい政府の意向に合致しなかった。この意味から，「製造準則」は本来的な機能を果たすことができなかったが，原価計算制度を産業界に啓蒙し，その後に作成される原価計算規程の基礎となったことには，大きな存在意義が認められる。

「基本準則」と同様に「製造準則」でも，費目別計算思考については製造目的で支出した費用を材料費，労務費，経費の費目別に期間集計し，かつそれらを直接費と間接費とに分けて集計する思考が存在しているので，確立である。製品別計算思考については個別原価計算と総合原価計算の区分がなされ，別々に規定されているが，総合原価計算，個別原価計算の順になっているので，やはり生成である。製造間接費計算思考については個別原価計算規定のなかで製造間接費計算が規定されており，製品へ合理的な基準で部門を通して，実際配賦ないしは予定配賦する思考が存在しているので，確立である。部門別計算思考については部門費そのものを認識し，それをすべての部門で集計し，補助部門費を製造部門に配賦する思考が存在しているので，確立である。こうした状況から，能率の向上を目指す「製造準則」を「ドイツ原価計算制度を源流とする原価計算制度の成長」と評価した。

3）ドイツ原価計算制度を源流とする原価計算制度の成熟

昭和14年「陸軍軍需品工場事業場原価計算要綱」（「陸軍要綱」）は，国家総動員法に基づく「検査令」によって作成された陸軍の意向に沿った法的な強制力を有した原価計算制度であり，陸軍に物資を納入している軍需品工場はこの要綱に準拠した原価計算を実施しなければならなかった。「陸軍要綱」は「基本準則」や「製造準則」の思考を引き継ぎ，調弁価格設定，工場監督のための

規程であり，戦時体制下で達成すべき原価計算制度が規定されていた。

費目別計算思考については，原価の分類および直接費と間接費の区分が規定されているので，確立である。製品別計算思考については，規定中に個別原価計算と総合原価計算が区分されているので，確立である。製造間接費計算思考については，部門別計算が前提とされているので，確立である。部門別計算思考については部門費そのものを認識し，それをすべての部門で集計し，補助部門費を製造部門に配賦する思考が存在しているので，確立形態にある。

結局,「陸軍要綱」には費目別計算思考，製品別計算思考，製造間接費計算思考，部門別計算思考のすべてに確立形態が存在する。こうした状況から，調弁価格設定や工場監督を目指す「陸軍要綱」を「ドイツ原価計算制度を源流とする原価計算制度の系譜の成熟」と評価した。

## 2．統一原価計算制度の形成

昭和17年「製造工業原価計算要綱」(「企画院要綱」) は，戦時統制経済への移行を背景として「財政会計制度を源流とする系譜」と「ドイツ原価計算制度を源流とする系譜」から作成された統一原価計算規程であった[4]。「陸軍要綱」,「海軍準則」では原価計算制度としての要件はすべて満たされたので，各系譜において原価計算制度は成熟した。次いで，「企画院要綱」では，この内容要件の高度化が図られた。原価計算目的は原価（非原価項目も），原価の構成，ひいては製造間接費の範囲を規定する。例えば，部門別計算，製品別計算，そして工業会計との関係が規定され，「企画院要綱」では，それまで論理的でなかった体系が「陸軍要綱」や「海軍準則」よりも洗練された。以後,「企画院要綱」に準拠して，多くの業種別原価計算準則が制定された。戦時体制下における経済統制の遂行のために，国がリーダーシップをとって原価計算制度の普及に努め，本格的に原価計算制度の実施に取り組み，やがて法律に基づいて原価計算制度の実施を強制した。くわえて，業種特性から生じる諸問題は，各業種別原価計算準則で解決された。こうした状況から，生産力拡充，低物価を目指す「企画院要綱」を「統一原価計算制度の形成」と評価した。

## 3．新たなる原価計算制度の形成

　昭和37年「原価計算基準」（「基準」）は企業会計制度の一環として，戦後復興から高度経済成長を背景に，企業会計審議会の中間報告として公開された。戦前，戦中の原価計算制度が有した能率向上，価格計算の思考それ自体は，昭和37年に制定される「基準」の布石となる一齣であった。昭和25年に作業が開始され，「基準及び手続要綱（案）」，「原価計算基準（仮案）」を経て，「原価計算基準」が制定された。「基準」では原価計算目的として，財務諸表作成目的，価格計算目的，原価管理目的，予算編成・予算統制目的，経営基本計画設定目的という5つが列挙されている。「基準」の特徴は，原価計算の詳細な**概念規定**，**標準原価計算の規程**であろう。とくに，標準原価計算の規程は「製造準則」以来，消滅していたが，「基準」で復活した。「基準」は企業が行うべき原価計算の手順を示した規程であり，財務諸表作成のための原価計算規程であった。こうした状況から，企業会計制度の整備を目指す「基準」を「新たなる原価計算制度の形成」と評価した。

## Ⅲ　制度形成史の構築

### 1．社会経済的背景の考察

　本研究は制度の形成過程の考察を通じて，おもに通説とは違う原価計算制度の発展形態を主張し，副次的には社会経済的背景との関連性，原価計算が有する社会的機能の一端を明らかにすることも含蓄していた。

　本章Ⅱでは第2章から第11章までの研究成果をレビューした。**図表12-2**は，各系譜における原価計算制度の形成およびその後の展開と社会経済的背景（要因）を示した表である。

　財政会計制度を源流とする原価計算制度の誕生に必要な先行要件の形成は，明治新政府の財政逼迫，その誕生は殖産興業，政府直営工場の運営，その成長は政府直営工場の効率的な運営，その成熟は国家総動員法，「検査令」，戦時経済への移行がそれぞれの社会経済的背景であった。

**図表12-2 各系譜における原価計算制度の形成と社会経済的背景（要因）**

| 原価計算制度の形成 | 社会経済的背景（要因） |
|---|---|
| 財政会計制度を源流とする原価計算制度の系譜 | |
| 財政会計制度を源流とする原価計算制度の誕生に必要な先行要件の形成 | 明治新政府の財政逼迫による支出統制の強化 |
| 財政会計制度を源流とする原価計算制度の誕生 | 殖産興業、政府直営工場の運営 |
| 財政会計制度を源流とする原価計算制度の成長 | 一般会計や特別会計のもとでの政府直営工場の効率的な運営 |
| 財政会計制度を源流とする原価計算制度の成熟 | 国家総動員法<br>「検査令」<br>戦時経済への移行 |
| ドイツ原価計算制度を源流とする原価計算制度の系譜 | |
| ドイツ原価計算制度を源流とする原価計算制度の誕生・成長、成長 | 産業合理化運動　不況対策　統制経済への移行 |
| ドイツ原価計算制度を源流とする原価計算制度の成熟 | 国家総動員法<br>「検査令」<br>戦時経済への移行 |
| 統一原価計算制度の形成 | |
| 財政会計制度を源流とする原価計算制度とドイツ原価計算制度を源流とする原価計算制度の統一 | 戦時統制経済への移行<br>生産力拡充<br>低物価抑制 |
| 新たなる原価計算制度の形成 | |
| 財政会計制度を源流とする原価計算制度とドイツ原価計算制度を源流とする原価計算制度の統一から新たなる原価計算制度の形成 | 戦後復興<br>企業会計制度の整備<br>高度成長 |

　ドイツ原価計算制度を源流とする原価計算制度の誕生・成長，成長は，ドイツ化に基づく産業合理化運動，不況対策，統制経済への移行，その成熟は国家総動員法，「検査令」，戦時経済への移行がそれぞれの社会経済的背景であった。
　統一原価計算制度の形成は，財政会計制度を源流とする原価計算制度とドイツ原価計算制度を源流とする原価計算制度の統一であり，戦時統制経済への移行，生産力拡充，低物価抑制がその社会経済的背景であった。
　新たなる原価計算制度の形成は，財政会計制度を源流とする原価計算制度と

ドイツ原価計算制度を源流とする原価計算制度の統一から新たなる原価計算制度の形成である。戦後体制における原価計算制度の構築であり、戦後復興、企業会計制度の整備、高度成長がその社会経済的背景であった。

社会経済的背景が原価計算制度を作り出し、その時々の必要性に敏感に感応しながら、要求に沿うような機能を果たすために原価計算制度の構成要素が加えられていった。この行為の連続によって、わが国の原価計算制度は次第に形成されていった。

## ２．原価計算制度の形成要因

かつて『日本原価計算理論形成史研究』では、「図表9-3　原価計算の形成要因」において、原価計算の形成要因を実務、学問に分けて示した[5]。**図表12-3**は、そこで提示した「図表」に制度の部分を加筆した。どこに制度を位置付けるかを思案した結果、学問的領域と実務的領域にまたがる国内の社会経済的背

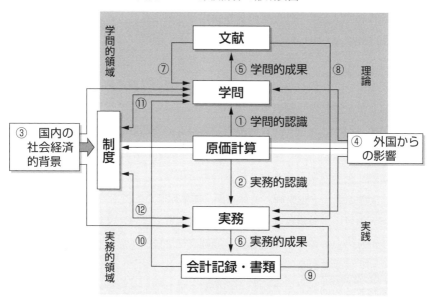

図表12-3　原価計算の形成要因

（④外国からの影響の中央から出ている線は「原価計算」を通り抜けて制度へ到達する）

景の近くに位置付けた。

　原価計算は学問的認識（①）が行われることにより学問が形成され，このとき学問は国内の社会経済的背景（③）や外国からの影響（④）を受ける場合があり，その学問的成果（⑤）は文献として著わされる。これは理論形成の主体となる。他方，原価計算は実務的認識（②）が行われることにより実務が形成され，このとき実務は国内の社会経済的背景（③）や外国からの影響（④）を受ける場合があり，その実務的成果（⑥）は会計記録や書類となる。これは実践形成の主体となる。

　さらに，学問的成果として形成された文献はさらなる学問の形成に影響を及ぼし（⑦），くわえて文献は実務にも影響を及ぼす（⑧）。同様に，実務的成果として形成された会計記録・書類はさらなる実務の形成に影響を及ぼし（⑨），くわえて会計記録・書類は学問に影響を及ぼす（⑩）。

　原価計算制度は，国内の社会経済的背景（③）や外国からの影響（④）を主要因に学問（⑪）や実務（⑫）から影響を受けて形成される。合わせて，制定された制度は学問，実務に影響を与える（双方向の影響）。

　原価計算制度は作成された原価計算規程が法制化されて初めて制度となり，実施しなければならない原価計算実務となるが，**図表12-3**における制度の部分をより詳しく示すと，**図表12-4**のとおりである。

　**図表12-4**では，原価計算制度の形成に至る一連の過程と外国からの影響・社会経済的背景を示した。**図表12-3**は制度の形成をマクロ的視点で見たものであるが，**図表12-4**はこれをミクロ的視点で見たものである。社会経済的背景は，さらに経済的背景と社会的背景に分けた。政府は政治的難局（財政逼迫，不況，戦争，復興）を乗り切るために，原価の力を借りた。あるときは，総原価，製造原価，実際原価，予定原価，予算原価，標準原価などである。これを用いて，財政逼迫への対応，政府直営作業場の運営，調弁および注文価格決定，物価形成，損益計算のための売上原価算定，棚卸資産評価，工場監督（能率の向上），生産力拡充，低物価政策，原価管理がもくろまれた。

　政府は社会経済的背景や外国からの影響を通じて原価計算を用いた政策を立案し，規程を作成する主体が組織される。この主体は研究者や実務家から構成

**図表12-4　原価計算制度の形成と社会経済的背景**

```
                    外国からの影響
        経済的背景              社会的背景
                      政府
         ╱ 財政逼迫・不況    殖産興業・戦争  ╲
         ╲ 戦後復興       企業会計制度の整備 ╱
                      政策
                       ↓
理論の担い手（研究者など）→ 規程作成主体 ← 実務の担い手（実務家など）
         ↓              ↓              ↓
    原価計算理論        原価計算規程        原価計算実務
         ↑           ┌─法制化─┐          ↑
                     │原価計算制度│
```

され，原価計算理論や原価計算実務が勘案されて，原価計算規程が作成される。すなわち，政府は政策を実現するために，研究者（大学，研究所，協会），実務家（政治家，官僚，軍人，経営者，管理者，経理従事者）らに原価計算制度の作成を依頼し，その結果，原価計算制度が形成された。

## 3．日本原価計算制度形成史モデルの提示

　本書では『日本原価計算理論形成史研究』の姉妹編として，制度の視点からわが国の原価計算の形成過程を2つの系譜に分けて考察した。これはまさに系譜的考察であり，わが国原価計算制度の展開を縦に（構造的に）捉えたものである。

　さらに，この系譜的展開に本研究から得た知見をもとに，黎明期，揺籃期，普及期，発展期の発展段階別の区分を加えたい。系譜的には「財政会計制度を源流とする系譜」の展開が先に始まり，誕生，成長を呈すると，その後，ドイ

ツ原価計算制度を源流とする系譜」の展開が加わり，誕生，成長を呈し，国家政策に基づく要請により，両系譜から別々の規程が作成され，それらが成熟すると，やがて統一，新たなる発展へと向った。これを発展段階にすると，各系譜における内容要件の形成過程，その後の展開は，次のように体系付けられる。なお，黎明期は日本原価計算制度史の創成段階，揺籃期はその展開の初期段階，普及期はそれがいきわたる段階，発展期はそれがより進んだ段階を意味する。

① 日本原価計算制度の黎明期 〈明治2年から大正15年頃まで〉
　1　財政会計制度を源流とする原価計算制度の誕生に必要な先行要件の形成
　2　財政会計制度を源流とする原価計算制度の誕生
　3　財政会計制度を源流とする原価計算制度の成長
　　a）海軍工廠のケース
　　b）鉄道工場のケース
② 日本原価計算制度の揺籃期 〈昭和2年頃から昭和15年頃まで〉
　1　ドイツ原価計算制度財源流とする原価計算制度の誕生・成長
　2　ドイツ原価計算制度を源流とする原価計算制度の成長
　3　ドイツ原価計算制度を源流とする原価計算制度の成熟
　4　財政会計制度を源流とする原価計算制度の成熟
③ 日本原価計算制度の普及期 〈昭和16年頃から昭和20年まで〉
　1　統一原価計算制度の形成
④ 日本原価計算制度の発展期 〈昭和20年頃から昭和37年まで〉
　1　新たなる原価計算制度の形成

これを整理すると，**図表12-5**のとおりである。

黎明期では，「大蔵省が制定した一連の出納規程」，「作業費区分及受払例則」，「作業費出納條例」，「簿記順序」，「規程」，「規則」が制定され，その要因は明治新政府の財政逼迫，殖産興業，政府直営工場の運営，一般会計や特別会計に基づく政府直営工場の効率的な運営であった。これにより，「財政会計制度を源流とする原価計算制度」の誕生に必要な先行要件の形成，誕生，成長が生じた。この段階での展開は，政府内における政策を実現させる手段として費目別

### 図表12-5　日本原価計算制度の形成

| | 発展段階 | 財政会計制度を源流とする原価計算制度の系譜 | | ドイツ原価計算制度を源流とする原価計算制度の系譜 | |
|---|---|---|---|---|---|
| 明治2年～ | 黎明期 | 大蔵省が制定した一連の出納規程 | 先行要件の形成 | | |
| 明治9年 | | 作業費区分及受払例則 | | | |
| 明治10年 | | 作業費出納條例 | | | |
| 明治14年 | | 印刷局簿記順序 | 誕生 | | |
| 大正12年 | | 鉄道局工場経理規程 | 成長 | | |
| 大正14年 | | 工作庁工事費整理規則 | | | |
| 昭和8年 | 揺籃期 | 改訂による進化 | | 原価計算基本準則 | 誕生・成長 |
| 昭和12年 | | | | 製造原価計算準則 | 成長 |
| 昭和14年 | | | | | |
| 昭和15年 | | 海軍準則 | 成熟 | 陸軍要綱 | 成熟 |
| 昭和17年 | 普及期 | | | 企画院　製造工業原価計算要綱 | |
| 昭和18年 | | | | 各種業種別原価計算準則 | |
| 昭和20年 | | 廃止 | | | |
| 昭和22年 | (再使用) | | | 物価庁　製造工業原価計算要綱 | |
| 昭和37年 | 発展期 | | | 大蔵省企業会計審議会　原価計算基準 | |

計算，製品別計算，製造間接費計算，部門別計算が，徐々に形成されていった。政府内では，殖産興業による政府直営作業場の経営によって生じた財政逼迫が解決しなければならない課題となり，当初は手探りの作業会計で，次いで製造原価算定を目指した簡素な，やがて工夫された原価計算規程が制定されていった。したがって，この時期はわが国原価計算制度の黎明期として特徴付けられる。

揺籃期では，「基本準則」，「製造準則」，「陸軍要綱」，「海軍準則」が制定され，その要因はドイツ化に基づく産業合理化運動，不況対策，統制経済への移行，国家総動員法，「検査令」，戦時経済への移行であった。これにより，「ドイツ

原価計算制度を源流とする原価計算制度」の誕生,成長,成熟,「財政会計制度を源流とする原価計算制度」の成熟が生じた。この段階ではおもにドイツから原価計算制度が導入され,これが中心となって,「検査令」に基づく価格設定,工場監督のための原価計算制度を形成していった。他方,政府内の会計制度として成長してきた海軍工廠の会計からも,「検査令」に基づく価格設定のための原価計算制度が形成されていった。このように,世界情勢が悪化するなかでとられた総動員体制のもとで,両方の系譜からは政府の政策に対して異なった対応がとられ,軍需物資調達のための価格設定という目的に別々の原価計算規程が作成された。原価計算規程としては成熟したが,次の展開への方向性が模索された。したがって,この時期はわが国原価計算制度の揺籃期として特徴付けられる。

普及期では,「企画院要綱」,各業種別原価計算準則が制定され,その要因は戦時統制経済への移行,生産力拡充,低物価政策であった。これにより,「統一原価計算制度の形成」が生じた。やはり原価計算規程を実務に適用するとなると,真っ先に直面する壁は業種の違いによる原価計算手続きの違いである。とりわけ製品別計算は製造する製品によって,大きく異なる。このために,概念フレームワークとしての原価計算規程が作成され,これが業種別にカスタマイズされていった。法令でも原価計算制度の実施が強制され,名目的には原価計算実務は各工場へと普及していった。したがって,この時期はわが国原価計算制度の普及期として特徴付けられる。

発展期では,「基準」が制定され,その要因は戦後復興,企業会計制度の整備,高度成長であった。これより,「新たなる原価計算制度の形成」が生じた。戦後体制のなかで,復興への努力がなされた。この一環として,企業会計制度の構築が急がれ,政府はこの後押しを行ったのであり,アメリカの原価計算文献や管理会計文献が盛んに紹介され,原価計算制度の高度化が図られた[6]。他方,戦前,戦中に制定された原価計算規程は戦後の原価計算規程にも受け継がれており,より洗練された規程になっていた。したがって,この時期はわが国原価計算制度の発展期として特徴付けられる。

本研究では,「ドイツ原価計算制度を源流とする系譜」と「財政会計制度を

源流とする系譜」という視点から，「基準」へ至る道を論じてきた。これは縦割りの系譜的な展開を示している。それぞれの系譜において，どのように原価計算制度が形成されていったかを示す。これによって，原価計算制度がいかなる要因の影響からいかなる発展を遂げてきたかを明らかにした。これはそれぞれの規程を構造的に考察していくことで，それぞれの規程の違いを考察した。他方，系譜的考察から得た知見をもとに本章で加えた黎明期，揺籃期，普及期，発展期への区分は，わが国原価計算制度の横割りの発展段階を示している。これは構造的というよりもむしろ，時系列的な原価計算制度の高度化の発展段階を示している。やはり最終的には，系譜的な考察に加えて，この区分も必要であると考えた。

これまで，各章でわが国の原価計算制度の成り立ちを論じてきた。この論述と結論を通して，仮説（「わが国の原価計算制度には，「財政会計制度を源流とする系譜」と「ドイツ原価計算制度を源流とする系譜」があり，これに伴い2つの系譜に属するコンセプトの異なる原価計算制度が形成され，それがある時点で統合され，その後「原価計算基準」に至った」）が検証できたと思われる。

## Ⅳ 今後に向けて

結局，本研究はこれまでの自らの研究対象であった政府直営作業場における原価計算制度の展開とこれまで通説として論じられてきた原価計算制度の展開を組み合わせることによって，新しい枠組みで日本原価計算制度形成史を論じる試みであった。しかし，戦後の「原価計算基準」に至る展開については，すでに豊富な先行研究があるところからあまり深入りしなかった。もちろん，本研究は他にも多々不十分な点はあろうが，現時点における自分自身のこれまでのわが国原価計算制度の展開に関する研究のすべてを凝縮した成果である。

日本原価計算史研究を始めたときに，当初から理論史，制度史，実務史の3つの研究が必要であると感じていた。最初に文献の蒐集から始め，これをもとにした理論史研究を手がけ，今回これをベースとして政府文書を主たる源泉と

した制度史研究を試みた。したがって，次に行うべき研究は実務史であり，実務史の観点からわが国の原価計算を考察していきたい。理論史，制度史，実務史の3つの研究がそろって，やっと日本原価計算史研究は緒に就くと思われる。理論史を通じては，わが国に原価計算理論がどのように導入され，定着し，応用されていったかを，制度史を通じては，わが国に原価計算制度が社会経済的背景のもとでどのように形成されていったかを明らかにした。次いで，実務史を通じては，原価計算制度がどのように現場で用いられたのかを考察したい。その後は理論史，制度史，実務史を包括した思想史が行われるべきであると考えるが，しかしながら今後の研究進捗を考えた場合，こちらの方は後進の研究者に委ねるしかなさそうである。

これまで，制度の視点から印刷工場，海軍工廠，鉄道工場などの政府直営作業場の原価計算規程を考察対象としてきた。次の研究ではこうした作業場のみならず，政府（陸海軍）の要請により原価計算制度を自作し，これに準拠して行われた民間工場の原価計算実務を対象とする。過去には，戦時中の中島飛行機，立川飛行機などの民間工場の原価計算規程を瞥見した[7]。

現在，手許に陸海軍の軍需監督官の史料があるので，ここから民間工場の原価計算実務を見ていき，さらにこれをもとに陸海軍の統制下で，「いかなる原価計算制度が民間工場で実施されていたか」とともに，「製造工業原価計算要綱や業種別原価計算準則」と実務の関連性を解明していきたい。

---

注

1）拙稿「続：海軍工廠における原価計算規程の進展」『専修商学論集』第98号，平成26年1月，95-120頁。

2）拙稿「鉄道工場の原価計算規程―原田『鉄道工場経理』（昭和16年）から」『専修商学論集』第105号，平成29年7月，77-89頁。

3）この原因として，「海軍燃料廠の会計」では下記のように述べた。

「本考察のとおり，燃料廠は作業会計が適用されており，燃料廠の会計は財政会計制度の範疇に入る。原価計算は確かに実施されているとの確認はとれたが，原価計算規程の存在は確認できなかった。前稿（「鉄道工場の原価計算規程」）で言及したように，印刷工場も同じ状態である。原価計算規程の必要性は，鉄道工場や海軍工廠のように，注文によってその都度異なる製造物を製作し，その製造原価の算定が必要になる個別受注生産のケースにおいて強く見られ

る。他方，同じ製造物を大量に生産する大量生産においては限定的であったと考えられる。「財政会計制度を源流とする原価計算制度の系譜」は，政府の国庫金に関する出納規程が始まりであるが，同じ政府作業場でも事業の性格によって原価計算への注目度に大きな相違が生じていた。」

　　拙稿「海軍燃料廠の会計」『経営経理研究』第111号，平成30年2月，103頁。
4）昭和16年には「製造工業原価計算要綱草案」が，公表されていた。
　　林　健二「＜論説＞製造工業原價計算要綱草案について」『国民経済雑誌』第71巻第4号，昭和16年，1-20頁。
5）拙著『日本原価計算理論形成史研究』同文舘出版，平成15年，図表9-3　原価計算の形成要因，328頁。
　　上記図表9-3をそのまま使用したのではなく，必要な修正を加えた。
6）西澤　脩「わが国戦後管理会計発達史（前編）―米国管理会計の日本への翻訳的導入」『LEC会計大学院紀要』第1号，平成18年6月，35-50頁。
　　西澤　脩「わが国戦後管理会計発達史（後編）―日本的管理会計の模索と構築」『LEC会計大学院紀要』第2号，平成19年3月，13-30頁。
7）拙稿「戦時下における航空機工場の原価計算規程」『専修商学論集』第94号，平成24年1月，79-103頁。

# 参考文献

Ⅰ　和文（引用で挙げた文献は除く，著者名50音順）

青木茂男編『日本会計発達史―わが国会計学の生成と展望』同友館，昭和51年。
明石岩雄『日中戦争についての歴史的考察』思文閣出版，平成19年。
浅羽二郎編『会計制度の基本問題―松尾憲橘博士還暦記念論文集』森山書店，昭和55年。
足立　浩『アメリカ管理原価会計史―管理会計の潜在的展開過程』晃洋書房，平成 8 年。
新井清光『日本の企業会計制度―形成と展開』中央経済社，平成11年。
安藤英義先生退官記念論文集刊行委員会編『会計学論考―歴史と最近の動向』中央経済社，平成19年。
池田浩太郎「明治初期における官金取扱の財政的意義」『経済研究』第14号，昭和36年11月，23-46頁。
池田浩太郎「官金出納の展開過程」『経済研究』第16号，昭和37年11月，55-79頁。
池田浩太郎「官金出納の整理過程」『経済研究』第17号，昭和38年 3 月，41-57頁。
池田憲隆「海軍工廠の成立と経営管理組織の展開―横須賀海軍工廠の事例を中心として」『立教経済学研究』第44巻第 2 号，平成 2 年10月，209-228頁。
池田憲隆「松方財政前半期における海軍軍備拡張の展開―1881-83年」『人文社会論叢（社会科学篇）』第 6 号，平成13年 8 月，41-55頁。
池田憲隆「1883年海軍軍拡前後期の艦船整備と横須賀造船所」『人文社会論叢（社会科学篇）』第 7 号，平成14年 2 月，17-34頁。
井上　清『ヨーロッパ会計史』森山書店，昭和43年。
井上　清『ドイツ簿記会計史』有斐閣，昭和55年。
岩村正史『戦前日本人の対ドイツ意識』慶応義塾大学出版会，平成17年。
上田雅通訳（A.C.リトルトン，V.K.ジンマーマン著）『会計理論―連続と変化』税務経理協会，昭和51年。
鵜飼信成ほか『講座日本近代法発達史 4 ―資本主義と法の発展』勁草書房，昭和33年。
遠藤博志ほか編著『戦後企業会計史』中央経済社，平成27年。

大石桂一『会計規制の研究』中央経済社，平成27年．

太田哲三ほか監修『原価計算辞典』中央経済社，昭和43年．

大野功一ほか訳（プレヴィッツ，メリノ著）『アメリカ会計史—会計の文化的意義に関する史的解釈』同文舘，昭和58年．

大淵利男「幕末＝明治初期における西欧財政学の受容過程」『政経研究』第12巻第1号，昭和50年5月，1-42頁．

大淵利男「明治初期における西欧財政学の受容とわが国財政学の形成過程」『政経研究』第14巻第1号，昭和52年6月，1-39頁．

岡下　敏『シュバルツ簿記書の研究—ドイツ会計史』同文舘，昭和55年．

岡野憲治『ライフサイクル・コスティング—その特質と展開』同文舘出版，平成15年．

岡本幸雄・今津健治編『明治前期官営工場沿革—千住製絨所，新町紡績所，愛知紡績所』東洋文化社，昭和58年．

小栗崇資『アメリカ連結会計生成史論』日本経済評論社，平成14年．

小田垣光之輔『物価政策講説』山根書房，昭和19年．

尾畑　裕「シューマレンバッハ原価計算論の歴史的展開」『一橋論叢』第94巻第4号，昭和60年10月，571-590頁．

尾畑　裕「ドイツ原価理論発達史序説—シュマーレンバッハ原価理論の歴史的展開とその社会的経済的背景」『一橋大学研究年報　商学研究』第28号，昭和63年3月，225-381頁．

尾畑　裕「ドイツ原価理論の確立—シュマーレンバッハ原価理論からメレロヴィッツ原価理論への発展」『一橋論叢』第99巻第6号，昭和63年6月，747-764頁．

尾畑　裕『ドイツ原価理論学説史』中央経済社，平成12年．

海軍大臣官房編『海軍制度沿革　巻十一（1）』（復刻本：明治百年叢書No.184）原書房，昭和47年（原本：昭和16年）．

柏崎敏義「会計年度と財政立憲主義の可能性—松方正義の決断」『法律論叢』第83巻第2・3号，平成23年，97-133頁．

上總康行『アメリカ管理会計史　上・下』同文舘，平成元年．

片岡義雄『パチョーリ「簿記論」の研究』森山書店，昭和34年．

片岡義雄，片岡泰彦共訳『ウルフ会計史』法政大学出版局，昭和52年．

片岡泰彦『イタリア簿記史論』森山書店，昭和63年．

片岡泰彦『ドイツ簿記史論』森山書店，平成6年．

片岡泰彦「イタリア簿記史論とドイツ簿記史論に関する考察」Research papers, no.J-39，大東文化大学経営研究所，平成15年．

片岡泰彦『複式簿記発達史論（大東文化大学経営研究所研究叢書25）』，大東文化大学経営研究所，平成19年．

片野一郎訳（A.C. リトルトン著）『リトルトン会計発達史』同文舘，昭和27年．

片野一郎訳（A.C. リトルトン著）『リトルトン会計発達史（増補版）』同文舘，昭和53年．

金戸　武『イギリス鉄道会計発達史（阪南大学叢書34）』森山書店，平成3年．

金丸平八「官業払下に関する試論—いわゆる「興業費」に就いて，長崎造船所の場合」『青山經

濟論集』第19巻第1号，昭和42年6月，87-100頁。
亀井孝文『よくわかる公会計制度―創設の歴史と現行制度の活用や改革の方向まで』イマジン出版，平成29年。
川田　稔『昭和陸軍の軌跡―永田鉄山の構想とその分岐』中央公論新社，平成23年。
関西学院大学会計学研究室編『現代会計の史的研究―小島男佐夫先生還暦記念論文集』森山書店，昭和48年。
岸田　愿『帝国鉄道会計法通義』文英閣，昭和2年。
岸本勝次『日本会計史』創成社，昭和59年。
木村重義「軍需工業に対する陸軍の会計統制」『商學討究』第16号，昭和16年12月，355-380頁。
久野光朗『アメリカ簿記史―アメリカ会計史序説』同文舘，昭和60年。
久野光朗訳（P.ワルトン編著）『欧州比較国際会計史論』同文舘，平成9年。
久野光朗『アメリカ会計史序説―簿記から会計への進化』同文舘出版，平成21年。
久保田音二郎訳（J.ヘラウアー著）『ヘラウアー経営計算論』同文舘，昭和12年。
久保田秀樹『日本型会計成立史』税務経理協会，平成13年。
久保田秀樹『欧米制度の移植と日本型会計制度（滋賀大学経済学部研究叢書，第41号）』滋賀大学経済学部，平成17年。
久保田秀樹『「日本型」会計規制の変遷』中央経済社，平成20年。
黒澤　清編著『わが国財務諸表制度の歩み』雄松堂出版，平成62年。
上月重雄「明治の大物印刷局長，得能良介先生」『ファイナンス』第9巻第12号，昭和49年3月，58-61頁。
高梠真一「アメリカ海軍省による会計情報の作成・利用―19世紀鉄道会社の会計実務の影響」『生産管理』第7巻第2号，平成13年1月，179-184頁。
高梠真一『アメリカ鉄道管理会計生成史―業績評価と意思決定に関連して』同文舘，平成11年。
小島男佐夫『会計史資料研究（関西学院大学産研叢書9）』大学堂書店，昭和53年。
小島男佐夫責任編集『会計史および会計学史（体系近代会計6）』中央経済社，昭和54年。
小島男佐夫『会計史入門』森山書店，昭和62年。
後藤小百合「会計記録から見た富岡製糸場」『高崎商科大学コミュニティ・パートナーシップ・センター紀要』第1号，平成27年，23-31頁。
小林健吾編著『日本会計制度成立史』東京経済情報出版，平成6年。
小林正彬ほか編『日本経営史を学ぶ（1）―明治経営史』有斐閣，昭和51年。
小林正彬ほか編『日本経営史を学ぶ（2）―大正・昭和経営史』有斐閣，昭和51年。
小林正彬『日本の工業化と官業払下げ―政府と企業』東洋経済新報社，昭和52年。
小林正彬『近代日本経済史―西欧化の系譜』世界書院，昭和58年。
小林正彬『政府と企業―経営史的接近』白桃書房，平成7年。
小林正彬『政党内閣の崩壊と満州事変1918～1932』ミネルヴァ書房，平成22年。
近藤禎夫『鉄道原価計算制度史の研究―国鉄民営化までの軌跡』大月書店，平成4年。
斉藤　正「明治初期の官業と民業」『経済研究』第14号，昭和36年11月，47-74頁。
斉藤　正「明治初期の官業と民業（2）」『経済研究』第16号，昭和37年11月，31-54頁。

坂入長太郎「明治後期財政史研究－1－産業資本確立期における財政の政治過程」『経済学季報』第32巻第1・2号，昭和58年，1-60頁。

坂入長太郎「明治後期財政史研究－2－産業資本確立期における財政の政治過程（明治二四年〜大正三年）」『経済学季報』第33巻第1・2号，昭和59年3月，1-67頁。

坂入長太郎「明治後期財政史研究－3－産業資本確立期における財政の政治過程（明治24〜大正3年）」『経済学季報』第34巻第1・2号，昭和59年9月，87-165頁。

坂入長太郎「明治前期における財政の政治過程」『経済学季報』第40巻第1号，平成2年7月，55-75頁。

櫻井通晴『管理会計（第七版）』同文舘出版，平成31年。

佐々木重人『近代イギリス鉄道会計史─ロンドン・ノースウェスタン鉄道会社を中心に』国元書房，平成22年。

佐々木久信「「軍需工業動員法」の成立過程についての一考察─戦時統制経済の起点」『日本大学文理学部（三島）研究年報』第35号，昭和61年，65-78頁。

三光寺由実子『中世フランス会計史─13〜14世紀会計帳簿の実証的研究』同文舘出版，平成23年。

品田誠平ほか訳（P. ガーナー著）『原価計算の発展　1925年まで』一粒社，昭和33年。

鈴木和哉「戦後日本における「企業会計基準法」構想と「企業会計原則」」『立教経済学研究』第64巻第2号，平成22年，161-189頁。

高寺貞男，醍醐　聰『大企業会計史の研究』同文舘，昭和54年。

高橋史安「多目的型原価計算基準」の歴史的研究─現代会計実務の新動向と会計理論の構築」『会計学研究』第21号，平成19年3月，117-130頁。

高橋史安「「原価計算基準」の歴史的考察─「多目的型原価計算基準」の生成」『経理研究』第51号，平成20年，74-86頁。

高橋史安「「原価計算基準」研究─「原価計算基準」改正の方向について（1）」『商学集志』第79巻第1号，平成21年6月，1-21頁。

高橋史安「「原価計算基準」研究─「原価計算基準」改正の方向について（2）」『商学集志』第79巻第2号，平成21年9月，29-44頁。

竹井芳雄「原価計算制度の発展と統制経済（その一）」『龍谷ビジネスレビュー』第3号，平成14年3月，30-43頁。

竹井芳雄「原価計算制度の発展と統制経済（その二）」『龍谷ビジネスレビュー』第4号，平成15年3月，41-54頁。

竹井芳雄「會社經理統制令と統一原価計算制度」『龍谷ビジネスレビュー』第5号，平成16年3月，21-40頁。

竹井芳雄「原価計算規則の改正と業種別原価計算制度」『龍谷ビジネスレビュー』第6号，平成17年3月，25-39頁。

竹井芳雄「戦後における会計制度の近代化（その一）」『龍谷ビジネスレビュー』第9号，平成20年3月，1-23頁。

竹井芳雄「戦後における会計制度の近代化（その二）」『龍谷ビジネスレビュー』第10号，平成21年3月，17-46頁。

竹田範義，相川奈美編著『会計のリラティヴィゼーション』創成社，平成26年。
田中章義編集代表『日本における会計学研究の発展―インタビュー』同文舘，平成2年。
田中嘉穂，井原理代訳（C. ブラウン著）『損益報告制度の出現―その歴史的研究』香川大学会計研究室，昭和53年。
千葉準一・中野常男責任編集『会計と会計学の歴史（体系現代会計学　第8巻）』中央経済社，平成24年。
筒井清忠『二・二六事件とその時代―昭和期日本の構造』筑摩書房，平成18年。
筒井清忠『昭和十年代の陸軍と政治―軍部大臣現役武官制の虚像と実像』岩波書店，平成18年。
筒井清忠『近衛文麿―教養主義的ポピュリストの悲劇』岩波書店，平成21年。
筒井清忠編集『新昭和史論―どうして戦争をしたのか』ウェッジ，平成23年。
都築七郎「官営工場事始」『日本及日本人』第1553号，昭和54年5月，154-165頁。
鉄道省経理局『帝国鉄道会計法規の沿革』鉄道省経理局，昭和8年。
鉄道省経理局「会計法規集」鉄道省経理局，昭和11年6月。
鉄道省経理局『帝国鉄道会計と減価償却』鉄道省経理局，昭和16年。
鉄道省「鉄道局工場経理規程―物品事務規定」昭和12年7月。
鉄道総局工作局「工場経理規程」昭和22年4月。
鉄道大臣官房文書課編『日本鉄道史　上編，中編，下編』鉄道省，大正10年。
東京商工会議所訳（E. シュマーレンバッハ著）『勘定体系図表』東京商工会議所，昭和6年。
東京商工会議所訳（E. シュマーレンバッハ著）『原価計算の基礎案』東京商工会議所，昭和8年。
東京鉄道局「工場経理概要」昭和2年1月。
土岐政蔵訳（E. シュマーレンバッハ著）『標準工業会計図解』同文舘，昭和6年。
土岐政蔵訳（E. シュマーレンバッハ著）『原価計算と価格政策の原理』東洋出版社，昭和10年。
土岐政蔵訳（E. シュマーレンバッハ著）『原価計算と価格政策（上巻）』創元社，昭和16年。
土岐政蔵訳（E. シュマーレンバッハ著）『原価計算と価格政策（下巻）』創元社，昭和17年。
友岡　賛訳（T.A. キング著）『歴史に学ぶ会計の「なぜ？」―アメリカ会計史入門』税務経理協会，平成27年。
豊島義一『長崎造船所原価計算生成史』同文舘出版，平成18年。
中野常男・清水泰洋編著『近代会計史入門』同文舘出版，平成26年。
仲正昌樹『日本とドイツ　二つの全体主義「戦前思想」を書く』光文社，平成18年。
中村将人「帝国鉄道会計の二重構造と複会計システム」『經濟學研究』第61巻第1・2号，平成23年9月，85-107頁。
中村将人「第6回研究会　日英における鉄道会計の史的展開」『地域経済経営ネットワーク研究センター年報』第4号，平成27年3月，69-71頁。
中村将人「帝国鉄道会計における益金の資本勘定繰入実務―複会計システムとの比較」『総合政策論叢』第7号，平成28年，75-97頁。
中村萬次『英米鉄道会計史研究』同文舘，平成3年。
中村萬次『米国鉄道会計史研究』同文舘，平成6年。
中村萬次『恐慌と会計―鉄道会計史の視座』晃洋書房，平成9年。

中村萬次『会計史断章』萌書房，平成17年．
長島　健「得能良介と明治初期の印刷事業—特に紙幣製造について」『社会科学討究』第14巻第3号，昭和44年3月，49-66頁．
長山貴之「明治9年大蔵省出納条例の構造と機能—明治初期における日本の予算制度」『経済論究』第95号，平成8年7月，139-198頁．
長山貴之「明治前期公会計における複式簿記」『香川大学経済論叢』第70巻第4号，平成10年3月，117-146頁．
野口悠紀雄『1940年体制—さらば戦時経済』東洋経済新報社，平成22年．
野村秀和「シュマーレンバッハ原価計算理論について－ドイツ独占確立・発展期における価格政策論を中心としたその現実的意義」『經濟論叢』第89巻第5号，昭和37年5月，480-497頁．
橋本武久『ネーデルラント簿記史論—Simon Stevin簿記論研究』同文舘出版，平成20年．
濱田弘作『会計史研究』多賀出版，平成15年．
挽　文子『管理会計の進化—日本企業にみる進化の過程』森山書店，平成19年．
久野秀男「日本近代会計成立史論考（1），（2），（3），（4）」『學習院大學經濟論集』（1）第10巻第4号，昭和49年3月，3-40頁．（2）第11巻第2号，昭和49年10月，3-54頁．（3）第11巻第4号，昭和50年3月，3-37頁．（4）第13巻第1号，昭和51年9月，3-39頁．
平井泰太郎『国防経済講話』千倉書房，昭和16年．
平林喜博訳（G.ドルン著）『ドイツ原価計算の発展』同文舘，昭和42年．
平林喜博編著『近代会計成立史』同文舘出版，平成17年．
平林喜博『会計史への道—一つの覚書』関西学院大学出版会，平成19年．
平山　孝『鉄道会計』森山書店，昭和6年．
法政大学会計学研究室編（H.T.ダインツアー著）『会計思想の探究』法政大学出版局，昭和48年．
本間正人「軍需品の原価計算—陸・海軍の運用の違いと戦後への継承」『会計プログレス』第17号，平成28年，28-41頁．
本間正人「日本陸軍の原価計算関係規程—陸軍軍需工業原価調査準則の意義と果たした役割について」『日本会計史学会年報』第35号，平成28年，27-56頁．
松下俊夫「明治初期財政制度雑考」『兵庫農科大学研究報告（人文科学編）』第2巻第2号，昭和31年12月，82-88頁．
松村勝弘編『アメリカ・ドイツ企業会計史研究』ミネルヴァ書房，昭和61年．
三代川正秀『日本家計簿記史—アナール学派を踏まえた会計史論考』税務経理協会，平成9年．
三代川正秀訳（O.T.ハーヴェ著）『会計史—新訳』税務経理協会，平成13年．
三代川正秀編著『会計史余滴』DTP出版，平成24年．
三輪芳朗『計画的戦争準備・軍需動員・経済統制 — 続「政府の能力」』有斐閣，平成20年．
村田直樹『近代イギリス会計史研究—運河・鉄道会計史』晃洋書房，平成7年．
村田直樹，高梠真一編著『管理会計の道標—原価管理会計から現代管理会計へ』税務経理協会，平成11年．
村田直樹『鉄道会計発達史論』日本経済評論社，平成13年．
村田直樹，春日部光紀編著『企業会計の歴史的諸相—近代会計の萌芽から現代会計へ』創成社，

平成17年。
室山義正『近代日本の軍事と財政』東京大学出版，昭和54年。
茂木虎雄『イギリス東インド会社会計史論（大東文化大学経営研究所研究叢書11）』大東文化大学経営研究所，平成6年。
森　靖夫『日本陸軍と日中戦争への道―軍事統制システムをめぐる攻防』ミネルヴァ書房，平成22年。
森田哲彌編著『簿記と企業会計の新展開』中央経済社，平成12年。
諸井勝之助「わが国原価計算制度変遷の歴史（2）原価計算をめぐる陸軍と海軍」『企業会計』第65巻第3号，平成25年3月，407-414頁。
安平昭二，林　昌彦編「会計史・会計学史関係文献目録（邦語）総覧」『研究資料』第118号，平成3年6月，1-95頁。
山口不二夫『日本郵船会計史―個別企業会計史の研究．豫算・原価計算篇』白桃書房，平成12年。
山地秀俊・藤村　聡『複式簿記・会計史と「合理性」言説―兼松史料を中心に』神戸大学経済経営研究所，平成26年。
山邊六郎訳（M. レーマン著）『レーマン原価計算』高陽書院，昭和9年。
山邊六郎解説（E. シュマーレンバッハ著）『価格政策論』森山書店，昭和13年。
山室信一『複合戦争と総力戦の断層―日本にとっての第一次世界大戦』人文書院，平成23年。
山本浩二編著『原価計算の導入と発展』森山書店，平成22年。
山本宣明「「原価計算基準（仮案）」に見る中西寅雄の原価計算思想」『LEC会計大学院紀要』第13号，平成27年12月，1-19頁。
山本隆太郎「印刷工場経営者列伝　第1回　得能良介とエドアルド・キヨソネ」『印刷雑誌』第86巻第11号，平成15年11月，38-39頁。
柳澤　治「ナチス期ドイツの経済政策思想と日本への影響―経済新体制確立要綱を中心に－」『明治大学社会科学研究所紀要』第44巻第2号，平成18年3月，117-130頁。
柳澤　治「日本における「経済新体制」問題とナチス経済思想－公益優先原則・指導者原理・民営自主原則－」『政経論叢』第72巻第1号，平成15年10月，45-123頁。
両頭正明「滋賀大学における会計学（1）」『彦根論叢』第301号，平成8年5月，87-96頁。
両頭正明「滋賀大学における会計学（2）」『彦根論叢』第306号，平成9年2月，221-230頁。
両頭正明「滋賀大学における会計学（3）」『彦根論叢』第307号，平成9年5月，203-212頁。
渡邉　泉『決算会計史論』森山書店，平成5年。
渡邉　泉編著『歴史から見る公正価値会計―会計の根源的な役割を問う』森山書店，平成25年。
渡邉　泉『会計学の誕生―複式簿記が変えた世界』岩波書店，平成29年。

## Ⅱ　欧文

Ausschuss für wirtschaftliche Fertigung, *Grundplan der Selbstkostenrechnung*, Berlin, 1920.
Ausschuss für wirtschaftliche Fertigung, *Richtige Selbstkostenberechnung als Grundlage der*

*Wirtschaftlichkeit Industrieller Unternehmungen und als Mittel zur Besserung der Wettbewerbeverhaltnisse*, Ausschus für wirtschaftliche Fertigung, Berlin, 1921.

Ausschuß für wirtschaftliche Fertigung, *Grundplan der Selbstkostenrechnung: Entwurf, Ausschuß für wirtschaftliche Fertigung*, Berlin, 1921.

Brief, R.P. ed., *Accounting Thought and Practice through The Years*, Garland, New York, 1986.

Brown, C.D., *The Emergence of Income Reporting: A Historical Study*, Michigan State University, Michigan, 1971.

Boyns, T., Anderson, M. and Edwards, J.R. ed., *British Cost Accounting, 1887-1952: contemporary essays from the accounting literature*, Garland, New York, 1996.

Bücher, K., *Die Entstehung der Volkswirtschaft*, H.Laupp, Zubingen, 1922.

Bywater, M.F. and Yamey, B.S., *Historic Accounting Literature: a companion guide*, Scalar Press, London, 1982.

Calmes, A., *Die Fabrikbuchhaltung*, 5 Aufl., G.A. Gloeckner, Leipzig, 1922.

Chatfield, M. and Vangermeersch, R. ed., *The History of Accounting: an international encyclopedia*, Garland, New York, 1996.

Committee on Accounting History, "Report of the Committee on Accounting History," *The Accounting Review*, Supplement to Vol.XLV, 1970, p.53.

Cooke, T.E. and Nobes C.W. ed., *The Development of Accounting in an international Context : a festschrift in honour of R.H. Parker*, Routledge, New York & London, 1997.

Edwards, J.R. ed., *Twentieth-century Accounting Thinkers*, Routledge, New York & London, 1994.

Edwards, J.R. ed., *Cost and Management Accounting*, Routledge, New York & London, 2000.

Epstein, M.J., *The Effect of scientific Management on the Development of the Standard Cost System*, Arno Press, New York, 1978.

Edwards, R.S. "Some Note on the Early Literature and Development of Cost Accounting in Great Britain," *The Accountant*, 7, 14, 21, 2, 8 August, 4, 11 September 1937.

Garner, S.P., *Evolution of Cost Accounting to 1925*, University of Alabama Press, Alabama, 1954.

Garner, S.P. and Hughes, M., *Readings on Accounting Development*, Arno Press, New York, 1978.

Hein, L.W., *The British Companies Acts and the Practice of Accountancy, 1844–1962*, Arno Press, New York, 1978.

Hellauer, J., *Kalkulation in Handel und Industrie*, Spaeth & Linde, Berlin-Wien, 1931.

Johnson, H.T., *A New Approach to Management Accounting History*, Garland, New York, 1986.

Jones, H., *Accounting, Costing and Cost Estimation in Welsh Industry 1700–1830*, University of Wales Press, Cardiff, 1985.

Kosiol, E., *Kalkulation und Kostengestaltung im Warenhandel*, Bd.1, C.E. Poeschel, Stuttgart, 1931.

Lawson, G.H., *Aspects of the economic Implications of Accounting*, Garland, New York, 1997.

Lee, T.A., Bishop, A. and Parker, R.H. edited, *Accounting History from the Renaissance to the Present: a remembrance of Luca Pacioli*, Garland, New York, 1996.

Lehmann, M.R., *Die industrielle Kalkulation*, Spaeth & Linde, Berlin-Wien, 1925.

Lewis, J.S., *Commercial Organisation of Factories*, Arno Press, New York, 1978.

Levenstein, M., *Accounting for Growth: information systems and the creation of the large corporation*, Stanford University Press, Stanford, 1998.

Littleton, A.C., *Accounting Evolution to 1900*, Russel & Russel, New York, 1933.

Littleton, A.C. and Zimmerman, V.K., *Accounting Theory: continuity and change*, Prentice-Hall, New York, 1962.

Littleton, A.C. and Yamey, B.S. ed., *Studies in the History of Accounting*, Arno Press, New York, 1978.

Markus, H.B. *The History of the German Public Accounting Profession*, Garland, New York, 1997.

Matthews, D.M., Anderson and J.R. Edwards, *The Priesthood of Industry: the rise of the professional accountant in British management*, Oxford University Press, Oxford, 1998.

McKinsey, J.O., *Managerial accounting*, Arno Press, New York, 1979.

Meier, A und Voß, H., *Grundplan der Selbstkostenrechnung: Entwurf, Ausschuss für wirtschaftliche Verwaltung*, Dortmund, 1930.

Montgomery, R.H., *Fifty Years of Accountancy*, Arno Press, New York, 1978.

Moonitz, M. ed., *Three Contributions to the Development of Accounting Thought*, Arno Press, New York, 1978.

Murray, D., *Chapters in the History of Bookkeeping, Accountancy & commercial Arithmetic*, Arno Press, New York, 1978.

Parker, R.H., *Management Accounting: a historical perspective*, Macmillan, London, 1969.

Parker, R.H. and Yamey, B.S. ed., *Accounting History: some British contributions*, Clarendon Press, Oxford, 1994.

Parker, R.H. and Zeff, S.A. ed., *Milestones in the British Accounting Literature*, Garland, New York, 1996.

Previts, G.J. ed., *Early 20th Century Developments in American Accounting Thought : a pre-classical school*, Arno Press, New York, 1978.

Schmalenbach, E., *Grundlagen der Selbstkostenrechnung und Preispolitik*, G.A. Gloeckner, Leipzig, 1919, 2 Aufl., 1925, 3 Aufl., 1926, 4 Aufl.,1927, 5 Aufl., 1930.

Schmalenbach, E., *Selbstkostenrechnung und Preispolitik*, 6 Aufl., G.A. Gloeckner, Leipzig, 1934.

Schmalenbach, E., *Der Kontenrahmen*, 4 Aufl., G.A. Gloeckner, Leipzig, 1935.

Schoenfeld, H.W., *Cost Terminology and Cost Theory: a study of its development and present state in central Europe*, Center for International Education and Research in Accounting, Center for International Education and Research in Accounting, Urbana, 1974.

Seicht, G., *Die Grenzbtrachtung in der Entwicklung des betrieblichen Rechnungswesens*, Duncker

& Humblot, Berlin, 1977.
Sheldahl, T.K. edited, *Eighteenth-century Book-keeping: twelve encyclopedia articles*, Garland, New York, 1996.
Shenkir, W.G. ed., *Carman G. Blough, his professional Career and Accounting Thought*, Arno Press, New York, 1978.
Singer, H.W., *Standardized Accountancy in Germany*, Garland, New York, 1982
Solomons, D., "The Historical Development of Costing," in D. Solomons ed., *Studies in Costing*, Sweet & Maxwell Ltd., London, 1952, pp.1-52.
Solomons, D. and Zeff,S.A. ed., *Selected Articles on Accounting Theory*, Garland, New York, 1996.
Someya, K., *Japanese Accounting: a historical approach*, Clarendon Press, Oxford, 1996.
Sowell, E.M., *The Evolution of the Theories and Techniques of Standard Cost*, University of Alabama Press, Alabama, 1973.
Tsuji, A. and Garner, P. ed., *Studies in Accounting History: tradition and innovation for the twenty-first century*, Greenwood Press, 1995.
Yamey, B.S., *Essays on the History of Accounting*, Arno Press, New York, 1978.
Vangermeersch, R. ed., *The Contributions of Alexander Hamilton Church to Accounting and Management*, Garland, New York, 1986.
Wells, M.C. ed., *American Engineers' Contributions to Cost Accounting*, Arno Press, New York, 1978.
Weber, C., *The Evolution of Direct Costing*, Arbana, 1966.
Winjum, J.O., *The Role of Accounting in the Economic Development of England: 1500–1750*, Center for International Education and Research in Accounting, Center for International Education and Research in Accounting, Urbana, 1972.


Ⅲ 拙著および拙稿（年代降順）

「「管理会計における会計責任」から見たわが国管理会計の端緒」，安藤英義編著『会計における責任概念の歴史』所収，平成30年、292-318頁。
「海軍燃料廠の会計」『経営経理研究』第111号，平成30年2月，87-105頁。
「鉄道工場の原価計算規程—原田『鉄道工場経理』（昭和16年）から」『専修商学論集』第105号，平成29年7月，77-89頁。
「わが国統一原価計算制度の形成に関する一考察」『會計』第190巻第3号，平成28年9月，26-38頁。
「第2章 管理会計における会計責任」安藤英義主査日本会計史学会寄附スタディ・グループ最終報告書『受託責任（会計責任）概念の歴史』所収，平成28年9月，5-18頁。
「海軍工廠における会計—「海軍工作廳ニ於ケル會計經理ノ大要」から」『専修商学論集』第103号，平成28年7月，71-87頁。
「第2章 管理会計における会計責任」安藤英義主査日本会計史学会寄附スタディ・グループ中

間報告書『受託責任(会計責任)概念の歴史』所収,平成27年,5-18頁。
「わが国原価計算のドイツ化に関する一考察」『会計史学会年報』第33号,平成27年9月,79-91頁。
「ドイツ原価計算制度を源流とする原価計算制度の系譜に関する一考察」『會計』第188巻第1号,平成27年7月,29-41頁。
「わが国における原価計算制度の進展―生産力拡充,低物価抑制の側面からの考察」『経営論集』第61巻第1号,平成26年2月,347-368頁。
「続:海軍工廠における原価計算規程の進展」『専修商学論集』第98号,平成26年1月,95-120頁。
「戦後復興に果たした原価計算制度の役割に関する考察」『産業経理』第72巻第3号,平成24年10月,34-44頁。
「研究ノート:わが国原価計算制度のドイツ化に関する一考察―国家総動員態勢下での原価計算制度の進展」『専修商学論集』第95号,平成24年7月,105-121頁。
「戦時下における航空機工場の原価計算規程」『専修商学論集』第94号,平成24年1月,79-103頁。
「財政会計制度を源流とする原価計算制度の系譜に関する一考察」『會計』第180巻第5号,平成23年11月,17-29頁。
「原価計算文献年表―明治,大正,昭和(20年まで)」『経営経理研究』第91号,平成23年3月,51-86頁。
「海軍工廠における原価計算規程の進展―横須賀海軍工廠製造品価額計算法から海軍工作庁工事費整理規則まで」『経営経理研究』第89号,平成22年10月,51-86頁。
「原価計算制度における費目別計算思考の確立―大蔵省印刷局『印刷局諸規程』「第三 簿記順序」に見る原価計算制度の初期的展開の一齣」『経営経理研究』第86号,平成21年10月,1-49頁。
「原価計算制度における費目別計算思考の生成―原価計算制度の初期的胎動2」『経営経理研究』第84号,平成20年12月,55-93頁。
「第10章 統一原価計算制度による原価計算実務の普及」『会計学の諸相』所収,白桃書房,平成20年,225-249頁。
「原価計算制度における費目別計算思考の萌芽―原価計算制度の初期的胎動1」『経営経理研究』第82号,平成20年3月,29-61頁。
「わが国における原価管理思考の初期的展開」『会計史年報』第22号,平成16年3月,52-63頁。
「わが国における原価管理思考の形成(その5―完)」『川口短大紀要』第17号,平成15年12月,15-38頁。
『日本原価計算理論形成史研究』同文舘出版,平成15年。
「わが国における原価計算の理論形成に関する研究」2002年度博士学位請求論文(明治大学),平成15年3月。
「第11章 日本における戦略管理会計の展開」『会計の戦略化』所収,税務経理協会,平成14年5月,161-173頁。
「わが国における原価管理思考の形成(その4)」『川口短大紀要』第15号,平成13年12月,19-46頁。
「わが国における原価管理思考の形成(その3)」『経理知識』第80号,平成13年9月,35-51頁。
「わが国における原価管理思考の形成(その2)」『川口短大紀要』第14号,平成12年12月,43-70頁。
「わが国における原価管理思考の形成(その1)」『経理知識』第79号,平成12年9月,117-132頁。

「大正12年「鉄道局工場経理規定」について」『経理知識』第78号，平成11年9月，47-63頁。
「第2章　管理会計の史的展開」『経営管理会計の基礎知識』所収，東京経済情報出版，平成10年，15-26頁。
「陸軍経理組織の変遷と内部監査制度Ⅱ」『経理知識』第77号，平成10年9月，67-82頁。
「鋳物工業の原価計算Ⅱ」『川口短大紀要』第11号，平成9年12月，59-82頁。
「工業簿記の歴史的展開」『日本簿記学会年報』第12号，平成9年10月，135-140頁。
「陸軍経理組織の変遷と内部監査制度」『経理知識』第76号，平成9年9月，51-66頁。
「鋳物工業の原価計算」『川口短期大学紀要』第10号，平成8年12月，57-83頁。
「わが国における原価計算の展開（報告原稿）」『原価計算研究』第18巻第2号，平成6年3月，59-69頁。
「第1章　わが国における原価計算文献の発展」『原価計算の展開』所収，中央経済社，平成6年1月，3-14頁。
「戦時下における原価計算文献の展開」『川口短期大学紀要』第7号，平成5年12月，95-108頁。
「準戦時下における原価計算文献の展開」『経理知識』第72号，平成5年6月，75-92頁。
「ドイツ翻訳原価計算文献登場」『川口短期大学紀要』第6号，平成4年12月，89-102頁。
「原価管理志向原価計算文献の登場」『経理知識』第71号，平成4年6月，42-54頁。
「英米系統原価計算文献の展開」『川口短期大学紀要』第5号，平成3年12月，123-139頁。
「わが国原価計算文献事始」『川口短期大学紀要』第4号，平成2年12月，175-190頁。
「明治期に著わされた3つの原価計算論文をとりあげて」『経理知識』第69号，平成2年6月，45-58頁。
「明治後期における工業簿記文献の展開」『川口短期大学紀要』第3号，平成元年12月，53-60頁。
「海軍工廠の原価計算」『経理知識』第68号，平成元年6月，73-88頁。
「明治期における工業簿記文献の嚆矢」『原価計算』特別号第25冊，昭和64年1月，53-60頁。
「わが国原価計算の普及に果たした日本原価計算協会の役割」『川口短期大学紀要』第2号，昭和63年1月，71-94頁。
「ロビンソン・クルーソーの原価計算」『川口短期大学紀要』第1号，昭和62年2月，177-198頁。
「財務簿記と原価計算の関連性について」『経理知識』第66号，昭和62年3月，83-98頁。
「ガーク，フェルズの会計思考」『明治大学大学院紀要』第24巻第6号，昭和62年2月，19-36頁。
「トマス・バタスバイの会計思考」『経営論集』第33巻第3号，昭和61年2月，89-114頁。
「イギリスにおける初期の原価計算文献研究」『明治大学大学院紀要』第23巻第6号，昭和61年2月，15-28頁。
「原価計算の歴史的発展に関する一考察」『経理知識』第64号，昭和60年3月，87-99頁。
「原価計算の初期的発展に関する一考察」『明治大学大学院紀要』第22巻第6号，昭和60年2月，31-45頁。
「アメリカにおける原価概念発達史序説―原価概念の歴史的考察」昭和56年度修士学位請求論文（明治大学），昭和57年3月。

# 索 引

## あ

アウタルキー………………………………………4
青木大吉………………………………………163

岩田　巌………………………………………264
印刷局諸規程……………………………………68
印刷局の計算編制………………………………72

営業費………………………………………42，73
益金………………………………………………44

大蔵省が制定した一連の出納規程……………17
大蔵省出納條例…………………………………29
太田哲三………………………………………194

## か

海軍軍需品工場事業場原価計算準則………148
海軍軍需品工場事業場検査令施行規則……152
海軍工作庁工事費整理規則…………………110
海軍工廠工務規程……………………………102
海軍工廠の原価計算規定………………………95
海軍工務規則…………………………………103
海軍準則………………………………………153
「海軍準則」における原価構成………………155
「海軍準則」の構成……………………………153
会計規則…………………………………………97
会計法……………………………………………97
（改正）作業費出納條例………………………54
「（改正）条例」の構成…………………………56
外費……………………………………………113
価格等統制令…………………………………231
各科室ノ簿記……………………………………85
各支庁経費渡方并勘定帳差出方規則…………24
各庁作業費区分及受払例則……………………41
確立………………………………………………10
割賦費……………………………………………73
官設鉄道会計法………………………………124
官設鉄道用品資金会計規則…………………125
官設鉄道用品資金会計法……………………124
間接費整理区分標準…………………………156

官庁簿記史………………………………………9
管理思考の嚆矢的形態…………………………35

機械使用料……………………………………101
企画院要綱……………………………………232
「企画院要綱」と「基準」の構成比較………267
「企画院要綱」における原価構成……………235
「企画院要綱」の構成…………………………234
「企画院要綱」への道…………………………249
企業会計制度対策調査会……………………265
企業における内部統制の大綱………………264
「基準」に至るまでの道のり…………………265
「基準」における原価分類……………………270
「基準」の構成…………………………………266
「規則」と「海軍準則」の構成比較…………164
「規則」における工事費構成…………………113
「規則」の構成…………………………………111
基本準則………………………………………175
「基本準則」における原価要素の構成………176
「基本準則」の構成……………………………175
業種別原価計算準則…………………………245
金穀出納順序……………………………………21

黒澤　清………………………………………192
軍需工業動員法………………………………200
軍需品工場事業場検査令……………………201

経済安定本部…………………………………255
経費概計表及内訳明細簿ヲ製スル順序………25
系譜的考察……………………………………295
原価計算基準…………………………………255
原価計算基礎案………………………………191
原価計算規則…………………………………233
原価計算基本準則……………………………171
原価計算制度……………………………………5
原価計算制度の形成要因……………………293
原価計算総則…………………………………232
原価計算の原初の形態…………………………35
原価ニ算入シ得ザル項目……………………236
原価発生場所（部門）…………………………90
現費………………………………………………82

| 現費整理ノ簿記 | 84 |

鉱業原価計算要綱 246
興業資産費 73
興業費 42
鉱業要綱 246
「鉱業要綱」における原価分類 247
「鉱業要綱」の構成 246
工作費 128
工作費整理表 139
嚆矢的原価計算制度 3
工事費 111
工事費月報 114
工場勘定 128
工廠間の原価比較 111
工場事業場管理令 201
工廠内の原価統制 111
構成材料 112
工費 112
国家会計システム 19
国家総動員法 201
国庫出納制度 18

## さ

財政会計制度を源流とする原価計算制度の系譜 8
歳入出見込会計表 20
歳入出予算表 29
財務管理委員会 171
材料費 112, 128
作業及鉄道会計規則 124
作業会計 40
作業収入の運用 41
作業大意 68
作業費 40
作業費出納條例 46
作業費に関する３規程 39
産業合理化運動 173
産業合理化審議会 264

支出時点区分 54
支出性格別区分 54
支出の統制強化 17
思想史 3
実施試行局面 252

実務史 3
社会経済的背景 291
収支予算ノ簿記 84
重要産業統制法 173
シュマーレンバッハ 193
「条例」の構成 47
「昭和13年規則」における工事費（原価）構成 165

出納司規則 19

成熟 11
生成 10
製造間接費計算思考 10
製造原価計算準則 171
製造工業原価計算要綱 226
製造準則 181
「製造準則」における原価分類 182
「製造準則」の構成 181
製造費 73
製造品価額計算法 98
製造目的で支出した費用 62
成長 11
制度史 3
製品別計算思考 10
整理部科ノ簿記 85
先行要件の形成 11
戦後通貨対策委員会 256

造船工務規程 100
損益計算志向型規程 141
損金 44

## た

大正12年規程 130
「大正12年規程」工作費の構成 133
「大正12年規程」の構成 130
誕生 11

調度部ノ簿記 86
勅問 19

定価 79
帝国鉄道会計法 125
手牒 73

| | | | |
|---|---|---|---|
| 鉄道院工場経理規程 | 127 | 物資統制令 | 231 |
| 鉄道会計條例 | 124 | 部門別計算思考 | 10 |
| 「鉄道規程」と「海軍規則」の比較 | 142 | | |
| 鉄道局工場経理規程 | 130 | 別途会計 | 96 |
| 鉄道国有法 | 125 | | |
| | | 萌芽 | 10 |
| ドイツ化 | 171 | 簿記史 | 9 |
| ドイツ原価計算制度を源流とする原価計算制度の系譜 | 8 | 簿記順序 | 68 |
| | | 簿記順序緒言 | 70 |
| ドイツ産業合理局 | 173 | 「簿記順序」の原価計算機構 | 87 |
| 統一原価計算制度 | 243 | 「簿記順序」の構成 | 69 |
| 統制価格形成方針 | 257 | 補助材料 | 112 |
| 得能良介 | 68 | 本費と附属費の区分 | 111 |
| 特別会計 | 97 | | |
| 特別会計法 | 97 | **ま** | |
| 独立採算 | 39 | 明治12年度の決算表 | 95 |
| | | 明治43年規程 | 127 |
| **な** | | 「明治43年規程」の構成 | 127 |
| 中西寅雄 | 202 | | |
| 中野英夫 | 115 | **や** | |
| 鍋嶋　達 | 257 | 山下奉文 | 202 |
| 鍋嶋文書 | 257 | | |
| | | 諭告 | 19 |
| 西川孝治郎 | 17 | | |
| 日本原価計算理論形成史研究 | 3 | 揺籃期 | 297 |
| | | 横須賀海軍工廠工事施行及工事費整理手続 | 107 |
| **は** | | 予算管理志向型規程 | 141 |
| 馬公要港部修理工場工務規則施行細則 | 105 | 予算制度 | 18 |
| 発展期 | 298 | 予算編成 | 20 |
| 原口亮平 | 180 | 吉田良三 | 180 |
| パリティ計算 | 259 | | |
| バルクライン価格 | 259 | **ら** | |
| | | 陸軍軍需品工場事業場原価計算要綱 | 199 |
| 非原価項目 | 162 | 陸軍要綱 | 202 |
| 久野秀男 | 18 | 「陸軍要綱」と「海軍準則」の構成比較 | 229 |
| 費目別計算思考 | 10 | 「陸軍要綱」における原価構成 | 204 |
| | | 「陸軍要綱」の構成 | 202 |
| 普及期 | 298 | 「陸軍要綱」の特徴 | 217 |
| 服業工費 | 112 | 理論史 | 3 |
| 附随工費 | 112 | 理論整備局面 | 252 |
| 附属費 | 111 | | |
| 物価統制大綱 | 231 | 「例則」の構成 | 41 |
| 物価統制令施行令 | 276 | 黎明期 | 296 |

## 【著者紹介】

**建部　宏明**（たてべ　ひろあき）

〈経歴〉
- 1957年　東京生まれ
- 1980年　明治大学経営学部卒業
- 1982年　明治大学大学院経営学研究科博士前期課程修了
- 1988年　明治大学大学院経営学研究科博士後期単位取得退学
- 1987年　川口短期大学経営実務科専任講師
- 1990年　川口短期大学経営実務科助教授
- 1994年　University of Exeter（U.K.）Department of Economics 客員研究員
- 1996年　川口短期大学経営実務科教授
- 2003年　明治大学にて博士学位取得（博士（経営学））
- 2005年　拓殖大学商学部教授
- 2011年　専修大学商学部教授

〈主要著書〉
- 単著『日本原価計算理論形成史研究』同文舘出版，2003年
- 共著『スタンダード原価計算』同文舘出版，2018年
- 共著『基本原価計算（第五版）』同文舘出版，2018年
- 共著『基本管理会計』同文舘出版，2011年
- 共著『基本簿記入門（第四版）』同文舘出版，2010年

---

2019年4月15日　初版発行　　　　　略称：原価制度形成史

## 日本原価計算制度形成史

著　者 Ⓒ 建　部　宏　明
発行者　　中　島　治　久

発行所　同文舘出版株式会社

東京都千代田区神田神保町1-41　　〒101-0051
電話　営業(03)3294-1801　　　　編集(03)3294-1803
振替 00100-8-42935　　　　　　http://www.dobunkan.co.jp

Printed in Japan 2019

製版：一企画
印刷・製本：萩原印刷

ISBN978-4-495-20931-5

JCOPY〈出版者著作権管理機構 委託出版物〉
本書の無断複製は著作権法上での例外を除き禁じられています。複製される場合は，そのつど事前に，出版者著作権管理機構（電話 03-5244-5088, FAX 03-5244-5089, e-mail: info@jcopy.or.jp）の許諾を得てください。